प्रभावशाली सेलिंग के सूत्र

जो जिरार्ड की प्रशस्ति

"ज़बर्दस्त! सभाकक्ष खचाखच भरा हुआ था, श्रोता हर ओर बैठे थे!" "आपके प्रेरक भाषण का जवाब नहीं है!" "आपके पास वक्ता की बेहतरीन शक्तियाँ थीं और आप सचमुच श्रोताओं से जुड़ गए!" "आपका सकारात्मक प्रभाव उल्लेखनीय था!" "बेहतरीन प्रस्तुति!"

–हार्वर्ड बिज़नेस स्कूल

"बेहद प्रखर वक्ता!"

–स्ट्राइकर मेडिकल डिवाइसेस

"जो जिरार्ड की गिनीस वर्ल्ड रिकॉर्ड बिक्री उपलब्धि की कहानी 'द आर्ट ऑफ़ सेलिंग' में बखूबी बताई गई है और बहुत प्रेरक उदाहरणों में से एक है।"

–*फ़ॉर्च्यून*

"मुझे यह पुस्तक पढ़ने में भरपूर आनंद आया। यह हमें 'कर सकता हूँ', खुद में विश्वास करने, दूसरी सफलताओं के बारे में पढ़ने और यह एहसास करने की प्रेरणा देती है कि हममें सफल होने की योग्यता है। कमाल की पुस्तक!"

–डेब्रा जे. फ़ील्ड्स, संस्थापक, मिसेज़ फ़ील्ड्स कुकीज़

"ज़बर्दस्त! हमें जितनी उम्मीद थी, निश्चित रूप से उससे बहुत ज़्यादा हासिल हुआ!!"

–आईबीएम

जिरार्ड किसी भी प्रयास में शिखर तक ऊपर उठने का सार बताते हैं : महत्त्वाकांक्षी लक्ष्य तय करो, सफलता की तस्वीर बनाओ, कड़ी मेहनत करो, लगन से जुटे रहो और अपने सिद्धांतों पर अटल रहो।"

–मैरी के ऐश, संस्थापक, मैरी के

"जो की उत्साही, मंत्रमुग्ध करने वाली शैली दिल को भा गई।"

–जनरल इलेक्ट्रिक

"जो जिरार्ड सिर्फ़ बेहतरीन सेल्समैन ही नहीं हैं, बल्कि बेहतरीन शिक्षक भी हैं। उन्होंने यह काम कैसे किया, उनके पास इसके रहस्य आप तक पहुँचाने की रहस्यमयी योग्यता है।"

–कैमन्स विल्सन, संस्थापक, हॉलिडे इन

"हमारे सेल्समैनों के लिए पूर्णतः प्रेरक और उत्साहवर्धक ... कोई सानी नहीं!"

–पीपीजी इंडस्ट्रीज़

"उद्यमी बनने के लिए हौंसले की ज़रूरत होती है। जो जिरार्ड की मंत्रमुग्ध करने वाली पुस्तक आपको भविष्य का बेहतरीन उद्यमी बनने की शक्ति प्रदान करेगी।"

–वॉरेन एविस, एविस रेंट–अ–कार

"भाषण शैली स्पष्ट रूप से ज़ोरदार थी : उत्साही, सकारात्मक और अच्छी तरह बुनी हुई।"

–ऑलस्टेट इंश्योरेंस

"आपने निश्चित रूप से हमारे लोगों पर बहुत सकारात्मक प्रभाव डाला।"

–इंगरसॉल रैंड

"संपूर्ण सेल्समैन!"

–*फ़ोर्ब्स*

"जो की प्रस्तुति बिजली जैसी थी!"

–बेल कैनेडा

"आप सचमुच # 1 हैं!"

–जॉन डियर कंपनी

"जो जिरार्ड बहुत ख़ास हैं।"

–*न्यूज़वीक*

प्रभावशाली सेलिंग के सूत्र

जो जिरार्ड

अनुवाद : डॉ. सुधीर दीक्षित

MANJUL

मंजुल पब्लिशिंग हाउस

MANJUL

मंजुल पब्लिशिंग हाउस

कॉरपोरेट एवं संपादकीय कार्यालय

• द्वितीय तल, उषा प्रीत कॉम्प्लेक्स, 42 मालवीय नगर, भोपाल-462003

विक्रय एवं विपणन कार्यालय

• सी-16, सेक्टर 3, नोएडा, उत्तर प्रदेश - 201301, इंडिया

वेबसाइट : www.manjulindia.com

वितरण केन्द्र

अहमदाबाद, बेंगलुरू, भोपाल, कोलकाता, चेन्नई,
हैदराबाद, मुम्बई, नई दिल्ली, पुणे

जो जिरार्ड द्वारा लिखित मूल अंग्रेजी पुस्तक
हाउ टु सेल ऐनीथिंग टु ऐनीबडी का हिन्दी अनुवाद

यह हिन्दी संस्करण 2014 में पहली बार प्रकाशित
द्वितीय आवृत्ति 2017

साइमन ऐंड शुस्टर, इनकॉरपोरेटिड के सहयोग से प्रकाशित

ISBN 978-81-8322-424-6

हिन्दी अनुवाद : डॉ. सुधीर दीक्षित

मुद्रण व जिल्दसाज़ी : रेप्रो इंडिया लिमिटेड

समर्पण

मेरी स्वर्गवासी माँ को, जिनके प्रेम ने मेरा जीवन बचाया और यह यक़ीन करने में मेरी मदद की कि मैं एक योग्य इंसान हूँ

विषय-सूची

1

प्रस्तावना

यह पुस्तक आपके हाथों में इसलिए है, क्योंकि आप सोचते हैं कि इसे पढ़कर आपको अपने काम–धंधे से ज़्यादा मिल सकता है – ज़्यादा पैसा और ज़्यादा व्यक्तिगत संतुष्टि। शायद यह बिक्री संबंधी पहली पुस्तक नहीं होगी, जिसे आप पढ़ रहे हों। संभावना इस बात की है कि आप पहले भी कई दूसरी पुस्तकें देख और पढ़ चुके होंगे, जिनमें आपको "रहस्य", जादू, प्रेरणा आदि देने का वादा किया गया हो। आप कदाचित इस बारे में बहुत कुछ जानते होंगे कि हर सुबह दर्पण के सामने खड़े होकर और कुछ वाक्य दोहराकर आप ख़ुद को कैसे प्रेरित कर सकते हैं। संभवतः आप "पीएमएलए" और "एचपीडी" के रहस्य जानते होंगे। आप कुछ अन्य जादुई–प्रबल अभिव्यक्तियों और अच्छा नज़रिया बनाने वाली बातें जानते होंगे। आपको इस बारे में बहुत कुछ मालूम होगा कि आपको क्या सोचना चाहिए और आपको क्या नहीं सोचना चाहिए – सकारात्मक भी और नकारात्मक भी। शायद आप पुस्तकों में मिलने वाली विरोधाभासी सलाह से थोड़ी दुविधा में होंगे।

मैं प्रचारकों, विशेषज्ञों और अच्छे इरादे वाले दूसरे लोगों की रोज़ी–रोटी नहीं छीनना चाहता, जो बड़ी मेहनत से ये सारी पुस्तकें लिखते हैं। उन्हें भी अपनी जीविका चलानी है।

लेकिन आइए, सच का सामना करें। आप यह जानना चाहते हैं कि असल उत्पाद और सेवाएँ कैसे बेची जाएँ। मगर दिक़्क़त यह है कि इन लेखकों में से अधिकतर ने ज़िंदगी में अपनी पुस्तकों के सिवाय ज़्यादा कुछ नहीं बेचा है। हो सकता है कि वे पेशेवर लेखक या पेशेवर बिक्री प्रशिक्षण विशेषज्ञ हों। हो सकता है कि उनमें से कुछ ने कुछ सप्ताह या महीने तक कोई सामान बेचा हो, जिस दौरान उन्हें अपने किसी बेहतर गुण का पता लग गया हो। और यह भी

हो सकता है कि उनमें से किसी ने हर दो साल में मल्टीमिलियन डॉलर की रियल एस्टेट बेचकर अच्छे पैसे बना लिए हों। लेकिन इस सबका उस तरह सामान बेचने से कोई लेना-देना नहीं है, जिस तरह आप बेचते हैं और जिसे आप बेहतर करना चाहते हैं।

यही मुद्दे की बात है। वे हमारी तरह के सेल्समैन नहीं हैं, जिन्हें हर दिन पेट भरने के लिए बेचना पड़ता है। उन्होंने यह काम इसलिए नहीं किया, क्योंकि उन्हें यह करना ही था। जब आप उनकी पुस्तकें पढ़ते हैं, तो वे अच्छी लगती हैं। और उनसे आपको थोड़ी मदद भी मिलती है, शायद इतनी कि उनकी क़ीमत वसूल हो जाए। लेकिन उन पुस्तकों को पढ़ते वक़्त आपको काफ़ी जल्दी यह एहसास हो जाता है कि ये लेखक – उनमें से सर्वश्रेष्ठ भी – हमारी तरह के सेल्समैन नहीं हैं।

लेकिन मैं हूँ। मैंने कार और ट्रक बेचे हैं। सभी नए। सभी फुटकर। कोई थोक सौदा नहीं। सिर्फ़ नई कारें और ट्रक। एक बार में एक। आमने-सामने। पेट के सामने पेट। और उसी तरह के लोगों को, जिस तरह के लोगों को आप सामान बेचते हैं। हर दिन! शायद आप हर दिन कार, सूट, मकान, उपकरण, फ़र्नीचर या कोई और सामान बेचते हैं, जिसमें सफल होने के लिए आपको उसे बहुत बेचना पड़ता हो। और जब आप विशेषज्ञों की लिखी ये पुस्तकें पढ़ते हैं, तो आपके दिल में भी शायद वैसी ही प्रतिक्रिया होती होगी, जैसी कि मेरे दिल में होती है : कोई चीज़ ग़ायब है। आपका सहज बोध आपको बता देता है कि जो चीज़ ग़ायब है, वह है *हमारी* समस्याओं, *हमारे* ग्राहकों, *हमारे* संसार के साथ सीधा जुड़ाव या प्रत्यक्ष अनुभव। उनकी बातें सुनकर ऐसा नहीं लगता, जैसे वे दाने-पानी की जुगाड़ में हर दिन उस तरह युद्धभूमि में रहते हों, जिस तरह हमें रहना पड़ता है।

इसीलिए मेरी पुस्तक अलग है। इसीलिए यह पुस्तक आपके लिए वो काम करेगी, जो दूसरी पुस्तकें कभी नहीं कर सकतीं। क्योंकि मैं हर दिन युद्ध के मैदान में उसी तरह रहा था, जिस तरह आप रहते हैं। मैंने वही किया था, जो आप करते हैं। मैंने वैसा ही महसूस किया था, जैसा आप महसूस करते हैं। मैं वही चाहता था, जो आप चाहते हैं। और मैंने उसे पा लिया। मैं सफल हो गया। दूसरे लोगों को संसार का महानतम सेल्समैन कहा गया है। लेकिन देखने वाली बात यह है कि वे हमारी तरह के सेल्समैन नहीं हैं। हमारी तरह के सेल्समैनों में मैं संसार का सबसे महान सेल्समैन हूँ। इस दावे के लिए मेरी

बात पर यक़ीन करने की ज़रूरत नहीं है! यदि आप प्रमाण चाहते हों, तो संसार की अग्रणी प्रमाण–पुस्तिका *द गिनीस बुक ऑफ़ रिकॉर्ड्स* पर नज़र डाल लें। मैं दूसरों की तरह कोरी बातचीत करने वाले और कोई काम नहीं करने वाले लोगों में से नहीं हूँ, जो बिना किसी आधार के घोषणा कर देते हैं कि वे नंबर वन हैं। मेरे दावे को शीर्ष ऑडिट फ़र्म डिलॉइट एंड टूश (पत्र आग्रह पर उपलब्ध) ने ऑडिट किया था। संसार के सबसे महान सेल्समैन की तलाश करें। आप पाएँगे कि यह मैं हूँ, जो जिरार्ड। या मेरे बारे में *फ़ॉर्च्यून, शिकागो ट्रिब्यून, यूएस वीकली, फ़ोर्ब्स, न्यूज़वीक, द टोरंटो स्टार* और *वुमेन्स डे* या सैकड़ों अन्य पत्रिकाओं व समाचारपत्रों में प्रकाशित लेखों पर नज़र डाल लें। संभवतः आपने मुझे हाल के वर्षों में किसी राष्ट्रीय टीवी शो में भी देखा होगा। और मेरा परिचय हमेशा "संसार के सबसे महान सेल्समैन" के रूप में दिया जाता है, जैसा कि *गिनीस बुक ऑफ़ वर्ल्ड रिकॉर्ड्स* में दर्ज है।

1963 में मैंने कार बेचना शुरू किया था। उसके बाद मेरा प्रदर्शन कैसा रहा? पहले साल में मैंने सिर्फ़ 267 कारें बेचीं। सिर्फ़! उन दिनों इससे कम में भी दाल–रोटी अच्छी तरह चल जाती। उस पहले वर्ष मैं डीलरशिप में सबसे अव्वल सेल्समैन था। 1966 में यानि मेरे तीसरे साल में मैंने 614 कारें और ट्रक (फुटकर) बेचे। इसी साल मैं संसार का **नंबर वन रीटेल कार और ट्रक सेल्समैन** बना। और उसके बाद से मैं हर साल **नंबर वन रीटेल कार और ट्रक सेल्समैन** बना रहा, हर साल मेरे व्यवसाय में 10 प्रतिशत, कई सालों में तो 20 प्रतिशत तक, से ज़्यादा वृद्धि हो रही थी, जबकि इस दौरान हमारे देश में मंदी के दौर आए, छँटनियाँ हुईं और लंबी हड़तालें भी हुईं। सच तो यह था कि अर्थव्यवस्था जितनी बदतर होती थी, मैं उतनी ही ज़्यादा चतुराई से काम करता था, इसलिए मेरा प्रदर्शन उतना ही बेहतर होता था। जब डेट्रॉइट इलाक़े के कार डीलरों ने कामकाजी सप्ताह को छह दिनों से घटाकर पाँच दिन कर दिया, तब भी मैं शिखर पर बना रहा।

1976 मेरा सबसे महत्त्वपूर्ण वर्ष था और उस साल कमिशन से मेरी सकल आमदनी 3,00,000 डॉलर से ऊपर थी। किसी भी क्षेत्र के ज़्यादा लोग मुझसे बेचने में आगे नहीं रहे होंगे, शायद उन लोगों को छोड़कर जो किसी विदेशी कैबिनेट मंत्री को हवाई जहाज़ या मिसाइलें ख़रीदने के लिए तीन साल तक रिश्वत देते रहते होंगे। लेकिन हम उस तरह की बिक्री के बारे में बात नहीं कर रहे हैं।

हम तो उस पेशे के बारे में बात कर रहे है, जिसमें सेल्समैन की योग्यताओं, तकनीकों, अनुभव और अभ्यास का इस्तेमाल होता है। चाहे हम कितना ही अच्छा प्रदर्शन कर लें, इस पेशे के साथ बहुत–से सिर दर्द और कुंठाएँ जुड़ी होती हैं। लेकिन जब हम इसे सही तरीक़े से कर लेते हैं, तो इससे जितनी आर्थिक और भावनात्मक खुशी मिलती है, उतनी संसार के किसी दूसरे काम से नहीं मिलती। मैंने जो किया, इसलिए किया क्योंकि मुझे इससे मिलने वाले पैसे, रोमांच और बार–बार जीतने की संतुष्टि से प्रेम है।

हो सकता है कि आप इस समय काफ़ी अच्छा प्रदर्शन कर रहे हों। हो सकता है कि आपके पास एक घर, एक वेकेशन होम, एक नाव और दो कारें हों। लेकिन अगर आपने यहाँ तक पढ़ लिया है, तो आपको यह लगने लगा होगा कि इससे ज़्यादा हो सकता है। और आप सही हैं। हर अच्छे सेल्समैन में सभी तरह के गर्व और संतुष्टियों को अधिक महसूस करने की इच्छा होनी चाहिए। वास्तव में, आप जितने बेहतर होते हैं, आपको उतना ही अधिक पाने की इच्छा करनी चाहिए। अगर आप सोचते हैं कि आपके पास हर चीज़ पर्याप्त है, तो आप अपनी योग्यता के अनुरूप अच्छा प्रदर्शन नहीं कर रहे हैं, इसलिए आगे पढ़ते रहें। चूँकि मेरे पास बेचने का एक सिस्टम था, जो काफ़ी हद तक ऐसी ज़मीन पर खेती करने जैसा था, जहाँ फ़सलें हर समय उगती हों। मेरे सिस्टम में आप बहुत–से काम करते हैं, जो बीज बोने की तरह होते हैं। आप उन्हें हर समय करते हैं और फिर आप फ़सल काटना शुरू करते हैं – सारे समय। और हर बार जब आप बिक्री की फ़सल काटते हैं, तो आप कोई दूसरा बीज बो देते हैं। आप बोते जाते हैं और काटते जाते हैं – सारे समय – हर मौसम में। इस जैसी कोई चीज़ नहीं है। मैं इसकी गारंटी देता हूँ।

लेकिन अगर आप सोचते हैं कि आप बेचने और जीतने के लिए इसलिए कुछ नहीं कर सकते, क्योंकि आप असफल हैं, तो मैं आपको बता दूँ कि आप जितने असफल हो सकते हैं, मैं अपने जीवन में उससे भी ज़्यादा असफल रहा हूँ।

अपनी ज़िंदगी के शुरुआती 35 साल तक मैं संसार का सबसे असफल इंसान था। मुझे हाई–स्कूल से बाहर निकाल दिया गया। मुझे 40 अलग–अलग नौकरियों से निकाला गया। अमेरिकी सेना में मैं सिर्फ़ 97 दिन तक ही रह पाया। मैं तो चोर भी नहीं बन पाया, हालाँकि मैंने दो बार इसकी कोशिश की। पहली बार तो मुझे किशोर कारावास में दहशत भरी एक रात के

अलावा कोई सज़ा नहीं मिली। दूसरी बार, प्रमाण के अभाव में मुझे बरी कर दिया गया। और जब मैं आख़िरकार एक ऐसे व्यवसाय में पहुँचा, जहाँ मैं कम लेकिन अच्छी स्थायी आमदनी कमा रहा था, तो कारोबार फैलाने की पहली कोशिश करते समय मैं दिवालियेपन की कगार पर पहुँच गया। मुझ पर इतने पैसों का क़र्ज़ था, जितने मैंने कभी देखे भी नहीं थे, क्योंकि मैंने एक ऐसे व्यक्ति की बात पर यक़ीन कर लिया था, जिसके पास मुझसे सच बोलने का कोई कारण नहीं था।

मैं वहाँ से यहाँ तक कैसे पहुँचा, यह पुस्तक इसी बारे में है। यह पुस्तक किसी आकर्षक उपाधि और बहुत सारी डिग्रियों वाले किसी विद्वान दर्शक ने नहीं लिखी है। यह तो एक कामकाजी सेल्समैन ने लिखी है, जो हर दिन ग्राहक के सामने खड़े होकर बेचता है। जब मैं देश भर में यात्रा करता हूँ और दूसरे सेल्समैनों के सामने भाषण देता हूँ, तब भी मैं दरअसल बेचने का ही काम कर रहा होता हूँ। मुझे सेल्समैनों को यह विचार बेचना पड़ता है कि उन्हें उनके धंधे के गुर सिखाने वाला आदमी यह सब इसलिए जानता है, क्योंकि उसने ख़ुद यह काम किया है। मैं जिस तरह संसार का सबसे बड़ा सेल्समैन बना, उस पर मुझे बहुत गर्व है। लेकिन मुझे इससे भी ज़्यादा गर्व कामकाजी सेल्समैनों के पत्र पाकर होता है, जो मुझसे मिले थे या जिन्होंने मेरे भाषण सुने थे। उन पत्रों में वे मुझे बताते हैं कि मैंने किस तरह उनके जीवन को बदल दिया है और इसकी बदौलत वे बेहतर, अधिक खुश तथा अधिक समृद्ध सेल्समैन बन गए हैं।

रक्तहीन विजय पाना

याद रखें, सच्चे सेल्समैन के लिए बेचने से बेहतर कुछ नहीं है। उसके लिए यह वैसा ही है, जैसे किसी क्रिकेटर के लिए छक्का मारना, किसी खिलाड़ी के लिए गोल करना और किसी सेनापति के लिए युद्ध में विजय पाना। फ़र्क़ सिर्फ़ यह है कि जब कोई सेल्समैन सामान बेचता है, तो किसी की भी हार नहीं होती। अगर बिक्री अच्छी तरह से हुई है, तो ख़रीदने और बेचने वाले दोनों की ही जीत होती है। बिक्री की ओर ले जाने वाला आमना-सामना किसी मैच या युद्ध की तरह होता है, लेकिन यह मुठभेड़ ऐसी होती है, जिसमें किसी का भी ख़ून नहीं बहता, कोई भी नहीं हारता, बल्कि हर कोई जीतता है। इससे बेहतर भला क्या हो सकता है?

लेकिन इस विजय की प्रक्रिया पहली बार संभावित ग्राहक के सामने पहुँचने से पहले ही शुरू हो जानी चाहिए। और जब ग्राहक ऑर्डर फ़ॉर्म पर हस्ताक्षर कर दे, भुगतान कर दे और अपने ख़रीदे हुए सामान के साथ चला जाए, यह प्रक्रिया उसके बहुत बाद तक चलनी चाहिए। कार उद्योग में कहा जाता है कि जब आप किसी ग्राहक की कार की पिछली बत्तियाँ देख लेते हैं, तो बिक्री पूरी हो जाती है। लेकिन अगर आप ऐसा सोचते हैं, तो दरअसल आप बिक्री के इतने सारे अवसर चूकेंगे, जितने कि आपने कभी सपने में भी कल्पना नहीं की होगी। दूसरी ओर, अगर आप यह समझ लेते हैं कि बेचना एक सतत और अनवरत प्रक्रिया है, जो कभी ख़त्म नहीं होती, तो जान लें कि आप बड़े पैमाने पर सफल होने वाले हैं।

एक बार जब मेरा बिक्री सिस्टम तीव्र गति से सक्रिय हो गया, तो इसके बाद तो मुझे कभी उन लोगों के साथ क़िस्मत नहीं आज़मानी पड़ी, जो शोरूम के सामने वाले दरवाज़े से अंदर आते थे। मैंने "आने वाले अंजान ग्राहकों" के लिए अपनी बारी का इंतज़ार नहीं किया। उन दिनों मेरे ग्राहक वे होते थे, जो मेरा नाम लेकर मुझसे कार ख़रीदने आते थे। वे सभी। और मैंने 10 में से 7 बिक्रियाँ ऐसे लोगों को कीं, जिन्हें मैं कम से कम एक बार पहले भी कार बेच चुका था। देखिए, हम यहाँ किराने की नहीं, कारों की बात कर रहे हैं। लोग अमूमन हर तीन-चार साल में उन्हें ख़रीदते हैं। मेरी अधिकतर बिक्री मध्यवर्गीय और कामकाजी वर्ग के लोगों में होती थी, जो इससे भी ज़्यादा अवधि में कार बदलते हैं। अगर आप कपड़े, शराब या ऐसी चीज़ें बेच रहे हैं, जिन्हें लोग ज़्यादा बार ख़रीदते हैं, तो उन्हें बार-बार अपने पास लाना और भी अधिक महत्त्वपूर्ण हो जाता है। लेकिन कारों के मामले में यह काम ज़्यादा मुश्किल होता है। इसलिए अगर मैं आपको बताता हूँ कि किन तरीक़ों से मैं लोगों को ख़ुद से कार ख़रीदने के लिए बार-बार आकर्षित करता था, तो इससे आप भी फ़ायदा उठा सकते हैं। इससे आपकी बिक्री भी बढ़ जाएगी, भले ही आप दूसरे तरह के उत्पाद और सेवाएँ बेच रहे हैं, क्योंकि सफलता ग्राहकों के बार-बार लौटकर आने और नए सामान ख़रीदने पर निर्भर करती है।

मैं आपको गारंटी देता हूँ कि मेरा सिस्टम आपके लिए भी काम करेगा, बशर्ते आप इसे समझ लें और इसका अनुसरण करें। मैं बेचने वाली स्थितियों और ग्राहकों को, पहले जिस तरह से देखता था, उससे भिन्न तरीक़े से देखने लगा। इसका मतलब है कि मैंने अपने पेशे के बहुत-से पहलुओं के बारे में

अपना नज़रिया बदला है। मैं जानता हूँ कि बहुत–से लोग हैं, जो नज़रियों के महत्त्व के बारे में बात करते हैं। वे आपको बताते हैं कि अगर आप उस चीज़ के बारे में अपना नज़रिया बदल लें, जिसे उन्होंने **मोटे–मोटे** अक्षरों में रेखांकित किया है, तो आपके लिए हर चीज़ सही हो जाएगी। इनमें से अधिकतर लोग ईमानदार रहते हैं, लेकिन उन्हें हर दिन ग्राहकों के सामने खड़े होकर बेचने का अनुभव नहीं होता है।

आइए सच का सामना करें। हम असल संसार में जीते हैं और यह बहुत कठोर संसार है। आप चाहे जो बेच रहे हों, शायद वहाँ कोई दूसरा भी होगा, जो ठीक वैसी ही चीज़ बेच रहा होगा। सच्चाई यही है। यह बहुत प्रतिस्पर्धी संसार है। हज़ारों शैवर्ले सेल्समैन रहते हैं, जो वही कार, उन्हीं ग्राहकों को बेचने की कोशिश कर रहे हैं, जिन्हें मैं बेचने की कोशिश कर रहा हूँ। यही नहीं, सेल्स से जुड़े लाखों अन्य लोग उन संभावित ग्राहकों से उसी पैसे को खींचने की कोशिश कर रहे हैं, चाहे यह फ़र्नीचर के लिए हो या मकानों, स्विमिंग पूलों, वेकेशन ट्रिप की मोटरबोटों, ट्यूशन या बचत खातों के लिए हो। और जब आप आख़िरकार ग्राहक को अपने सामने तक ले भी आते हैं, तो वह आपको किसी तरह टालने की ताक में रहता है, इसलिए नहीं क्योंकि वह बुरा इंसान है, बल्कि इसलिए क्योंकि उसे यह यक़ीन होता है कि आप बुरे इंसान हैं। हमने जो पेशा चुना है, वह बहुत कठोर है। लेकिन अगर हम इसे नियमों, मानदंडों और सिद्धांतों वाला पेशा मानकर काम करें, तो इससे बहुत आर्थिक और भावनात्मक संतुष्टि मिल सकती है।

यदि आपको पहले से पता न हो, तो आपको पहली चीज़ यह पता होनी चाहिए कि यह संसार हमेशा अच्छा नहीं होता। प्रतिस्पर्धा एक कठोर खेल है, लेकिन हर कोई आपकी और उनकी मनचाही हर चीज़ के लिए बाक़ी सभी लोगों के साथ प्रतिस्पर्धा करता है। मैं कोई दार्शनिक नहीं हूँ, लेकिन मैं यह बात पैदा होते समय से ही जानता था। और यह 35 की उम्र से पहले सीखी गई उन चंद चीज़ों में से एक है, जो मेरे लिए उपयोगी साबित हुईं। मैं यह कहने की कोशिश कर रहा हूँ कि तथाकथित विशेषज्ञ आपके दिमाग़ में यह भर रहे हैं कि आपको कुछ विचारों से पहले छुटकारा पाना होगा या उन्हें दोबारा ढालना होगा, इसके बाद ही वे अधिक पैसे बनाने और बेचने से अधिक संतुष्टि पाने में आपकी मदद कर सकते हैं।

यह एक बहुत कठोर, प्रतिस्पर्धी संसार है। लेकिन इस बात से मेरा यह

मतलब नहीं है कि आपको गुज़र-बसर करने के लिए धोखा देना होगा या चोरी करनी होगी। इस पुस्तक में आगे बढ़ने पर आप मेरी बात का मतलब ख़ुद समझ जाएँगे। आप देखेंगे कि आप सही तरीक़े से – मेरे तरीक़े से – सामान बेचकर लोगों को कैसे बदल सकते हैं और अंततः उनका पैसा व उनकी मित्रता हासिल कर सकते हैं। वास्तव में, अगर आप उनका पैसा और उनकी मित्रता दोनों हासिल नहीं कर पाते हैं, तो आप व्यवसाय में बहुत ज़्यादा समय तक टिक नहीं पाएँगे। मेरी बात का ग़लत मतलब न निकालें : जब मैं मित्रता के बारे में बोलता हूँ, तो मैं *अपने पड़ोसी से प्रेम करो* जैसी भली बातों के बारे में नहीं बोल रहा हूँ। आप अपने पड़ोसी के साथ कैसा व्यवहार करते हैं, यह पूरी तरह आपका मामला है। लेकिन 250 के नियम वाले अध्याय को पढ़ने पर आप अच्छी तरह समझ जाएँगे कि मित्रता से मेरा क्या मतलब है। हम बात करेंगे कि ग्राहकों के मन में सेल्समैन के प्रति कौन से नज़रिये होते हैं। हम सच बोलने के महत्त्व और कुछ ख़ास झूठों के मूल्य पर भी बात करेंगे। अगर आप यह नहीं समझ पाते हैं कि आपके सामने कौन है और वह आपके मुँह से दरअसल क्या सुनना चाहता है, तो आप लंबे समय तक सफल नहीं हो सकते। मैं आपको इस बात का विश्वास दिलाता हूँ।

लेकिन अपने ग्राहकों के नज़रियों के भीतर जाने से पहले हम अपने ख़ुद के नज़रियों से निबटेंगे। याद रहे, मैं 35 साल तक बेहद असफल रहा था। इसका वर्णन मैं इतने विस्तार से करूँगा कि आप मेरे लिए अफ़सोस करने लगेंगे, जैसा कि मैं ख़ुद किया करता था। लेकिन मैं आपको इसी समय बता दूँ कि ख़ुद के लिए अफ़सोस करना एक जाल है। यह इस बात की गारंटी देता है कि आप आगे भी हारते ही रहेंगे। यह हर उस चीज़ का गला दबा देता है, जो जीवन और बेचने के युद्ध में विजेता बनने के लिए ज़रूरी होती है। और मैं आपको यह भी दिखाऊँगा कि मैं असफल से बहुत सफल कैसे हुआ, संसार का सबसे महान सेल्समैन कैसे बना, जैसा कि इस पुस्तक के कवर पेज पर बताया गया है। मैंने यह सब अपने दम पर किया। मैं आपको बताऊँगा और दिखाऊँगा कि मैंने यह कैसे किया। और आप यह समझ जाएँगे कि जो चीज़ आपको जीवन में असफल करा रही है, उसे कैसे बदला जा सकता है, ताकि आप बेहद सफल हो सकें।

मेरा वाक़ई यही मतलब है। आपको यह ख़ुद के प्रति और ख़ुद के लिए करना होगा। यह काम कोई दूसरा आपके लिए नहीं कर सकता। लेकिन

मुझे यक़ीन है, मैं आपको वह दिखा सकता हूँ जो मैंने अपने जीवन के साथ किया – और मैंने इसे क्यों किया – ताकि आपको इससे मार्गदर्शन मिले। ताकि आप ख़ुद को और अपने जीवन को देख सकें। ताकि आप प्रतिकूल परिस्थितियों को लाभों में, दायित्वों को संपत्तियों में, असफलताओं को सफलताओं में और पराजयों को विजयों में बदलना सीख सकें।

एक बार जब आप उस बिंदु पर पहुँच जाते हैं, तो आपके दिमाग़ में कुछ नज़रिये आ जाते हैं। मैं जानता हूँ कि अधिकतर तथाकथित विशेषज्ञ आपको इसका विपरीत करने को कहते हैं। यानि, वे आपको ऐसे शब्द या नज़रिये देते हैं, जो आपमें होने चाहिए। फिर वे आपसे कहते हैं कि आप उन्हें विकसित करें। वे आपसे कहते हैं कि आप हर सुबह उठते ही उन्हें दोहराकर या उन्हें आईने के सामने खड़े होकर बोलकर या ऐसी ही कोई चीज़ करके उन पर यक़ीन कर लें।

विजेता नज़रियों का तरीक़ा

लेकिन अगर आप 'क्यों' या 'कैसे' जाने बिना यह सब करते हैं, तो इससे आपको उतना ही फ़ायदा होगा, जितना कि किसी ताबीज़ को पहनने या किसी माला को जपने से होता है। सही नज़रिये रखने का एकमात्र तरीक़ा यह जानना है कि ग़लत नज़रिये कौन से हैं और वे आपमें कैसे आए तथा आप उन्हें क्यों रखते हैं। और मैं आपको अपने नज़रियों की कहानी बताने जा रहा हूँ : ग़लत नज़रिये और फिर मेरे जीवन में हुआ बड़ा परिवर्तन, जो मुझे सही नज़रियों की ओर ले गया। यह विचार मन में न लाएँ कि मैं किसी जादुई पल का ज़िक्र कर रहा हूँ, जब आसमान से आई किसी अँगुली ने मुझे छू लिया। जैसा आपको पता चलेगा, मेरे जीवन में परिवर्तन बहुत ही अलग कारणों से हुआ, जिन्हें समझना आसान है।

मैं यह नहीं कह रहा हूँ कि मैं जिन परिस्थितियों से गुज़रा हूँ, वे आसान थीं। लेकिन इसके बावजूद मैं सफल हो गया। मैं जितनी बुरी तरह असफल था, उसे देखते हुए अगर मैं यह काम कर सकता हूँ, तो हर व्यक्ति ऐसा ही कर सकता है, जो हारने से, असफल होते रहने से उकता चुका है और आजिज़ आ चुका है। मैं इस बात की भी गारंटी देता हूँ। लेकिन पहले क़दम के रूप में आपको सही नज़रियों का अपना ख़ुद का संस्करण तैयार करना होगा। फिर जब आप मेरे सिस्टम के दूसरे नियमों और हिस्सों को समझ लेंगे,

तो आप यह भी समझ जाएँगे कि वे क्यों कारगर होते हैं, बशर्ते आप उन्हें सही तरीक़े से करें और लगातार करते रहें। 250 का नियम यह स्पष्ट कर देगा कि आपको इस सिस्टम का उपयोग हर समय क्यों करना चाहिए। जब हम समय के उपयोग पर बात करेंगे, तो आप समय के मूल्य और इसे बर्बाद करने की क़ीमत के बारे में स्पष्ट तथ्य ही नहीं जानेंगे। आप तो स्वयं और अपनी क्षमताओं के बारे में यथार्थवादी बनने के महत्त्व को भी समझेंगे। साथ ही इस बारे में भी, कि आप दीर्घकाल और अल्पकाल में ख़ुद के प्रति अच्छे कैसे बनें। मैंने क्या किया था, इसके कुछ पहलुओं पर जब हम आएँगे, तो ज़ाहिर है, मैं इस बारे में बात करूँगा कि मैंने लोगों को कैसे कारें बेचीं। मैंने जो किया, उसे मैं उससे जोड़ दूँगा, जो दूसरे क्षेत्रों के सेल्सपर्सन करते हैं। इसमें से बहुत सा स्पष्ट है और आप ख़ुद ही इसका अनुमान लगा सकते हैं। जब मैं कहता हूँ कि ग्राहक को कार की मुफ़्त सवारी या डेमो राइड पर ले जाना अनिवार्य है, तो अगर आप मकान बेचते हैं, तो आप जान जाते हैं कि इसका मतलब है लोगों को मकान के नमूने दिखाने लाना। या ग्राहक को सूट पहनाना। या अगर आप ग्राहकों को नया किचन बेच रहे हों, तो उनके लिए भोजन पकाना। घर-घर जाकर वैक्यूम क्लीनर बेचने वाला पुराने ज़माने का सेल्समैन फ़र्श पर धूल-मिट्टी फेंकता था और फिर वैक्यूम चलाकर दिखाता था कि यह कितनी अच्छी तरह काम करता है। क्लब एल्युमिनियम सेल्समैन अपने बर्तन दिखाते समय भोजन पकाता है। गद्दे बेचने वाले सेल्समैन को अपने ग्राहक को उस पर लिटाना होगा। ये स्पष्ट रूप से नई शैवर्ले में डेमो राइड के अनुरूप चीज़ें हैं।

लेकिन मैंने कार बेचने के क्षेत्र में जो भी किया और कहा है, कोई भी दूसरी चीज़ बेचने में उसकी कोई न कोई समानता हमेशा मिल जाएगी। शायद जीवन बीमा सेल्समैन आपको अपनी ख़ुद की अंत्येष्टि में न ले जा पाए, जैसा कि टॉम सॉयर नामक साहित्यिक पात्र ने किया था, लेकिन वह आपसे आपकी पत्नी और बच्चों के बारे में बातें करने को कहेगा। शायद वह आपसे उनकी तस्वीरें निकलवाकर मेज़ पर भी रखवा लेगा। इससे आपके दिमाग़ में आ जाता है कि आप हमेशा के लिए ज़िंदा नहीं रहने वाले और हो सकता है कि उसे आपको बस इतना ही याद दिलाने की ज़रूरत हो। यह भी एक तरह की डेमो राइड है।

यहाँ के बाद मैं आपको क़दम-दर-क़दम ले चलूँगा और बताऊँगा कि

असफल से सफल में होने वाले इस कायाकल्प का तरीक़ा मैंने कैसे खोजा। मैं आपको दिखाऊँगा कि मैंने अचूक विजेता के नज़रिये कैसे बनाए और वे नज़रिये मुझे अपना सिस्टम तैयार करने की ओर कैसे ले गए। और यह बात याद रखें : उन्हीं नज़रियों और उसी सिस्टम ने मुझे संसार का सबसे महान सेल्समैन बनाया है।

2

पराजित का अंत, विजेता की शुरुआत

किसी ने एक बार मुझसे कहा था कि मैं पैदाइशी सेल्समैन हूँ। मैं आपको बताना चाहता हूँ कि यह सच नहीं है। हो सकता है कि कुछ सेल्समैन, शायद अधिकतर सेल्समैन भी, पैदाइशी होते हों। लेकिन मैं सेल्समैन के रूप में पैदा नहीं हुआ था। मैंने तो ख़ुद को सेल्समैन बनाया, अकेले, अपने दम पर। और जहाँ मैं था, वहाँ से शुरू करते हुए अगर मैं यह काम कर सकता हूँ, तो इसे कोई भी कर सकता है। इस कहानी को पढ़ते रहेंगे, तो आप जल्द ही समझ जाएँगे कि मेरा क्या मतलब है।

बहुत-से लोग ग़रीबी में शुरुआत करते हैं, लेकिन जहाँ मैं पैदा हुआ था, वहाँ एक ख़ास तरह की ग़रीबी थी, शायद वैसी ही जैसी आजकल अश्वेत और ग़रीब होने पर होती है। मैं डेट्रॉइट के निचले पूर्वी इलाक़े में पैदा हुआ था। उन दिनों यह इलाक़ा लगभग इतालवी था, लेकिन मैं इसे सिसिलीवासी कहता हूँ, क्योंकि मेरे लिए इन दोनों में बहुत बड़ा अंतर है। मुझे सिसिलीवासी होने पर गर्व है। यह बात और है कि बहुत-से लोग, जिनमें इटली के दूसरे हिस्से से आने वाले लोग भी शामिल हैं, हमारे साथ भेदभाव करते हैं और यह जताने की कोशिश करते हैं कि हम सभी किसी तरह के आपराधिक गैंग का हिस्सा हैं। अपने प्रबल गर्व के कारण मुझे अपने शुरुआती युवा जीवन में काफ़ी मुश्किल हुई और थोड़ी-बहुत तो बाद के वर्षों में भी हुई। मैं हर उस व्यक्ति से लड़ने के लिए आतुर हो उठता था, जो मुझे "वॉप" (ग़ैर-क़ानूनी अप्रवासी), "डेगो," (घटिया) या "ग्रीसर" (गाड़ियों में ग्रीस लगाने वाला लड़का)

कहता था। मैं जानता हूँ कि हर व्यक्ति किसी न किसी के प्रति पूर्वाग्रह रखता है, लेकिन मुझे अपने ख़िलाफ़ पूर्वाग्रह कभी अच्छा नहीं लगा। यही वजह है कि मैंने "वॉप," "डेगो," या "ग्रीसर" कहने वाले बहुत-से लोगों की नाक से काफ़ी ख़ून बहाया है।

मुझे हमारा जो पहला घर याद है, उसके सामने वाली सड़क के पार एक कोयला अहाता था। यह दो परिवारों के मकान का ऊपरी फ़्लैट था। आप सोचेंगे कि कोयला अहाते के सामने रहना तो बहुत बुरा था। लेकिन इसका एक फ़ायदा भी था। जब जाड़े के दिन में हालात वाक़ई ख़राब हो जाते थे और ठंड के मारे हम सबकी कुल्फ़ी जमने लगती थी, तो मेरा बड़ा भाई जिम और मैं सड़क पार करते थे। मैं अहाते के बाड़े के नीचे से रेंगकर अंदर घुस जाता था। इसके बाद मैं कोयले के ढेले अपने भाई की तरफ़ उछालता था, जो उन्हें एक बोरे में भरता जाता था। फिर हम कोयले का बोरा उठाकर घर ले आते थे और भट्ठी में डाल देते थे। कई बार तो जलाने के लिए बस यही होता था, इसलिए हमें इस बात की कभी चिंता नहीं हुई कि यह कोयला शायद किसी दूसरे की संपत्ति था। तो मैं इस तरह के संसार में पैदा हुआ था।

भट्ठी तहख़ाने में थी, लेकिन मुझे तहख़ाना एक दूसरे कारण से ज़्यादा याद है। यह मेरे पिताजी की प्रिय जगह थी, जहाँ वे मेरी पिटाई किया करते थे। जब से मुझे याद है, यह सिलसिला चला आ रहा था। मेरे ख़याल से मैं ज़्यादातर छोटे बच्चों जितना ही अच्छा या बुरा था। मुझमें और बाक़ी बच्चों में कोई ख़ास अंतर नहीं था। इसलिए मैं कभी नहीं समझ पाया कि वे मेरे साथ ही ऐसा क्यों करते थे और मेरे भाई या दो छोटी बहनों के साथ ऐसा क्यों नहीं करते थे। लेकिन यह हक़ीक़त थी। अधिकतर वे मुझे वहाँ नीचे ले जाते थे और एक पाइप से बाँध देते थे। फिर वे चमड़े के एक बड़े पट्टे से मेरी पिटाई करते थे, जिस पर वे अपना उस्तरा पैना करते थे। शोर कोई भी बच्चा करे, पिटाई मेरी ही होती थी। तहख़ाने में नीचे ले जाकर वे मेरी पिटाई करते जाते थे और चिल्लाते जाते थे, *तुम किसी काम के नहीं हो, तुम कभी कुछ नहीं बन पाओगे, तुम जेल जाओगे*– इसी तरह की बातें। और मैं कभी नहीं जान पाया कि उन्होंने मुझे ही क्यों चुना था। बहरहाल, जब तक मैं घर में रहा, उन्होंने मेरी पिटाई करना कभी नहीं छोड़ा।

ऐसे में कई बार मैं कुछ दूर दौड़कर नदी के पास वाले रेलवे यार्ड में पहुँच जाता था और वहाँ खड़ी किसी मालगाड़ी में छुप जाता था। कभी-कभार

मैं मालगाड़ियों के फ़र्श पर बिछे भूसे पर सो भी जाता था। लेकिन जब मैं घर लौटता था, तो वे मेरी दोबारा पिटाई करते थे और मुझे बताते थे कि मैं नाकारा हूँ, निकम्मा हूँ, कभी कुछ नहीं बन पाऊँगा और मैं अंततः जैकटाउन पहुँचूँगा (हम जैक्सन, मिशिगन की जेल को यही कहते थे और हमारे इलाक़े के बहुत-से लोग वहाँ जाते रहते थे)।

मैं आपको एक बात बता दूँ। यदि आप किसी ऐसे घर में बड़े होते हैं, जिसमें आपके पिता मुखिया हों और वे आपको बचपन से ही बताते आ रहे हों कि आप क़तई अच्छे नहीं हैं और यह बताते समय आपको बुरी तरह पीट भी रहे हों, तो आपको इस बात पर यक़ीन हो जाता है। आख़िर, वे आपके एकमात्र पिता हैं, आपके छोटे से परिवार की एकमात्र सत्ता हैं और उनकी बात सही ही होगी। कुछ समय बाद मैं भी उनकी बात पर यक़ीन करने लगा, हालाँकि बाद में मेरी माँ तहख़ाने में नीचे आती थीं और मुझसे कहती थीं कि मैं दरअसल अच्छा लड़का हूँ। मुझे लगता है कि इससे थोड़ी मदद तो मिलती थी, लेकिन वे पिताजी की तरह घर की मुखिया नहीं थीं। नतीजा यह हुआ कि हालाँकि मैं माँ से प्यार करता था, लेकिन फिर भी मुझे विश्वास हो गया था कि मैं क़तई अच्छा नहीं हूँ और कभी कुछ नहीं बन पाऊँगा। मैंने इस बात पर बहुत लंबे समय तक विश्वास किया और इसका उस बात से बहुत सरोकार है जो मेरे साथ जीवन के अधिकतर समय हुआ या जो मैंने अपने साथ किया।

मैंने यह समझने की कोशिश की कि आख़िर ऐसी कौन-सी वजह थी, जिस कारण वे मुझसे नफ़रत करते थे और मुझे ही क्यों चुनते थे। आख़िर वे अपनी सारी भड़ास मुझ पर ही क्यों निकालते थे? वे युवावस्था में सिसिली से आए थे – अशिक्षित, लगभग निरक्षर और ग़रीब। उनके ख़ुद के पिताजी तानाशाह थे, जो उन्हें गालियाँ देते थे और पिटाई करते थे। पिताजी ने जब मेरी माँ से शादी की थी, तब उनकी उम्र 25 साल थी। मेरी माँ की उम्र तब सिर्फ़ 15 साल थी और मेरी नानी इस बात से खुश नहीं थीं कि उनकी बेटी यह शादी करने जा रही है। किसी ने भी मुझे कभी नहीं बताया कि उन दिनों क्या हुआ था, लेकिन पिताजी और नानी के बीच एक शत्रुता शुरू हो गई, जो पिताजी के मरने तक कभी ख़त्म नहीं हुई। पिताजी हममें से किसी को भी, जिनमें मेरी माँ भी शामिल थीं, नानी से नहीं मिलने देते थे, हालाँकि वे भी दो परिवारों के उसी मकान में रहती थीं। मेरी माँ चुपके से तहख़ाने में चली जाती थीं और कई बार दीवार के पार से उनसे बातें कर लेती थीं। और मैं भी उनसे

मिलने जाता था, क्योंकि हम बहुत घनिष्ठ मित्र थे, शायद इसलिए क्योंकि हम दोनों ही के प्रति पिताजी की भावनाएँ एक सी थीं। जब भी पिताजी को पता चलता था कि मैं उनकी दुश्मन से मिल रहा हूँ, तो एक बार फिर पिटाई, चिल्लाचोट और गाली गलौज शुरू हो जाती थी।

शायद आप अचरज कर रहे होंगे कि इस सबका बेचने से क्या लेना–देना है। देखिए, इसका इस बात से बहुत लेना–देना है कि आपके दिमाग़ में कैसे नज़रिये बोए गए थे। और मेरे दिमाग़ में जो बीज बोया गया था, वह यह था कि मैं क़तई अच्छा नहीं हूँ और कभी कुछ नहीं बन पाऊँगा। मैं इस बात पर यक़ीन करता था और मैं अपने पिताजी की बात को सही साबित करने जा रहा था। आख़िर, हर व्यक्ति से यही अपेक्षा की जाती है कि वह अपने पिता का सम्मान करे और उनकी आज्ञा का पालन करे। लेकिन उन्हीं पिटाइयों और गालियों की बदौलत एक और नज़रिया भी बोया गया था। यह उनके ख़िलाफ़ तीव्र क्रोध का भाव था, यह उन्हें ग़लत साबित करने की इच्छा थी, ताकि वे मुझसे भी उसी तरह प्रेम करें, जिस तरह वे मेरे भाई–बहनों से करते थे। कई बार एक नज़रिया सक्रिय होता था, तो कई बार दूसरा। कई बार वे बस एक–दूसरे को निष्क्रिय कर देते थे।

पिताजी को कभी ज़्यादा काम नहीं मिल पाता था। आख़िर, मंदी का दौर चल रहा था और हम डेट्रॉइट में रहने वाले सिसिलीवासी थे। इसके अलावा, वे किसी पेशे में माहिर नहीं थे, किसी में भी नहीं। अधिकतर समय वे नौकरी से बाहर रहते थे या डब्ल्यूपीए पर रहते थे। हम लगभग हमेशा कल्याणकारी सहायता पर रहते थे (जिसे उन दिनों राहत कहा जाता था) और मुझे जो इकलौते सुखद समय याद हैं, वे क्रिसमस के आस–पास के होते थे, जब गुडफ़ेलोज़ (एक स्थानीय परोपकारी संस्था) हमें लोगों द्वारा दान दिए गए खिलौनों का बॉक्स भेजती थी। अधिकतर वे खिलौने सेकेंड–हैंड और मरम्मत वाले होते थे, लेकिन फिर भी हमारे लिए यह काफ़ी बड़ा रोमांच था। और इससे भी बेहतर उनके दिए कूपन थे, जिनके बदले हम शहर के व्यापारिक क्षेत्र में जाकर नए जूतों की एक जोड़ी ले सकते थे। यह उन दिनों मेरे लिए बहुत बड़ा सौदा होता था।

जब मैं तक़रीबन 8 साल का था, तभी से मैं काम करने लगा। हमारे घर से कुछ फर्लांग दूर बहुत सारी फ़ैक्ट्रियाँ थीं। नदी के पास यू. एस. रबर का टायर प्लांट था, एक बड़ी स्टोव फ़ैक्ट्री थी, कुछ फ़र्नीचर फ़ैक्ट्रियाँ थीं

और इसके अलावा अन्य प्लांट भी थे। पूरे पूर्वी जेफ़रसन ऐवेन्यू पर इन प्लांटों के क़रीब मज़दूरों के लिए शराबख़ाने बने थे। मैंने जूते चमकाने वाली एक पेटी बनाई। फिर मैंने कुछ ब्रश व पॉलिश ख़रीदीं (मुझे याद नहीं है कि इसके लिए मुझे पैसे कहाँ से मिले थे) और उन शराबख़ानों में जाकर जूते चमकाने लगा। अगर आप सोचते हैं कि आपने मुश्किल तरीक़े से पैसा कमाया है, तो मैं आपको बता दूँ कि उन घटिया सैलूनों के फ़र्श पर उकड़ू बैठकर चंद सिक्कों के बदले जूते चमकाना आपके उस काम की बराबरी कर लेगा, जो भी आपने किया हो। मैं स्कूल के बाद दोपहर में शुरुआत करता था, जब फ़ैक्ट्रियों की छुट्टी होने लगती थी। मैं लगभग एक मील तक जेफ़रसन के आस-पास के सभी बारों में जूते चमका आता था। फिर मैं दोबारा चक्कर लगाता था और कई बार तो तिबारा भी। मेरी क़ीमत पाँच सेंट थी, अगर मिल जाए। कई बार तो मुझे एक-दो सेंट की टिप भी मिल जाती थी, मगर प्रायः मुझे पॉलिश के दो सेंट से ज़्यादा नहीं मिल पाते थे। कुछ समय बाद मैंने कुछ करतब सीख लिए, जैसे हवा में ब्रश उछालना और हाथ बदलना। लोग मुझे पहचानने लगे और ज़्यादा टिप देने लगे। आपको बताना चाहूँगा कि उन दिनों एक सेंट में भी बहुत सारी कैंडी ख़रीदी जा सकती थी और पाँच सेंट में एक डबल-डिप आइस क्रीम कोन या एक सेर दूध आ जाता था।

सड़क पर दूसरी-तीसरी बार चक्कर लगाते समय मैं उन्हीं लोगों को थोड़ी शराब पी चुकने के बाद देखता था। मैंने अपनी आँखों से देखा है कि शराब कुछ ही घंटों में लोगों का क्या हाल कर देती है। कई बार यह उन्हें ज़्यादा सहज और शायद ज़्यादा उदार बना देती थी, लेकिन अधिकतर यह उन्हें ज़्यादा कंजूस बना देती थी। आख़िर, ये वे लोग थे, जिन्होंने दिन भर कड़ी मेहनत की थी और उनके मन में शायद यह डर था कि उनकी नौकरियाँ जा सकती हैं। उन दिनों जितनी नौकरियाँ थीं, उनसे ज़्यादा, बहुत ज़्यादा मज़दूर थे। वे अपने ग़रीब तथा दुखद अवस्था वाले घर में जाने से पहले अपनी परेशानियाँ हल्की करने के लिए रुके थे। उन शराबख़ानों में काम करना बहुत मनहूस था। लेकिन मैं रात को दस-ग्यारह बजे तक काम करता था। फिर मैं लगभग एक डॉलर, कई बार तो इससे भी ज़्यादा, के साथ घर लौटता था। यह सारा पैसा परिवार के पास चला जाता था और कई बार तो परिवार को मिलने वाला यही एकमात्र पैसा होता था। जब प्लांट बंद होता था, या किसी दूसरे कारण से मैं ज़्यादा धंधा नहीं कर पाता था और सिर्फ़ कुछ सेंट लेकर घर लौटता था, तो पिताजी मुझ पर चिल्लाते थे और मेरी पिटाई

करते थे। उन रातों को मुझे घर लौटने में डर लगता था। तभी से मेरे दिमाग़ में अच्छा प्रदर्शन न करने का डर बैठ गया और मैं पॉलिश करने के लिए थोड़ी ज़्यादा देर तक रुकने की इच्छा करने लगा।

यह काफ़ी घटिया क़िस्म का बचपन था, लेकिन मैं इसे कभी नहीं भूलना चाहता। इसीलिए मैंने अपने ऑफ़िस की दीवार पर नौ साल की उम्र की एक बड़ी तस्वीर लटका रखी है, जिसमें मैं घुटनों के बल बैठकर जूते चमका रहा हूँ। मैंने ऐसा इसलिए किया है, ताकि मैं यह न भूल पाऊँ कि मैंने कहाँ से शुरू किया था। मैं इससे नफ़रत करता हूँ, लेकिन मुझे इस पर गर्व भी है।

मेरी पहली बिक्री

मुझे लगता है कि जब मैं जाकर लोगों के सामने गिड़गिड़ाता था कि वे मुझे अपने जूते पॉलिश करने दें, तब भी शायद मुझे बेचने का थोड़ा बहुत अनुभव मिला था। शायद फ़र्श पर ब्रशों के करतब दिखाने का मेरा छोटा नाटक भी एक तरह से बिक्री बढ़ाने वाली तरकीब ही था। लेकिन बेचने के बारे में मैंने पहली बार सचमुच तब सीखा, जब मैंने अख़बार बाँटना शुरू किया। मैं सुबह लगभग छह बजे उठकर गैराज तक जाता था, जहाँ डेट्रॉइट *फ़्री प्रेस* की प्रतियाँ पहुँचती थीं। मैं आस-पास के इलाक़े में बाँटने के लिए उन्हें तह करता था और फिर एक बैग में रखकर अपने तयशुदा मार्ग पर चल देता था। इसके बाद मैं स्कूल जाता था और वहाँ से लौटने पर जूते चमकाने के लिए चल पड़ता था।

वैसे मैंने बेचने के बारे में सचमुच तब सीखा, जब अख़बार ने नए ग्राहक बनाने के लिए एक प्रतिस्पर्धा आयोजित की। आप अगर किसी को नया ग्राहक बनाते थे और वह कम से कम एक महीने तक ग्राहक बना रहता था, तो आपको पेप्सी-कोला का एक बॉक्स मिल जाता था। देखिए, यह मेरे लिए बहुत बड़ा सौदा था। पेप्सी की 12 आउन्स यानि लगभग 350 मि.ली. की 24 बोतलों का बॉक्स सचमुच बड़ी चीज़ था। आप प्रोत्साहन और प्रेरणा की बात करते हैं। वाह, इससे मुझे कमाल का प्रोत्साहन मिला, गज़ब की प्रेरणा मिली। मुझे जो भी सड़क दिखी, मैंने उसके हर घर और हर अपार्टमेंट में जाकर अपना अख़बार ख़रीदने का आग्रह किया। मैंने इतने सारे दरवाज़ों की घंटियाँ बजाईं कि मेरी अँगुलियाँ सूज गईं। उस प्रतिस्पर्धा के दौरान शायद मैंने एक-दो दिन स्कूल का नागा भी कर दिया। लेकिन मैं लगनशील था। मैं संभावित ग्राहकों से कहता था, "हमारे यहाँ एक प्रतिस्पर्धा हो रही है और मैं

चाहता हूँ कि आप सिर्फ़ एक सप्ताह के लिए साइन कर दें।" पुरस्कार एक महीने तक ग्राहक बनाने पर ही मिलता था, लेकिन मैं सोचता था कि एक बार जब लोग ग्राहक बन जाएँगे, तो अधिकतर लोग उसके बाद भी अख़बार लेते रहेंगे। मैं उन्हें बताता था कि उनके उठने से पहले अख़बार उनके दरवाज़े पर पहुँच जाएगा, जो सच था। और अगर वे नहीं कह देते थे, तब भी मैं कोशिश में लगा रहता था, कभी हार नहीं मानता था, कभी इतना निराश नहीं होता था कि दरवाज़े की घंटियाँ न बजाता रहूँ। ठुकराया जाना मज़ेदार नहीं होता है। लेकिन जल्द ही मुझे समझ में आ गया था कि मैं जितने ज़्यादा लोगों से बात करता हूँ, मेरी बिक्री भी उतनी ही ज़्यादा होती है। और यह मज़ेदार था; मज़ेदार से भी बेहतर था। क्योंकि काफ़ी जल्दी हमारे मकान के पीछे वाले छोटे गैराज में पेप्सी के बॉक्स भरे थे। उस इलाक़े में मुझे उनकी जितनी क़ीमत मिल सकती थी, मैं उस पर उन्हें बेचने लगा। इससे मैं घर पर ज़्यादा पैसे लाया और मेरे मन में यह उम्मीद जागी कि शायद अब पिताजी मुझे क़ाबिल मान लेंगे। लेकिन अफ़सोस, यह भी कारगर नहीं हुआ।

लगभग पाँच साल तक मैं जूतों की पॉलिश करने और अख़बार बाँटने का काम करता रहा। मैं अधिकतर समय स्कूल गया, लेकिन वहाँ मेरा प्रदर्शन ज़्यादा अच्छा नहीं था। मैं बहुत बुद्धिमान नहीं था, लेकिन वहाँ पर मैंने थोड़ा-बहुत सीखा और ज़्यादा बुरा प्रदर्शन नहीं किया। लेकिन पिताजी के साथ मेरी मुश्किलें कभी कम नहीं हुईं। शायद उन्होंने मुझे 24-25 बार घर से बाहर निकाला होगा। ऐसे मौक़ों पर मैं रेलवे यार्ड में जाकर मालगाड़ी के डिब्बे में सो जाता था। कई बार मैं शहर के व्यापारिक इलाक़े में चला जाता था और उसकी सरहद पर बने एक सस्ते लॉज में एक बिस्तर ले लेता था। यह कस्बे का घटिया हिस्सा था, जहाँ सस्ते होटल, जुआघर, वेश्यालय थे और घटिया अश्लील फ़िल्में थीं। मुझे एक रात में दस सेंट या चौथाई डॉलर में वहाँ एक बिस्तर मिल जाता था – आपको एक कमरा नहीं मिलता था, बस एक तरह के शयनकक्ष में एक पलंग मिलता था, जिसमें शराबी या नशे में उन्मत्त दूसरे लोग भी सोते थे। कुछ समय बाद ही पिताजी मुझे खोजते हुए वहाँ आ जाते थे और अच्छी तरह रहने की हिदायत देने के बाद मुझे घर ले जाते थे। वे शायद मेरी माँ के कहने पर ऐसा करते थे। मैं घर लौटता था, कुछ समय तक स्कूल जाता था, नुक्कड़ पर यार-दोस्तों के साथ समय बर्बाद करता था और एक बार फिर मुझे घर से निकाल दिया जाता था।

जब मैं 16 साल का था, तो एक रात को मैं उसी इलाक़े के अपने दो दोस्तों के साथ नुक्कड़ पर खड़ा था। उन्होंने कहा, "हम मेलड्रम और लफ़ैयट के बार में चोरी करने जा रहे हैं। हमने पहले ही वहाँ का जायज़ा ले लिया है। वहाँ शराब की पेटियाँ रखी रहती हैं और शायद वह थोड़े नक़द पैसे भी छोड़कर जाता होगा। हमारे साथ चोरी करने चलोगे?" मैं उस बार में जूते चमकाता था, इसलिए मैं उसे पहचानता था। मैंने कभी पहले इस तरह की चोरी-चकारी नहीं की थी, लेकिन उस जगह को पहचानने या ऐसे ही किसी कारण से मैं उनके साथ जाने को तैयार हो गया। देखिए, मैं और कुछ भी हो सकता हूँ, चोर नहीं हूँ। कम से कम तब तक तो नहीं था। मैं नहीं जानता कि मैंने उनके साथ जाने का फ़ैसला क्यों किया, लेकिन मैं उनके साथ चला गया।

उस बार की तहक़ीक़ात करते वक़्त एक आदमी टॉयलेट जाने के बहाने जाकर खिड़की खुली छोड़ आया। उन दिनों आप ऐसा कर सकते थे। अब तो खिड़कियों पर छड़ें रहती हैं, अलार्म रहते हैं और मीटर लगा रहता है, जो रात को निगरानी करने वाले आदमी को बता देता है कि खिड़की बंद नहीं है। लेकिन तब नहीं, उस घटिया, ग़रीब इलाक़े में भी नहीं, जिसमें हम रहते थे।

तो उस रात लगभग दस बजे हम व्हिटियर होटल के गैराज में चोरी से गए। विटियर होटल नदी किनारे बना एक उत्कृष्ट अपार्टमेंट होटल था। वहाँ से हमने एक कार चुराई। मुझे याद है कि वह एक स्टुडबेकर थी। मैं अब भी सुन सकता हूँ कि गैराज का आदमी चिल्ला रहा था, "अरे कहाँ जा रहे हो, उस कार के साथ वापस आओ।" लेकिन हमने फ़र्राटे से कार वहाँ से दूर भगाई और इलाक़े की एक छोटी गली में छिपा दी।

डेट्रॉइट में बार रात को दो बजे बंद होते हैं, इसलिए हमें तब तक इंतज़ार करना था, जब तक कि कर्मचारी उसे बंद न कर दें, साफ़-सफ़ाई न कर दें और वहाँ से चले न जाएँ। सुबह के लगभग साढ़े तीन बजे हम उस जगह पहुँचे। हम कार लेकर बार के पीछे वाली गली में गए। सड़कों पर या कहीं पर भी आस-पास कोई नहीं था। पूरा इलाक़ा रात के लिए पूरी तरह बंद था। यह सब होते समय भी मुझे बहुत डर नहीं लग रहा था। वास्तव में, जब हम एक बार वहाँ पहुँच गए, तो उसके बाद मुझे ज़रा भी डर नहीं लगा।

एक आदमी खिड़की में से रेंगकर अंदर घुसा और उसने पीछे वाले दरवाज़े की कुंडी खोल दी। फिर हम शराब के जितने बक्से कार में भर सकते थे, भरने लगे। यह द्वितीय विश्व युद्ध के ज़माने की बात थी। यह मई

1944 के आस-पास का समय रहा होगा और शराब मिलना उस वक़्त भी काफ़ी मुश्किल था। वास्तव में, कुछ समय के लिए मिशिगन में शराब की सीमा निर्धारित कर दी गई थी। जब हमने कार में शराब की पेटियाँ ठसाठस भर लीं और तिजोरी साफ़ कर दी, तो हम वहाँ से लौट आए और शराब छुपाकर पैसे बाँट लिए। तिजोरी में 175 डॉलर थे। मेरा हिस्सा 60 डॉलर से कुछ ज़्यादा था। इसके अलावा नुक्कड़ पर खड़े रहने वाले लोगों को शराब बेचने पर मिलने वाले पैसों में भी हिस्सा मिलना था, यानि एक बोतल पर लगभग एक डॉलर। मेरे लिए यह बड़ा आसान पैसा था और सब कुछ इतनी अच्छी तरह हुआ कि मैंने दोबारा कभी इस बारे में नहीं सोचा।

जब मैं उन दिनों की याद करता हूँ, तो यह मज़ेदार लगता है, क्योंकि मैं सचमुच नहीं जानता कि चोरी के उस पहले काम के बाद मैंने आगे भी वही काम क्यों नहीं किया। मेरा मतलब है कि मुझे उसमें ज़रा भी डर नहीं लगा था। पैसा भी अच्छा-ख़ासा मिला था। इसके अलावा हम ऐसे ही दूसरे ठिकाने खोज सकते थे, जहाँ चोरी करना इतना ही आसान हो। लेकिन कारण चाहे जो हो, मैंने ऐसा नहीं किया। मैं सोचता हूँ कि पिताजी नौकरी करने के लिए मुझ पर बहुत दबाव डाल रहे थे और मुझे किसी फ़ैक्ट्री में नौकरी मिल गई थी। अगर मैं नौकरी करने नहीं जाता, तो शायद मुझे उनका और उनकी बेरहम पिटाई का ज़्यादा डर था।

जो भी हो, मैं इस पूरी घटना के बारे में लगभग सब कुछ भूल गया था या कम से कम इसकी कोशिश कर रहा था। लेकिन एक दिन जब मैं घर पर अपने बिस्तर पर लेटा हुआ था, तो मुझे काफ़ी शोर शराबा सुनाई दिया। मेरी माँ रो रही थीं और मुझे समझ नहीं आया कि माजरा क्या था। यह मुझे सूझा ही नहीं कि इसका उस बार हुई चोरी से कोई संबंध हो सकता है। उस घटना को तीन महीने हो चुके थे और उसके बाद उन लोगों से मेरा कोई संपर्क नहीं रहा था और इसके बारे में किसी ने भी कुछ नहीं कहा था।

अचानक एक आदमी मेरे कमरे में आ गया और मुझे धकेलकर कहने लगा, "उठ जाओ!" मैंने अपनी आँखें खोली। सिपाही एक बिल्ला मेरे चेहरे के पास लाया और बोला, "अपने कपड़े पहनो।" अगली चीज़ जो मुझे पता है, मैं पुलिस स्टेशन में था। वह सिपाही अपने बाक़ी साथियों के साथ मुझसे उस बार के अलावा दूसरे शराबख़ानों और किराने की दुकानों में हुई चोरियों के बारे में सवाल पूछ रहा था, जिनके बारे में मैं कुछ नहीं जानता था। लेकिन उन्हें उस

बार की जानकारी भी थी, जहाँ हुई चोरी में मैं शामिल था। एक साथी पकड़ा गया था और उसने बता दिया था कि उसने कौन–कौन–सी चोरियाँ की थीं, जिसमें वह बार भी शामिल था और किसी तरह मेरा नाम भी सामने आ गया था। तो अगली चीज़ यह हुई कि मैं किशोर कारागृह में पहुँच गया। यह वह सबसे बुरी जगह थी, जहाँ मैं कभी रहा था। एक बड़ा कमरा था, जो खटियों और लड़कों से भरा हुआ था। वहाँ एक लंबा–चौड़ा आदमी पट्टा लेकर आता था और एक बच्चे को झुकने को कहता था तथा उसे चाबुक मारने लगता था। यह तो उस रात से भी ज़्यादा बुरी थी, जो मैंने एक सस्ते लॉज में गुज़ारी थी। वहाँ उन्होंने रात को मर गए एक शराबी की लाश को बाहर निकालने के लिए आधी रात को बत्तियाँ जला दी थीं। किशोर कारागृह में गुज़ारी रात मेरे जीवन की सबसे बुरी रात थी, हालाँकि मैंने बहुत–सी भयानक जगहों पर बहुत–सी रातें गुज़ारी थीं।

सुबह उन्होंने मुझे बाहर निकालकर उस बार के मालिक से मिलवाया, जिसे हमने लूटा था। वह मुझे पहचानता था और उसने मुझसे पूछा कि मैंने यह काम क्यों किया। मैंने कहा कि मुझे नहीं मालूम, लेकिन मैंने उसे आश्वस्त किया कि मैं उसे अपने हिस्से के मिले पैसे लौटा दूँगा। वह मान गया और उसने आरोप नहीं लगाया, इसलिए मैं उस जगह से बाहर निकल आया। मैं वहाँ से बाहर निकलने के लिए कुछ भी करने को तैयार था।

पिताजी और ताऊजी मुझे कारागृह से बाहर निकलवाने के लिए आए। जैसे ही हम इमारत से बाहर निकले, पिताजी ने मेरी पिटाई शुरू कर दी। उन्होंने कार में मेरी पिटाई की और घर पहुँचने के बाद भी करते रहे। वे चिल्लाते रहे कि मैंने ख़ानदान के नाम पर बट्टा लगा दिया था। इस बार तो मैं भी सोचता था कि मेरी पिटाई होनी चाहिए थी। मैंने अपने पिता के सामने यह साबित कर दिया था कि वे मेरे बारे में हमेशा जो कहते थे, वह सच था – मैं क़तई अच्छा नहीं था, छुटपुट चोर था और मैं गिरफ़्तार हो गया था।

लेकिन उस रात किशोर कारागृह में गुज़ारने के बाद मुझे भयंकर डर भी लगा। चाहे जो हो जाए, मैं दोबारा वहाँ नहीं जाऊँगा। मैं उन बहुत–से लोगों की तरह जेल नहीं जाऊँगा, जिनके साथ रहकर मैंने वह काम किया था।

इसलिए मैंने पड़ोस की एक स्टोव कंपनी में नौकरी कर ली, जहाँ बहुत–से सिसिलीवासी काम करते थे। मैं स्टोव की पट्टियों में अग्निरोधक सामग्री लगाता था। यह बड़ा ही सड़ा काम था, क्योंकि वह सामग्री आपके

कपड़ों, त्वचा और नाक सब जगह चली जाती थी। और वे आपसे तेज़ और कठोर मेहनत कराते थे। एक दिन मुझे सिगरेट पीते हुए पकड़ लिया गया – यह मेरी दूसरी ग़लती थी – और उन्होंने मुझे झाड़ू मार दी। हम नौकरी से निकालने के लिए झाड़ू शब्द का इस्तेमाल करते थे। यह तो वैसा ही है, जैसे आप कचरे के टुकड़े हों और वे आपको बाहर निकालकर जगह साफ़ कर देते हैं, जैसा मैं अपने बारे में ज़्यादातर समय महसूस भी करता था।

मैंने कितनी नौकरियाँ कीं, मैं उन सबको नहीं गिन सकता, लेकिन मेरा अंदाज़ा है कि उन दिनों मैंने लगभग 40 नौकरियाँ की थीं। मैंने एक प्रिंटर के लिए एक ट्रक चलाया था, जब तक कि डिलिवरी में बहुत ज़्यादा समय लगने के कारण मुझे वहाँ से निकाल नहीं दिया गया। मैंने क्राइज़्लर मोटर्स में काम किया और इम्पीरियल्स के लिए हाथ के हत्थे बनाए। यह ज़्यादा बुरा काम नहीं था। मैंने हडसन मोटर कार में असेंबली लाइन पर काम किया, जो सबसे बुरे कामों में से एक है, क्योंकि आप मशीनों से जुड़े रहते हैं और वही यह निर्णय लेती हैं कि आप कितनी कड़ी मेहनत करें। मैंने एक इलेक्ट्रोप्लेटिंग फ़ैक्ट्री में भी काम किया था, जहाँ गर्म अम्ल और पिघली धातु की टंकियाँ भरी थीं तथा उनका धुआँ आपके फेफड़ों में घुस जाता था। तभी से मुझे अस्थमा की शिकायत हो गई है।

मैं कुछ समय तक स्टैटलर होटल में सहायक वेटर भी रहा। एक और समय मैं बुक–कैडिलैक होटल में सामान लाने–ले जानेवाला नौकर था, जो बाद में शैरेटन बन गया। मैंने वहाँ पर एक छोटा काम किया था। मैं एक युनिफ़ॉर्म पहनकर अतिथियों की पेजिंग करता था यानि लाउडस्पीकर पर नाम की घोषणा करता था। एक दिन मैंने कमरों तक टेलीग्राम पहुँचाने के बजाय उनके ढेर को कचरे में फेंक दिया। बाद में मैंने इंकार किया कि यह मेरे वहाँ रहने की अवधि में हुआ ही नहीं था, लेकिन उन पर समय की मोहर लगी थी और मैं यह बात नहीं जानता था। इसलिए उन्होंने मुझे निकाल दिया। मैं कई बार सोचता हूँ कि अगर मैं इस तरह की चीज़ें जानता होता, तो मैं बेहतर काम कर सकता था और तब शायद मैं शैरेटन जैसे किसी होटल का वाइस प्रेसिडेंट भी बन सकता था। लेकिन उन दिनों मैं काफ़ी अज्ञानी था।

मैं स्कूल के अंदर–बाहर होता रहता था। इसी दौरान ईस्टर्न हाई–स्कूल के स्टडी हॉल परामर्शदाता के साथ एक वाकया हो गया, जिसकी वजह से मुझे स्कूल से निकाल दिया गया। वह परामर्शदाता मुझे बार–बार ख़ामख़्वाह

या बच्चों द्वारा की जाने वाली स्वाभाविक हरकतों के लिए तंग करता था। लेकिन कुछ समय बाद उसने सीमा पार कर दी। उसने मुझसे "तुम लोग" कहना शुरू कर दिया और वह इस तरह की बात कहता था, "तुम लोग यह सीख जाओ, तो अच्छा है।" मैंने उसे बताया कि मेरा नाम "तुम लोग" नहीं है, क्योंकि आप जानते हैं कि जब कोई "तुम लोग" कहना शुरू करता है, तो इसका क्या मतलब होता है। वह इतालवी लोगों के बारे में बोल रहा था। जल्द ही स्थिति काफ़ी बिगड़ गई, मैंने उसकी पिटाई कर दी और मेरे स्कूल का अध्याय समाप्त हो गया।

जहाँ तक मुझे याद है, मैंने अपनी अधिकतर नौकरियाँ इसलिए गँवाईं, क्योंकि मैंने उन लोगों से लड़ाई की, जो "वॉप्स" (ग़ैर-क़ानूनी अप्रवासी) और "डेगोज़" (घटिया) और "गिनिज़ विदेशी सिसिलियन" के बारे में बात करते थे। शायद उन दिनों मैं मुश्किल में फँसने के लिए बेताब रहता था। शायद मैं हमेशा असफल होना चाहता था और पिताजी को दिखाना चाहता था कि उनकी बात सही है और मैं क़तई अच्छा नहीं हूँ। लेकिन मेरे अंदर क्रोध का ज्वालामुखी धधक रहा था और उन दिनों इसका शिकार बनने के लिए बहुत-से कट्टर लोग आस-पास मौजूद भी थे।

किशोर कारागृह में गुज़री उस रात ने शायद मुझे बदतर स्थितियों से बचा लिया। मैं कभी नहीं भूल पाऊँगा कि तब मुझे कैसा महसूस हुआ था। शायद मैं क़तई अच्छा नहीं था, लेकिन निश्चित रूप से इतना बुरा भी नहीं था कि यह सब झेलूँ।

एक घटिया नौकरी से अगली घटिया नौकरी तक जाने का सिलसिला कुछ समय तक चलता रहा। फिर मैंने सेना में नाम लिखवा लिया। यह 1947 की शुरुआत की बात थी। लेकिन मैं एक ट्रक से गिर गया और बुनियादी प्रशिक्षण के दौरान मेरी पीठ में चोट लग गई। इस पर उन्होंने मुझे सेवामुक्त कर दिया। लेकिन यह आसान नहीं था। मुझे सेना से नफ़रत थी। यह तो मेरे लिए जेल में रहने जितना ही बुरा था। लेकिन कुछ समय तक उन्होंने मुझे बाहर के बजाय बैरक के कर्त्तव्य सौंप दिए। फिर एक दिन एक सार्जेन्ट आया, जिसे मैंने कभी नहीं देखा था। उसने मेरे सामने प्रस्ताव रखा कि अगर मैं सेवामुक्त होते समय मिलने वाली राशि उसे दे दूँ, तो वह सेवामुक्त होने में मेरी मदद करेगा। कुछ समय तक मैं सोचता रहा कि यह किसी तरह का हथकंडा है और वे लोग मुझे किसी अफ़सर को रिश्वत देने के जुर्म में फँसाने की कोशिश

कर रहे हैं। वह बार-बार मुझसे कहता रहा और मैं उसे नज़रअंदाज़ करने की कोशिश करता रहा। आख़िरकार जब मेरा प्रकरण पेश हुआ और सेना ने मुझे सेवामुक्त कर दिया, तो उसने आकर अपना पैसा माँगा। मैंने उसे वह पैसा दे दिया और सम्मानजनक सेवामुक्ति के साथ घर लौटा। मैं नहीं जानता कि उसने इस मामले में कुछ किया था या नहीं, लेकिन वहाँ से बाहर निकलने पर मैं इतना खुश था कि मैंने उसे वे चंद सिक्के दे दिए, जो मुझे मिले थे। जब मैं घर लौटा, तो मेरी माँ मुझे देखकर खुश हुईं, लेकिन पिताजी ने एक बार फिर कहना शुरू कर दिया कि मैं कितना गया-गुज़रा हूँ। उन्होंने कहा कि सेना भी मुझे नहीं चाहती है। उन्होंने कहा, "तुम क़तई अच्छे नहीं हो और कभी अच्छे नहीं बन पाओगे।" उन्होंने कहा कि जब मैं पैदा हुआ था, तभी उन्हें मेरा गला घोंट देना चाहिए था। मैं जब तक जीवित रहूँगा, उस दिन को कभी नहीं भूलूँगा। मेरी आँखों में आँसू भरे हुए थे। पिताजी बार-बार चीख़-चिल्ला रहे थे। माँ की आँखों में आँसू थे। ऐसी परिस्थिति में मैं घर छोड़कर चला गया, कई बार अलग-अलग काम किए और दूसरे मौक़ों पर यूँ ही समय गुज़ारता रहा। तब भी मेरे पिता की चीख़-पुकार लगातार मेरा पीछा करती रही।

फिर 1948 में अपनी मूर्खता की वजह से मैं एक और क़ानूनी मुश्किल में फँस गया। मैंने एक दूसरे आदमी के साथ मिलकर हमारे इलाक़े में हैट की सफ़ाई और जूते चमकाने वाली दुकान खोली। पीछे वाले कमरे में हम ताश और पांसे से जुआ भी खिलवाते थे। हमारे ख़्याल से हमने पुलिस को चकमा देने की काफ़ी अच्छी व्यवस्था कर ली थी। हममें से एक दुकान के सामने पहरा देता था और अगर सिपाही जैसा कोई व्यक्ति नज़र आता था, तो हम दीवार की कील द्वारा एक संकेत दे देते थे। व्यवस्था यह थी कि संकेत मिलते ही पीछे वाले कमरे में बैठा आदमी या तो पांसा निगल लेगा या फिर भाग जाएगा, ताकि कोई प्रमाण न रहे। एक दिन मैं सामने पहरा दे रहा था और बार्बर जूनियर हाई-स्कूल का मेरा पुराना दोस्त अंदर आया। हमने पुराने दिनों के बारे में बातें कीं और उसने बताया कि वह निर्माण कारोबार में था। फिर उसने पीछे वाले कमरे में जाने का आग्रह किया और मैंने उसे बेधड़क अंदर जाने दिया। मेरा साझेदार उसे देखते ही पहचान गया कि वह सिपाही था और वह पांसे लेकर पीछे के रास्ते से भाग गया।

आसान पैसे का मुश्किल तरीक़ा

यह बात मेरे दिमाग़ में कभी आई ही नहीं कि हमारे इलाक़े का कोई आदमी सिपाही भी बन सकता है। कोई सिपाही बन सकता है, यह सुझाव देना भी एक तरह का अपमान समझा जाता था। वास्तव में, सिसिली में किसी से सिपाही बनने की बात कहना एक शाप या बद्दुआ है। लेकिन यह आदमी सिपाही था। हालाँकि मेरा साझेदार जुए के प्रमाण के साथ भाग गया था, इसलिए बस इतना ही मिला था कि ताश का दोस्ताना खेल चल रहा था। फिर भी उन्होंने हर ग्राहक को मटरगश्ती के जुर्माने के टिकिट थमा दिए। हमारे क़िस्म की दुकान के साथ नियम यह था कि जब ग्राहक मटरगश्ती के जुर्म में पकड़े जाएँगे, तो जुर्माना दुकानदार को देना पड़ेगा। इस तरह हमारा छोटा धंधा ख़त्म हो गया और हमारे पास टिकिटों का ढेर आ गया, जिन पर हमें जुर्माना देना था। यह जुएघर के संचालक के रूप में मेरे दिनों का अंत था। यह अच्छा ही हुआ, क्योंकि जब तक हम पर छापा नहीं पड़ा था, हम काफ़ी आसानी से पैसे बना रहे थे। और कुछ समय तक मुझे इस बात पर सचमुच यक़ीन था कि आसान पैसे जैसी चीज़ होती है, हालाँकि मैंने अपने जीवन में जो पैसा कमाया, उसमें से अधिकतर के लिए काफ़ी जी तोड़ मेहनत की थी।

इसके बाद घटिया नौकरियों की एक और श्रंखला आई। नौकरियाँ, लड़ाई-झगड़े, नौकरी से निकाला जाना और अड्डों पर लोगों के साथ समय गुज़ारना, अवांछित दूसरे काम आदि। कई बार मैं सोचता हूँ कि अगर उन दिनों किसी ने मेरे साथ अच्छा बर्ताव किया होता, तो मैं उस नौकरी में रुक सकता था और किसी अच्छी चीज़ में तरक़्क़ी कर सकता था। लेकिन शायद किसी ने मेरे साथ अच्छा बर्ताव इसलिए नहीं किया, क्योंकि मैं सचमुच मानता था कि मैं क़तई अच्छा नहीं हूँ और इसे साबित करने के लिए मैं ग़लत काम किए जा रहा था। मैं सचमुच सोचता हूँ कि मैं ग़लत काम इसलिए कर रहा था, ताकि पिताजी जान जाएँ कि वे सही थे और फिर शायद वे मुझसे प्यार करें। मैं जानता हूँ कि यह पागलपन भरा लगता है, लेकिन बहुत बार लोग इसी तरह काम करते नज़र आते हैं। उन आदमियों को देखें, जो लड़कियों की पिटाई करके और यहाँ तक कि उन्हें जान से मारकर भी उनसे प्रेम पाना चाहते हैं। इसमें कोई समझदारी नज़र नहीं आती है, लेकिन जब लोग संसार से नाराज़ होते हैं, जब संसार उनके साथ सही बर्ताव नहीं करता है, तब वे ऐसे ही काम करते हैं।

मुझे आख़िरकार एक आदमी ने अवसर दिया और इससे मेरा जीवन थोड़ा बदलने लगा। उनका नाम एब सेपरस्टीन था और वे बहुत छोटे पैमाने के घर बनाने वाले थे। वे दरअसल यह करते थे कि अलग-अलग इलाक़ों में ख़ाली प्लॉट ख़रीद लेते थे और फिर उन प्लॉटों पर छोटे सस्ते मकान बनाने के लिए कुछ मज़दूर रख लेते थे। एक बार में एक मकान, शायद साल भर में आधा दर्जन या इसके क़रीब। वे कोई बड़े स्तर का काम नहीं कर रहे थे, बस छुटपुट कारोबार चला रहे थे। उन्होंने मुझे मज़दूर के रूप में काम दे दिया और मैं इतना ही कर सकता था। मैंने एक ट्रक चलाया, सीमेंट मिलाई, इमारत बनाने की सामग्री ढोई और ईंट रखने तथा मकानों में होने वाली हर चीज़ में काम किया। मकानों को ज़्यादा बेचने की ज़रूरत नहीं होती थी और वैसे भी कमिशन बचाने के चक्कर में बेचने का काम वे ख़ुद करते थे। मुख्य काम अधिकतर बैंक से लोन लेने के बारे में होता था – गिरवी रखना आदि। लोगों को सस्ते मकानों की ज़रूरत होती थी और क़र्ज़ मिलने पर वे उन्हें ख़रीद लेते थे।

यह इतना छोटा धंधा था कि मैंने दरअसल देख-सीख लिया कि हर चीज़ कैसे की जाती है और जिसे हम ख़ुद नहीं कर सकते थे, उसे करने के लिए किसे बुलाया जाता है। जब मैं सेपरस्टीन के लिए काम करने लगा, लगभग उसी समय मेरी शादी हुई थी और फिर हमारा पहला बच्चा होने वाला था। पारिवारिक स्थिति के अलावा यह बात भी थी कि सेपरस्टीन मेरे साथ अच्छा बर्ताव करते थे और मुझे कारोबार सीखने देते थे, जिस वजह से मैं वहाँ बना रहा। यह शायद पहली नौकरी थी, जहाँ मैं एक साल से ज़्यादा समय तक रहा। ज़्यादा कमाई नहीं थी, सिर्फ़ रोज़ी-रोटी चलाने लायक़ व्यवस्था थी। इतना मिल जाता था कि मैं अपनी पत्नी, अपने बेटे जॉय और अपनी बेटी ग्रेस का पेट भर सकूँ।

जब सेपरस्टीन ने रिटायर होने का निर्णय लिया, तो उन्होंने कारोबार मेरे सुपुर्द कर दिया। यह ज़्यादा बड़ी विरासत नहीं थी, क्योंकि हमारे पास बस एक पुराना ट्रक, कुछ औज़ार और एक छोटा सीमेंट मिक्सर था। लेकिन मैंने यह सीख लिया था कि उन चीज़ों का उपयोग कैसे किया जाता है और मुझे साथ व अकेले काम करने का कुछ अनुभव भी था। डेट्रॉइट की अर्थव्यवस्था में दूसरी जगहों से ज़्यादा उतार-चढ़ाव रहते हैं। लेकिन किसी अच्छे वर्ष में आप कस्बे में चारों तरफ़ एक बार में एक मकान बनाकर पर्याप्त मकान बना

सकते हैं। इस तरह मैं सामान्य नौकरी में मिलने वाले पैसे से थोड़े ज़्यादा पैसे बना सकता था।

परिस्थितियाँ कुछ समय तक तो काफ़ी अच्छी चलीं। लेकिन यह दरअसल छोटा कारोबार ही था। अगर आपको एक साथ दो ख़ाली प्लॉट मिल जाएँ, तो आप पर्याप्त सामग्री और मज़दूरों के वेतन देकर एक साथ दो नीवों की खुदाई करा सकते थे तथा इस तरह पैसे बचा सकते थे। हम आम तौर पर जो करते थे, यह उससे भी ज़्यादा बड़े पैमाने का काम था। लेकिन ज़्यादा बड़े पैमाने पर काम करने के लाभ देखने के लिए किसी तीव्र बुद्धि की ज़रूरत नहीं थी। इसलिए मैंने इस काम को फैलाने का निर्णय लिया।

सेपरस्टीन भले आदमी थे। उन्होंने मेरे साथ पुत्रवत व्यवहार किया और मैं उनसे प्रेम करता था। जब मैं ट्रक ड्राइवर से सुपरवाइज़र, और फिर मालिक बना, तो उन्होंने मुझे बहुत कुछ सिखाया। लेकिन जो मैं नहीं सीख पाया था, वह यह था कि किस पर भरोसा करूँ और किस पर न करूँ। हमारे पास जितना छोटा कारोबार था, उसमें विश्वास महत्त्वपूर्ण नहीं था। कोई भी लंबे समय तक ज़्यादा पैसों के लिए हम पर भरोसा नहीं करता था।

जब मैं अपने दम पर काम करने लगा, तो मैं यह नहीं जानता था कि आपको किसी बात पर तब तक विश्वास नहीं करना चाहिए, जब तक कि आप उसे लिखित में न देख लें। मैंने ज़मीन के किसी बड़े प्लॉट की तलाश शुरू कर दी, जहाँ मैं एक साथ कई मकान बना सकूँ। सभी बाहरी लोगों से कराने वाले कामों और सामग्रियों को ज़्यादा सस्ते में ख़रीदा व पहुँचाया जा सकता था। आख़िरकार मुझे डेट्रॉइट के उत्तर-पूर्वी उपनगरों में ज़मीन का एक टुकड़ा मिला। मैं वहाँ एक ही जगह पर लगभग 50 मकान बना सकता था। मैं एक समय में कम से कम चार मकान तैयार कर सकता था। वह भी पहले से कम लागत पर।

ज़मीन की क़ीमत इतनी कम थी कि मैं उसका ख़र्च उठा सकता था। इसका अहम कारण यह था कि यह पूरी तरह अविकसित थी – यानि वहाँ निकासी की नालियाँ और पाइप नहीं बिछे थे। और डेट्रॉइट के लोग सेप्टिक टैंक वाले मकान नहीं ख़रीदना चाहते थे। पहले तो मेरी उस प्लॉट में दिलचस्पी नहीं थी। लेकिन फिर सेल्समैन ने कहा, "सीवर लाइन की चिंता मत करो। मैं माउंट क्लीमेंस में सिटी हॉल में गया था और वहाँ मैंने सुना है कि वे वसंत में ही यहाँ सीवर लाइन बिछाने वाले हैं। लेकिन किसी को मत बताना कि मैंने तुम्हें

यह बात बताई है। वे लोग नहीं चाहते कि यहाँ आस–पास ज़मीन की क़ीमत बहुत तेज़ी से बढ़ जाए।"

बेहतरीन! मैं यही तो सुनना चाहता था, इसलिए मैंने एक अनुबंध करके वह जायदाद भारी ब्याज दर पर ख़रीद ली। लेकिन चिंता की कोई बात नहीं थी! एक बार जब मैं नमूने के लिए मॉडल घर बना लूँगा और वहाँ बैठकर बाक़ी मकान बेचने लगूँगा, तो बहुत सारा पैसा आ जाएगा। यह लगभग सुनिश्चित दिख रहा था।

मैंने अपना पहला मकान बना लिया, साइन बोर्ड लगाए, विज्ञापन दिए और इंतज़ार करने लगा। कामकाजी लागत को कम करने के लिए मैं ख़ुद ही बेचने जा रहा था। हर सप्ताहांत पर मैं जाकर उस मकान में बैठता था। सप्ताहांत के दौरान ही लोगों के पास मकान देखने और ख़रीदने का समय होता है। बहुत–से लोग देखने आए और उन्होंने जो देखा, वह उन्हें पसंद आया। क़ीमत वाजिब थी, इसलिए ख़रीददारी में काफ़ी रुचि नज़र आई।

लेकिन उन सभी ने एक ही सवाल पूछा : क्या सीवर लाइन है? मैंने उन्हें वह बता दिया, जो मैं जानता था कि सीवर लाइन कुछ महीनों में बिछ जाएगी। यह सुनकर उन्होंने कहा कि जब सीवर लाइन डल जाएगी, तभी वे आएँगे। और मैं वहाँ बैठा–बैठा इंतज़ार करता रहा। यह न भूलें कि ज़मीन का पैसा उधार था और निर्माण सामग्री का भी। इमारत बनाने के कारोबार में अल्पकालीन उधार का काफ़ी चलन रहता है। जब आप बेचना शुरू करते हैं, तो आप अपना पैसा निकाल लेते हैं। लेकिन मैं कुछ नहीं बेच पा रहा था और अल्पकालीन क़र्ज़ दीर्घकालीन होता जा रहा था। हर कोई पैसे के लिए तकाज़ा करने लगा। मुझ पर लगभग 60,000 डॉलर का क़र्ज़ था।

आख़िर मेरे दिमाग़ में आया कि मैं ख़ुद जाकर उस सीवर लाइन के बारे में जानकारी हासिल कर लूँ, तो ज़्यादा अच्छा रहेगा। इसलिए मैंने सिटी हॉल जाकर यह सवाल पूछा। हर किसी ने मेरी ओर आश्चर्य से देखा : कौन–सी सीवर लाइन? मुझे जल्द ही पता चल गया कि सीवर लाइन की न तो तब कोई योजना थी, न पहले कभी थी। वास्तव में, वहाँ अभी तक सीवर लाइन नहीं डली है। मैं ख़ुद को महामूर्ख समझने लगा, जो मैंने उस रियल एस्टेट सेल्समैन की बात की जाँच किए बिना उस पर विश्वास कर लिया। अब नतीजा सामने था। पिछले दस साल से मैंने जो किया था – मुसीबत में न पड़ना, कड़ी मेहनत करना – वह सब नाली में बह गया था।

आख़िरकार नौबत यहाँ तक आ गई कि रात को घर आते समय मैं कार को घर से आधा किलोमीटर दूर खड़ी करता था। फिर मैं गलियों में से होते हुए अपने घर के पिछले बाड़े को लाँघता था और अपने ही मकान में चोरी से घुसता था। बैंक वाले मेरी कार पर क़ब्ज़ा करने की कोशिश कर रहे थे।

जाने के लिए ऊपर के अलावा कोई दिशा नहीं थी

एक रात जब मैं घर लौटा, तो मेरी पत्नी जून ने मुझसे किराने के लिए पैसे माँगे। मेरे पास पैसे नहीं थे। उसने पूछा, "बच्चे क्या खाएँगे?"

यह सवाल कैसा है : बच्चे क्या खाएँगे? यहाँ एक होम बिल्डर था, जिसने मूर्खतावश इतना धोखा खाया था कि हर चीज़ चली गई थी। क़र्ज़दार पूँछ की तरह मेरे पीछे लगे हुए थे। बैंक वाले मेरे मकान और कार के पीछे हाथ धोकर पड़े हुए थे। यह अपने आप में ही काफ़ी बुरा था, लेकिन अब खाने को भी कुछ नहीं बचा था। मैं सारी रात बैठकर सोचता रहा कि क्या करूँ। कुछ समय तक पुरानी भावनाएँ लौटकर आती रहीं। मैं किसी काम का नहीं था, जैसा मेरे पिताजी हमेशा कहते थे। मैं अपने जीवन की परिस्थितियों को सही करने की चाहे जितनी कड़ी कोशिश कर लूँ, वे दोबारा बिगड़ जाती थीं। लेकिन मैं अपनी पत्नी के सवाल को नहीं भूल पाया। अब अपने लिए अफ़सोस महसूस करने का समय नहीं था। दूसरे लोगों, मेरी पत्नी और बच्चों के प्रति मेरी ज़िम्मेदारियाँ थीं, इसके अलावा मुझे मकान बनाने में बाहरी मदद करने वालों तथा सप्लायरों का क़र्ज़ चुकाना था, जिन्होंने भलमनसाहत में बिना पैसे लिए काम किया था। लेकिन उस पल मैं क़र्ज़ या दिवालियेपन या अपनी कार के बारे में चिंतित नहीं था। मैं तो बस इस बारे में ही सोच पाया कि इतना पैसा कहाँ से आए कि मेरा परिवार अगले दिन भोजन कर ले। बस इतना ही। बस एक और दिन उन्हें भूख से बचाना। बचपन में भूख से मेरा काफ़ी परिचय था, जब हम घर पर हर दिन सिर्फ़ स्पगेटी खाते थे, कई बार तो बिना सॉस या किसी दूसरी चीज़ के। मैं सबसे पराजित इंसान था। लेकिन मैंने जो भी किया या नहीं किया, उसकी वजह से दूसरे लोग क्यों कष्ट झेलें। मैंने हमेशा अपने परिवार के लिए रोज़ी-रोटी कमाई थी। बचपन में तो मैं कई बार अपने परिवार का इकलौता सहारा था। जब मैंने फ़ैक्ट्रियों में काम किया था और हर सप्ताह 90 डॉलर बनाए थे, तो मेरे पिता मुझसे तनख़्वाह ले लेते थे और मुझे जेब ख़र्च के तौर पर चंद नोट थमा देते थे। उस पल तक मेरे पास हमेशा

अपनी पत्नी और बच्चों को खिलाने के लिए पर्याप्त पैसे रहते थे – शायद बहुत ज़्यादा नहीं, लेकिन पर्याप्त।

मैंने यह सोचने में बहुत ज़्यादा समय नहीं बिताया कि मैं कितना बड़ा मूर्ख था, जो मैंने उस रियल एस्टेट सेल्समैन की बात पर यक़ीन कर लिया। अगर मैंने ऐसा किया होता, तो मुझे एहसास हो सकता था कि बिना जाँच किए उस पर यक़ीन करना शायद ख़ुद को बर्बाद करने का एक और तरीक़ा था, ताकि मैं अपने पिता के सामने साबित कर दूँ कि वे सही थे और मैं क़तई अच्छा नहीं था। हालाँकि तब तक मैंने पिताजी के लिए पूँजी की व्यवस्था कर दी थी और उनके लिए एक छोटा मकान बना दिया था, जिसमें वे अपने आख़िरी वर्षों में रहे। मैं तो बस इस बारे में सोच रहा था कि अपने परिवार के लिए भोजन जुटाने का कोई तो ईमानदारी भरा तरीक़ा नज़र आए।

इस तरह मैं कार बेचने के कारोबार में आया। यह संसार का सबसे महान सेल्समैन बनने की शुरुआत थी।

बेहतर तरीक़े के साथ आगे कैसे देखना है, यह जानने के लिए पीछे मुड़कर देखें।

3

सब कुछ ज़रूरत से शुरू होता है

जीविका के लिए कार बेचने का विचार उस दिन से पहले भी मेरे मन में आ चुका था। वास्तव में एक कार सेल्समैन मेरा मित्र था। जब मेरा मकान बनाने का कारोबार मंदा होने लगा, तो मैंने कई बार उससे कहा कि वह मुझे भी सेल्समैन का काम दिला दे। लेकिन उसने कभी मेरी बात को गंभीरता से नहीं लिया, हमेशा टालता रहा और मुझसे कहता रहा कि मुझे बेचना नहीं आता है।

एक मायने में यह सच था। मकान बेचने का मेरा अनुभव ज़्यादा मायने नहीं रखता था, क्योंकि मैंने जो चंद मकान बनाए थे, उन्हें मैं जितनी कम क़ीमत पर बेच रहा था, उसमें बेचने जैसी कोई बात नहीं थी। लोग उन्हें ख़रीदकर खुश होते थे। मुझे तो बस नमूने वाले मकान में बैठना, सौदा करना और क़ागज़ी कामकाज निबटाना सीखना होता था। मकान बेचकर मैंने बेचने के बारे में जितना सीखा, उससे ज़्यादा तो शायद तब सीखा था, जब मैं जूते चमकाता था और ट्रक के पीछे से सड़कों पर अनाज बेचता था। अगर आप थोड़ा अतिरिक्त मुनाफ़ा कमाना चाहते थे या कुछ बेचना भी चाहते थे, तो बार में शराबियों और सड़क पर घरेलू महिलाओं का ध्यान आकर्षित करना तथा उनसे ख़ुद को पसंद कराना महत्त्वपूर्ण था। मुझमें हमेशा इसकी थोड़ी-बहुत समझ थी। मेरे मन में हमेशा यह विचार रहता था कि अगर मैं किसी आदमी को पॉलिश कराने या टिप देने या किसी घरेलू महिला को छह के बजाय एक दर्जन भुट्टे लेने के लिए राज़ी कर लेता था, तो उसका कारण यह था कि मैं उन्हें *ख़ुद को* बेचता था।

लेकिन जीवन में इस बिंदु पर तो मैं बस तुरंत कोई काम करने के बारे में सोच रहा था। कार व्यवसाय में काम करने वाले मेरे मित्र ने एक बार फिर

मुझे टरका दिया था, इसलिए मैं उस व्यवसाय से जुड़े एक और व्यक्ति से मिलने गया। वह शेवर्ले डीलरशिप का सेल्स मैनेजर था। उसने मुझे तुरंत बता दिया कि मुझे क्यों टरकाया जा रहा था। उसने कहा कि कार सेल्समैन हमेशा महसूस करते हैं कि ग्राहकों की संख्या निश्चित होती है और दूसरे सेल्समैन बहुत ज़्यादा हैं। वे महसूस करते हैं कि जब भी शोरूम में कोई नया सेल्समैन आता है, तो इससे उनकी बिक्री कम हो जाएगी।

बचपन से ही मुझे एक और समस्या थी। लगभग आठ साल की उम्र से ही मैं बुरी तरह हकलाने लगा था। शायद इसका संबंध मेरे पिता की पिटाई से था। बरसों तक इसकी वजह से मुझे बहुत शर्म आई। बहरहाल, मुझे जो काम मिल सकते थे, उनमें अच्छी तरह बोलने की ज़रूरत भी नहीं थी। मैंने इस बारे में बहुत–से लोगों से बातचीत की, जिनमें डॉक्टर भी शामिल थे। उन सभी ने लगभग एक ही बात कही : थोड़ी धीमी गति से बोलने की कोशिश करो। मैंने बहुत कोशिश की थी और मुझे लगता है कि कई बार स्थिति बेहतर हो गई थी, लेकिन मुझ पर अपनी भाषा को बेहतर करने का ज़्यादा दबाव नहीं था – जब तक कि मैंने कार बेचना शुरू नहीं किया।

तब मुझे कुछ करना था। और मुझे यह करना था कि मैं जो बात कहने की कोशिश कर रहा था, उस पर केंद्रित होना सीखूँ और उसे धीरे–धीरे तथा सावधानी से कहूँ। जब मैंने सचमुच इस दिशा में काम शुरू किया, तब मेरी उम्र पैंतीस साल थी। और जल्द ही मैंने उस अक्षमता से उबरना सीख लिया, क्योंकि इसके बिना हम भूखों मर जाते।

हकलाने से उबरना, शुरू करने के बाद मेरे साथ हुई सबसे महत्त्वपूर्ण चीज़ों में से एक थी। क्योंकि इससे मैं यह सोचने पर विवश हुआ कि मैं क्या कहने की कोशिश कर रहा था और मुझे क्या कहना चाहिए तथा लोग क्या सुनना चाहते हैं। ज़ाहिर है, यह एक ऐसा काम है, जो हर सेल्समैन को सारे समय करना चाहिए। लेकिन उस अक्षमता ने मुझे यह करने के लिए विवश कर दिया। इस तरह मैंने न सिर्फ़ अपने हकलाने का इलाज किया, बल्कि संवाद की कुछ बुनियादी बातें भी सीख लीं, क्योंकि मैंने सुनने और कहने वाले हर शब्द की सावधानी से योजना बनाना सीख लिया। कुछ ही समय में मैं उस बिंदु पर पहुँच गया, जहाँ मेरी हकलाहट लगभग पूरी तरह ख़त्म हो गई और मैं हमेशा वही कहता था, जो मैं कहना चाहता था, बिलकुल सही तरीक़े से।

मैंने कारें ख़रीदी थीं, इसलिए मैं जानता था कि इस कारोबार में सेल्समैन एक समूह में खड़े रहते थे। जब दरवाज़ा खुलता था, तो जिस सेल्समैन की बारी होती थी, वह ग्राहक के पास चलकर जाता था। लेकिन मैं उतावला था, इसलिए मैंने इस आदमी से कहा, "अगर मैं दूसरे सेल्समैन से बेचने की बारी न लूँ, तब तो कोई दिक़्क़त नहीं है?" वह अजीब नज़रों से मुझे देखने लगा, क्योंकि इसमें कोई समझदारी नज़र नहीं आ रही थी। "अगर मैं बेचने की बारी का इंतज़ार किए बिना दूसरे तरीक़ों से ग्राहक ले आऊँ, तो कैसा रहेगा?" इस पर उसने हाँ कह दिया और मुझे काम पर रख लिया। लेकिन इसका कोई मतलब नहीं था, क्योंकि उस जगह के सेल्समैन को कोई "खींचने वाला आकर्षण" नहीं मिलता था। वास्तव में, उन्हें तो गाड़ी के डेमो ड्राइव का मौक़ा भी तब तक नहीं मिलता था, जब तक कि वे एक निश्चित बिक्री स्तर पर न पहुँच जाएँ।

मैं जुगाड़ करके सेल्समैन तो बन गया था, लेकिन मुझे ज़रा भी अंदाज़ा नहीं था कि मैं ग्राहक कहाँ खोजूँगा। मुझे बस यह पता था कि लोग सूचियों के हिसाब से काम करते हैं, लेकिन मैं यह नहीं जानता था कि सूचियाँ क्या होती हैं और वे आपको कैसे मिलती हैं। मैं तो सिर्फ़ एक ही सूची के बारे में जानता था और वह थी टेलीफ़ोन डायरेक्टरी। इसलिए मैंने सोचा कि मैं टेलीफ़ोन डायरेक्टरी से दो पन्ने फाड़ लूँगा। आख़िर, यह भी तो एक सूची थी और इसमें शामिल हर व्यक्ति के पास टेलीफ़ोन था। हक़ीक़त में यह हुआ कि दो सफ़ेद पन्ने फाड़ने के बाद मैंने सोचा कि कारोबारी लोग ट्रकों का इस्तेमाल करते हैं और वैसे भी अधिकतर लोग दिन के दौरान घर पर नहीं होते हैं, इसलिए मैंने दो पीले पन्ने भी फाड़ लिए।

यह मेरी पहली प्रॉस्पेक्ट लिस्ट थी – डेट्रॉइट टेलीफ़ोन डायरेक्टरी के चार पेज। यह ज़्यादा नहीं था, लेकिन कुछ नहीं से तो बेहतर ही था।

मुझे यक़ीन है कि यह एक धाँसू कहानी बनेगी, अगर मैं यह बताऊँ कि मैंने बिना किसी क्रम के जो पहला नंबर चुना, उससे मुझे एक प्रॉस्पेक्ट मिल गया, जिसने उसी दिन आकर मुझसे एक कार ख़रीद ली। शायद मैं आपको बता भी देता, लेकिन इसलिए नहीं बता रहा हूँ क्योंकि आप इस पर यक़ीन नहीं करेंगे।

नहीं। मैंने पहले ही दिन अपनी पहली बिक्री कर ली, लेकिन यह फ़ोन कॉल के ज़रिये नहीं हुई थी। वास्तव में, यह तो उस ग्राहक को हुई थी, जो शोरूम बंद होने से ठीक पहले अंदर आया था, जब बाक़ी सभी सेल्समैन या तो ग्राहकों के साथ व्यस्त थे या अपने घर के रास्ते पर थे।

वह अंदर आया और वहाँ दूसरा कोई सेल्समैन नहीं था। मैंने एक पल के लिए चारों ओर देखा, क्योंकि मैंने कहा था कि मैं किसी दूसरे सेल्समैन की बारी नहीं छीनूँगा। लेकिन मैं अपना वादा निभा रहा था, क्योंकि वहाँ कोई दूसरा था ही नहीं। और उस समय तक मैं इतना उतावला हो चुका था कि अगर कोई मेरे रास्ते में आ भी जाता, तो मैं उससे लड़ लेता।

बहुत सारे लोग नए स्टोर में मिले अपने पहले डॉलर को मढ़वाकर रखते हैं। और उन्हें उस व्यवसाय में अपनी पहली बिक्री का हर विवरण याद होता है। आप सोच रहे होंगे कि मुझे भी उस पहली बिक्री का हर विवरण याद होगा। या अगर न भी हो, तो इस पुस्तक के लिए अच्छा रहेगा कि मैं उस पहली बिक्री के बारे में कोई कहानी बना लूँ। लेकिन मैं ऐसा नहीं करूँगा। मैं आपको साफ़-साफ़ बताऊँगा कि मुझे उस आदमी का नाम याद नहीं है। और मुझे यह भी याद नहीं है कि उसने कौन-सी कार ख़रीदी थी।

मुझे उस पहली बिक्री के बारे में दो चीज़ें याद हैं। बस दो चीज़ें। एक तो यह कि वह कोका-कोला सेल्समैन था। मुझे यह शायद इसलिए याद है क्योंकि इसका किराने की दुकानों से संबंध था और उस दिन किराना मेरे दिमाग़ पर बहुत हावी रहा था। दूसरी चीज़ मुझे यह याद है कि जब से मैंने उस आदमी को देखा था, उसी पल मेरे मन में यह प्रबल भावना आ गई थी कि वह मुझसे कार ख़रीदे बिना वहाँ से किसी तरह बाहर नहीं जा सकता। मुझे आज तक उसका चेहरा याद नहीं है और इसका कारण बहुत आसान है : जब भी मैं उसकी ओर देखता था, तो मुझे बस यही दिखता था कि मैं उससे क्या चाहता था। मेरी इच्छा अपने परिवार को भोजन कराने के लिए किराने के एक बैग तक सीमित थी।

मुझे याद नहीं है कि मैंने बेचने के कैसे जतन किए थे। मैं उन दिनों कारों के बारे में, बेचने के बारे में या किसी और चीज़ के बारे में ज़्यादा नहीं जानता था, इसलिए मुझे इतना मालूम है कि मैंने उससे उत्पाद के बारे में बात नहीं

की थी। मैंने आपत्तियों का जवाब देने का प्रशिक्षण न तो लिया था, न ही उसके बारे में कभी सुना था। मगर मुझे यक़ीन है कि उसने जो भी रोड़े अटकाए होंगे, मैं उन सबको लाँघ गया। अगर उसने पत्नी के बारे में कोई आपत्ति की, तो मैंने उसे फ़ोन थमा दिया होगा या उसके साथ उसके घर चलने का प्रस्ताव रखा होगा। मैं उस आदमी के बारे में और कुछ नहीं जानता, सिवाय इसके कि वह इकलौता ज़रिया था, जिससे मैं उस वक़्त अपनी दबी-कुचली ज़िंदगी को सीधा कर सकता था और परिवार के प्रति अपनी ज़िम्मेदारियाँ पूरी कर सकता था। मेरी नज़रों में वह किराने का बैग था और मैं जानता था कि अगर मैंने उसे कार बेच दी, तो परिवार को खाना मिल जाएगा।

ज़रूरत। मेरी ज़रूरत। मैं बस यही जानता था। और वह ज़रूरत इतनी प्रबल थी कि उसने मुझसे कार बेचने के लिए सही चीज़ें कहलवा और करा लीं। मैं यह नहीं कह रहा हूँ कि कार बेचने में या कोई दूसरी चीज़ बेचने में तब या अब बस इतना ही काफ़ी है। लेकिन यह सबसे अहम हिस्सा है। अगर आप कोई चीज़ चाहते हैं और आप जानते हैं कि आप क्या चाहते हैं, तो आपके पास वह सबसे महत्त्वपूर्ण तकनीक है, जिसकी ज़रूरत सफल सेल्समैन बनने के लिए होती है। मैं सचमुच यही सोचता हूँ। इच्छा के बिना कोई भी महान सेल्समैन नहीं बन सकता। किसी चीज़ की बहुत ज़्यादा इच्छा के बिना। और आप जितनी ज़्यादा इच्छा करेंगे, बेचने के लिए ज़रूरी हर काम ज़्यादा मेहनत से करेंगे।

मैं संसार का सबसे महान सेल्समैन हूँ, संभवतः इसका कारण यह है कि अपने भूखे परिवार को खाना खिलाने से ज़्यादा कोई इंसान कुछ नहीं चाह सकता। इसका यह मतलब नहीं है कि कार या कोई दूसरी चीज़ बेचने के लिए आपके पास एक भूखा परिवार होना चाहिए या कोई ऐसा व्यक्ति होना चाहिए, जिसकी जान बचाने के लिए ऑपरेशन की ज़रूरत हो या कोई ऐसी ही बुरी चीज़ होनी चाहिए। लेकिन कोई न कोई इच्छा या ज़रूरत होना अनिवार्य है। और आपको पता होना चाहिए कि वह क्या है। और आपको उस हर क़दम को देखना होगा, जो आप अपनी मनचाही स्थिति को पाने के लिए उठाते हैं।

एक बार जब मैंने कोका-कोला के उस सेल्समैन को किराने के बैग के रूप में देखा, जिसे मैं अपने परिवार के लिए घर ला रहा था, तो वह बिक चुका था, चाहे उसे यह बात मालूम हो या न हो। मुझे याद नहीं है कि मैंने कोई दूसरी चीज़ उतनी शिद्दत से चाही हो, जितना कि किराने के उस बैग को।

बहरहाल, मैंने बहुत-सी दूसरी चीज़ों को भी चाहा है। मैं हमेशा जानता हूँ कि वे क्या हैं और मैं हर ग्राहक के फ़ोन कॉल या अपने हर शब्द को उस इच्छा या आवश्यकता की पूर्ति से जोड़ने की कोशिश करता हूँ।

पहले, आपको यह जानना होता है कि आप क्या चाहते हैं। दूसरे, आपको यह जानना होता है कि अगर आप अगले संभावित ग्राहक को सामान बेच देते हैं, तो आप अपनी मनचाही चीज़ पा सकते हैं।

आपको लग सकता है कि यह कुछ ज़्यादा ही सरल है। आप सही हैं। लेकिन मैंने इसे बस थोड़ा सा ही ज़्यादा सरल बनाया है। क्योंकि इसी की बदौलत उस पहले दिन मैं एक सेल्समैन बन गया था। मैं अपनी ख़ुद की ज़रूरत के सिवाय कुछ नहीं जानता था। मैं सिर्फ़ यही तथ्य जानता था कि अगर मैंने उस आदमी को कार बेच दी, तो मुझे किराना मिल जाएगा। और मैंने यह कर दिया। मैंने उसे कार बेच दी और फिर सेल्स मैनेजर से 10 डॉलर उधार माँगे, ताकि अपने परिवार के लिए किराना ले जा सकूँ। इसलिए मुझे यह मत बताइए कि यह तकनीक कारगर नहीं है।

आप क्या चाहते हैं, यह जानने से आपकी प्रेरणा और भी प्रबल हो जाएगी।

4

बेवकूफ़ एक इंसान है

मैं नहीं जानता कि आप अपने शहर और अपने कारोबार में ग्राहक के लिए किस शब्दावली का इस्तेमाल करते हैं। लेकिन डेट्रॉइट में, रीटेल कार बिज़नेस में उसे बेवकूफ़ या **मूच** कहा जाता है। यह एक भयानक शब्द है, क्योंकि यह उस इंसान के बारे में सोचने का बड़ा बुरा तरीक़ा है, जो आपको पैसे देने आ रहा है। इससे उस आदमी के बारे में एक नकारात्मक नज़रिया बन जाता है, जो आपसे कोई चीज़ ख़रीदने आ रहा है।

अब जब मैंने यह बात कह दी है, तो मैं संकेत करना चाहता हूँ कि यहाँ के सेल्समैन इस शब्द का इस्तेमाल अकारण नहीं करते हैं, चाहे इससे उनके प्रदर्शन को कितना भी नुक़सान पहुँच सकता हो। कई कारण होते हैं, जिनकी वजह से सेल्समैन संभावित ग्राहकों और ग्राहकों के प्रति शत्रुतापूर्ण महसूस करते हैं। मैं उन कारणों को समझता हूँ और आप भी समझते होंगे। लेकिन मैं कड़ी कोशिश करता हूँ कि ग्राहक को बेवकूफ़ न मानूँ, क्योंकि आपके दिमाग़ में गूँजने वाले शब्द विनाशकारी बन सकते हैं।

लेकिन आइए एक नज़र डालें कि हम ग्राहकों को किस नज़रिये से देखते हैं और वे सचमुच कैसे होते हैं। सबसे पहली बात, भले ही हम उन्हें एक अलग ही प्रजाति का मानते हों, लेकिन वे इंसान हैं, जिनमें हमारे ही जैसी भावनाएँ और ज़रूरतें होती हैं। जहाँ मैं बेचता हूँ, वहाँ कार ख़रीदने आने वाले अधिकतर लोग कामकाजी वर्ग के होते हैं और वे पैसे कमाने के लिए कड़ी मेहनत करते हैं – बहुत कड़ी। और उनमें से अधिकतर के लिए कार पर ख़र्च करने वाला पैसा ऐसा पैसा होता है, जिसे वे किसी दूसरी चीज़ पर ख़र्च नहीं कर पाएँगे, जिसे वे चाहते हैं और जिसकी उन्हें ज़रूरत है। मैं नहीं सोचता कि

इसमें से कोई बात आपको नई लगेगी, लेकिन मुझे यक़ीन है कि मेरी ही तरह आप भी इसे कई बार भूल जाते होंगे।

ऐसा इसलिए है क्योंकि हम पेशेवर हैं, हमारा समय मूल्यवान है और हर दिन हम बहुत-से ऐसे लोगों से टकराते हैं, जो हमारा समय खाने के अलावा किसी चीज़ के बारे में गंभीर नज़र नहीं आते हैं। समस्या दरअसल यही है। इसी वजह से हम उस व्यक्ति को बेवकूफ़ या आपके इलाक़े में प्रयुक्त होने वाले शब्द का इस्तेमाल करते हैं।

याद रखने वाली बात यह है कि जब कोई ग्राहक शोरूम के अंदर आता है, तो वह थोड़ा घबराया हुआ होता है। (वैसे "होता है" मैं सिर्फ़ सुविधा की दृष्टि से लिख रहा हूँ। मेरी लगभग 30 प्रतिशत ग्राहक महिलाएँ होती हैं, जो अकेले कार ख़रीदती हैं, इसलिए मेरा आशय "महिला या पुरुष" दोनों से है।) वह व्यक्ति संभवतः ख़रीदने के लिए वहाँ आया है। मैं कहता हूँ, "संभवतः," क्योंकि हम जानते हैं कि संसार में बहुत-से लोग ख़रीदने के बजाय सिर्फ़ देखने भी चले आते हैं। लेकिन चाहे वे इस बारे में जागरूक हों या न हों, अधिकतर मामलों में उनकी रुचि उस चीज़ में है, जिसे आप बेच रहे हैं। इतनी रुचि कि उन्हें ख़रीददारों में बदला जा सकता है, भले ही वे सिर्फ़ देखने आए हों। लेकिन वे घबराए हुए हैं। वे जूतों की एक जोड़ी के लिए 100 डॉलर, सूट के लिए 300 डॉलर या कार के लिए 20,000 डॉलर ख़र्च करने से घबरा रहे हैं। यह मेहनत से कमाया गया पैसा है और इसे उन्होंने मुश्किल से कमाया है। इसीलिए वे घबरा रहे हैं। वे आपसे भी घबरा रहे हैं, क्योंकि वे सभी जानते हैं या सोचते हैं कि सेल्समैन उन्हें लूट लेते हैं।

वास्तव में यह हममें से अधिकतर लोगों के बारे में सच नहीं है। लेकिन एक बार जब वे दरवाज़े से अंदर घुस आते हैं, तो उनमें से बहुत-से थोड़ी दहशत में आ जाते हैं। वे कहते हैं कि वे बस देखने आए हैं। वे अपना समय लेना चाहते हैं। वे दरअसल वहाँ से रफ़ूचक्कर होना चाहते हैं और आपके शिकंजे में आने से पहले ही जिस कार में आए थे, उसी में बैठकर भाग जाना चाहते हैं।

लेकिन उन्हें आपके द्वारा बेची जाने वाली चीज़ की ज़रूरत भी है। इसीलिए तो वे वहाँ आए हैं। इसलिए वे रुके रहते हैं। लेकिन वे थोड़े घबरा रहे हैं, क्योंकि उन्हें बताया गया है कि हम लोग किस क़िस्म के हैं। आइए सच्चाई का सामना करें : संसार में सेल्समैनों की छवि बहुत अच्छी नहीं होती

है, क्योंकि हर व्यक्ति दूसरे को बताता है कि सेल्समैन आपसे बहुत ज़्यादा पैसा ऐंठने की कोशिश करते हैं। हर एक की जान–पहचान का कोई न कोई होता है, जो ज़्यादा सस्ते में या थोक के भाव पर वह सामान दिला सकता है। यह कार उद्योग या बाक़ी किसी भी उद्योग की एक बहुत बड़ी समस्या है। वे सभी सोचते हैं कि उन्हें उनकी मनचाही चीज़ वाजिब दाम पर नहीं मिलने वाली। और इस बात से वे घबरा जाते हैं।

लेकिन वे वहाँ पर आ गए हैं, दरवाज़े से अंदर घुस चुके हैं और अपने भीतर इस तरह की घबराहट महसूस कर रहे हैं। उनके भीतर अविश्वास और डर भरा हुआ है। आप उनके साथ जो भी करने की कोशिश करने वाले हैं, उससे अपनी रक्षा करने के लिए वे कुछ भी कहने या करने को तैयार हैं। आपको ऐसे लोग भी मिल जाते हैं, जो जान छुड़ाने के लिए 10–20 डॉलर का बयाना दे देंगे – और कभी अपना पैसा वापस लेने नहीं आएँगे। इससे आपको यह पता चल जाना चाहिए कि वे उस स्थिति के बारे में कैसा महसूस करते हैं, जिसमें वे अभी–अभी दाख़िल हुए हैं।

इसीलिए हममें से अधिकतर सेल्समैन – कई बार तो मैं भी – संभावित ग्राहक को बेवकूफ़ कह देते हैं। हम उसे किसी अजीब तरह का प्राणी मान लेते हैं, जो हीले–हवाले करेगा, टालमटोल करेगा और हमारा मूल्यवान समय खाएगा। हमारा समय मूल्यवान है और हमें इस बुनियादी तथ्य को कभी नहीं भूलना चाहिए।

रक्तहीन युद्ध

इसका मतलब है कि अपने कामकाजी जीवन में हम हर दिन जो करते हैं, वह एक तरह का युद्ध होता है। मेरा वाक़ई यह मतलब है। यह एक तरह का युद्ध है, क्योंकि संभावित ग्राहक अक्सर हमें शत्रु समझते हुए अंदर आते हैं। वे सोचते हैं कि हम उनसे पैसे ऐंठना चाहते हैं और हम सोचते हैं कि वे हमारा समय बर्बाद करने आए हैं। लेकिन अगर आप इस स्थिति को यहीं पर छोड़ देते हैं, तो आप मुश्किल में हैं। क्योंकि वे शत्रुतापूर्ण महसूस करते रहेंगे और आप भी। दोनों ही तरफ़ से झूठ बोले जाएँगे और एक–दूसरे को चकमा दिया जाएगा। शायद वे आपसे सामान ख़रीद लेंगे या शायद वे नहीं ख़रीदेंगे। लेकिन चाहे इनमें से जो भी मामला हो, अगर दोनों ही तरफ़ शत्रुतापूर्ण भावनाएँ सक्रिय रहती हैं, तो परिणाम को लेकर कोई भी अच्छा महसूस नहीं करेगा। इससे भी अधिक

महत्त्वपूर्ण बात, जब दोनों तरफ़ शंका, शत्रुता और अविश्वास साफ़ झलकता हो, तो बिक्री करने की संभावनाएँ बहुत अच्छी नहीं होती हैं।

तो आप क्या करें? मैं इस वक्त बिक्री की प्रक्रिया के विस्तृत विवरण में नहीं जाना चाहता, लेकिन फिर भी बेचने के इस युद्ध में ग्राहकों और सेल्समैनों के बुनियादी नज़रियों पर ध्यान केंद्रित करना चाहता हूँ। उन संभावित ग्राहकों को भूल जाएँ, जो सचमुच बेवकूफ़ होते हैं (और कुछ लोग ऐसे भी होते हैं, जिनके लिए सामान देखना और न ख़रीदना एक तरह का खेल होता है।) और उन लोगों के बारे में भी भूल जाएँ, जो ख़ुद को सेल्समैन कहते हैं, लेकिन हर मिलने वाले को इसलिए धोखा देना चाहते हैं, क्योंकि वे अपनी भावनात्मक समस्याओं पर क़ाबू नहीं रख पाते। (कई बार हम सभी भावनात्मक समस्याओं से ग्रस्त रहते हैं, लेकिन हमें उन्हें घर पर छोड़कर आना चाहिए या बेचने में उपयोगी नज़रियों में बदल लेना चाहिए। हम इस बारे में आगे बात करेंगे।) हम तो यहाँ उन लोगों के बारे में बात कर रहे हैं, जो ख़ुद को संजीदा और समर्पित पेशेवर सेल्समैन मानते हैं।

आइए एक बार फिर इन बेवकूफ़ लोगों की ओर देखते हैं। सबसे पहली बात तो यह है कि वे बेवकूफ़ नहीं हैं। वे तो इंसान हैं, जो अपने पैसे के लिए कड़ी मेहनत करते हैं और आपसे कोई चीज़ ख़रीदने में उनकी सच्ची रुचि होती है। हर अंदर आने वाले व्यक्ति के बारे में आपकी पहली बुनियादी मान्यता यही होनी चाहिए। जैसा मैं कह चुका हूँ और जब आप इस बारे में सोचेंगे, तो आप ख़ुद समझ जाएँगे, कि वे आपसे डरे हुए हैं, ख़ास तौर पर अपने ख़रीदने के फ़ैसले से भी। वे आपके साथ युद्धरत हैं, और चाहे आप ऐसा सोचें या न सोचें, इसका मतलब है कि आप भी उनके साथ युद्धरत हैं।

मैं यह नहीं कह रहा हूँ कि यह एक अच्छा नज़रिया है, लेकिन आम तौर पर सच्चाई यही होती है। लेकिन यह एक ऐसी सच्चाई है, जिससे आप निबट सकते हैं और हर एक के लाभ के लिए इसका इस्तेमाल कर सकते हैं। क्योंकि अगर आप यह समझ लेते हैं कि उस ग्राहक के दिमाग़ में क्या चल रहा है, तो आप उस युद्ध को जीत सकते हैं। न सिर्फ़ जीत सकते हैं, बल्कि अपने तथा अपने ग्राहक दोनों ही के लिए एक मूल्यवान अनुभव में बदल सकते हैं। आप अपने ग्राहक के शुरुआती डर को ख़त्म करके और विजय पाकर – यानि बिक्री करके – ऐसा कर सकते हैं।

यह सोचने में कोई बुराई नहीं है कि बेचने की स्थिति युद्ध जैसी होती है,

जब तक कि आप यह भी समझते हों कि विजय – वह पल जब आप हस्ताक्षर, पैसा, बिक्री प्राप्त करते हैं – एक ऐसा अनुभव है, जो दोनों ही पक्षों के लिए अच्छा है। आपने एक शत्रु को परास्त कर दिया है, आपने गोल कर दिया है, आप जीत गए हैं, आपने अपने समय का अच्छा इस्तेमाल किया है और पैसा भी बनाया है।

लेकिन शत्रु का क्या हुआ? उस बेवकूफ़, उस डरे हुए ग्राहक को क्या मिला? देखिए, यदि उसे सही तरीक़े से सामान बेचा गया है, तो उसे भी लाभ हुआ है। उसे वह मिल गया, जिसकी ख़ातिर वह आया था : अब वह उन जूतों या सूट या कार का मालिक है। उसकी भी जीत हुई है और उसे यह महसूस भी होना चाहिए। उसे महसूस होना चाहिए कि उसने अपना समय अच्छी तरह ख़र्च किया है और अपना पैसा भी अच्छी तरह ख़र्च किया है। वह युद्ध में हार गया है, लेकिन अंततः जीत उसी की हुई है।

यह निश्चित रूप से सबसे अच्छे क़िस्म का युद्ध है – जहाँ हर कोई जीतता है और कोई भी नहीं हारता। बेचने वाली स्थिति को अगर सही तरीक़े से सँभाला जाए, तो यह किसी पेशेवर सेल्समैन के लिए अपनी शत्रुता से छुटकारा पाने का काफ़ी अच्छा तरीक़ा है, चाहे यह कहीं से भी आती हो।

जब भी मैं किसी ग्राहक का सामना करता हूँ, तो मैं अक्सर सोचता हूँ कि मैं एक मायने में एक बार फिर अपने पिता का सामना कर रहा हूँ। देखिए, मैं हमेशा यह चाहता था कि अपने पिता को हरा दूँ और उनका सम्मान व प्रेम हासिल करूँ। एक तरह से, जब भी मैं बिक्री करता हूँ, जो अक्सर होता है, तो मैं हर बार उन्हें हराता हूँ। लेकिन साथ ही, मैं उन्हें खुश भी करता हूँ, क्योंकि उन्होंने मुझसे कार ख़रीदी। मैं नहीं जानता कि कोई मनोविश्लेषक इस बात पर क्या कहेगा। लेकिन हम सभी के अंदर क्रोध और डर की भावनाएँ होती हैं। अगर हम अच्छी बिक्री करके दिन में एक या दो या बीस बार उनसे उबर सकते हों, तो उसमें क्या ग़लत बात है?

और किसी सेल्समैन के पेशेवर जीवन में इससे अधिक संतुष्टिदायक कुछ नहीं है कि वह एक अच्छी बिक्री कर ले। मेरे लिए, अच्छी बिक्री वह होती है, जहाँ ग्राहक उस चीज़ के साथ बाहर जाता है, जिसकी ख़ातिर वह अंदर आया था। वह इतनी अच्छी क़ीमत पर वह कार ले जा रहा है कि वह अपने मित्रों, अपने रिश्तेदारों तथा अपने सहकर्मियों से जो जिरार्ड की तारीफ़ करेगा और उससे ही कार ख़रीदने की सिफ़ारिश करेगा। बेवकूफ़ों के ख़िलाफ़ युद्ध

में मैं हर दिन ऐसी ही विजय की तलाश करता हूँ। जब वे मेरे पास से लौटकर जाते हैं, तब वे बेवकूफ़ नहीं रहते हैं। तब वे मुझसे ज़रा भी नहीं घबराते हैं, क्योंकि हम *दोनों* ने ही **बिक्री का युद्ध** जीत लिया है।

मैं देश भर के लोगों से बात करता हूँ, जो कहते हैं कि सेल्सपर्सन अपने ग्राहकों का शोषण करते हैं। आप जानते हैं, मैं उन्हें क्या जवाब देता हूँ। मैं कहता हूँ : यह किसी आदमी का शोषण कैसे हो सकता है, जब मैं उसे उसके पैसों के बदले में एक अच्छा उत्पाद अच्छे भाव पर देता हूँ? और अगर उसकी जेब में पैसा नहीं होता – और ज़्यादातर लोगों के पास सचमुच नहीं होता – तो मैं कार ख़रीदने के लिए क़र्ज़ दिलाने में उसकी मदद करता हूँ। जब कोई व्यक्ति 20,000 डॉलर की कार का मालिक बनकर मेरे पास से जाता है, तो क्या यह कामकाजी वर्ग का शोषण करना है? मैं तो ऐसा नहीं सोचता और मुझे यक़ीन है कि आप भी नहीं सोचते होंगे।

तो याद रखें : अंदर आते समय ग्राहक चाहे जो भी हो, बाहर जाते समय वह बेवकूफ़ नहीं होता। उसे मित्र बना लें। इसके बाद वह आपकी ख़ातिर काम करेगा। मैं जिन 10 ग्राहकों को बेचता हूँ, उनमें से लगभग सात या तो पुराने ग्राहक होते हैं जो मुझसे दोबारा कार ख़रीदने आते हैं या कोई ऐसा व्यक्ति होता है, जिसे किसी परिचित ने मेरा नाम सुझाया है। मेरा 70 प्रतिशत कारोबार इसी तरह होता है। जो भी ख़ुद को सेल्समैन कहता है, वह ग्राहक से जल्दबाज़ी कराकर या उसे चकमा देकर पहली बार तो सामान बेच सकता है, लेकिन अगर ग्राहक को महसूस होता है कि उसके साथ धोखा हुआ है, तो वह उस जगह दोबारा लौटकर नहीं आएगा। और मेरा 70 प्रतिशत कारोबार संतुष्ट ग्राहकों तथा मेरी जान-पहचान के लोगों से होता है। इसलिए अपने दिमाग़ से बेवकूफ़ जैसी सारी अभिव्यक्तियाँ निकाल दें। वे और कुछ नहीं, असल अवसरों को देखने और उनका उपयोग करने की राह में बाधक होती हैं।

आख़िरकार, यह अच्छे पैसे बनाने के एक संतुष्टिदायक तरीक़े के बारे में है। और इस काम में जीतने तथा लाभ कमाने से ज़्यादा संतुष्टिदायक कुछ नहीं होता। अगली बार जब भी आप किसी ग्राहक के सामने हों, तो अपने मन में झाँककर अपनी भावनाओं पर ग़ौर करें। ग्राहक के बारे में अपनी ख़ुद की भावनाओं को व्यवस्थित करने की कोशिश करें। क्या आप इस बात पर चिढ़ गए हैं, क्योंकि आप जो मज़ाक़ सुना रहे थे, उसे उसने बीच में काट

दिया? क्या उसे देखकर आपको किसी ऐसे व्यक्ति की याद आती है, जिसे आप पसंद नहीं करते? अगर वह पाइप पी रहा हो, तो आपके मन में क्या भावना आती है? दूसरे लोगों की बकवास को भूल जाएँ, जिन्होंने आपको बताया है कि पाइप पीने वाले फ़ैसला नहीं कर पाते। शायद वे अपने अनिर्णय को पाइप के पीछे छिपा लेते हैं। लेकिन आपका काम यह है कि आप उनकी छिपने की इच्छा को ही ख़त्म कर दें और उन्हें उबार लें। यही वह पहली चीज़ है जो आपको करनी होती है, क्योंकि आप किसी डरे हुए इंसान को नहीं बेच सकते। वह आपसे दूर भागेगा। आप किसी बेवकूफ़ को कोई सामान नहीं बेच सकते – आप सिर्फ़ किसी इंसान को ही बेच सकते हैं। तो जब भी किसी से मिलें, इसी विचार को दिमाग़ में रखकर शुरू करें। आपके सामने एक युद्ध है – आपके ग्राहक के साथ और आपकी ख़ुद की भावनाओं के साथ। यह न भूलें कि आप कौन हैं और ग्राहक कौन है। यह न भूलें कि आप दोनों ही वहाँ क्यों हैं – एक ऐसी बिक्री के लिए, जो आप दोनों ही के लिए अच्छी हो।

आप किसी बेवकूफ़ को कुछ नहीं बेच सकते – आप सिर्फ़ किसी इंसान को ही कुछ बेच सकते हैं।

5

जिरार्ड का 250 का नियम

ग्राहकों के साथ व्यवहार का मेरा एक बहुत दृढ़ नियम है। पिछले अध्याय में मैंने आपको हर मिलने वाले के प्रति अपने नज़रिये के बारे में थोड़ा-बहुत बताया था। आपको ऐसा लग सकता है कि चूँकि मैं इस कारोबार में सुपरस्टार हूँ, इसलिए अगर कोई संभावित ग्राहक मुझे तंग कर रहा है, या अगर मुझे उसका चेहरा पसंद नहीं है या कोई दूसरा कारण है, तो मैं उसे फटकारकर या रूखेपन से पेश आकर उससे मुक्ति पा सकता हूँ। मेरी बिक्री और आमदनी का रिकॉर्ड देख लें।

लेकिन अगर आप इस बात पर यक़ीन करते हैं, तो आप सबसे महत्त्वपूर्ण बिंदु को अनदेखा कर रहे हैं। और वह यह है : चाहे मैं अपने बारे में कैसा भी महसूस करूँ या चाहे मैं जिसके भी साथ रहूँ, मैं अपनी भावनाओं को आड़े नहीं आने देता। हम एक कारोबार में हैं, हम एक महत्त्वपूर्ण पेशे में हैं। और ये संभावित ग्राहक हमारे लिए, हममें से प्रत्येक के लिए संसार में सबसे महत्त्वपूर्ण चीज़ हैं। वे व्यवधान या मुश्किलें नहीं हैं। उनसे तो हमारी रोज़ी-रोटी चलती है। और अगर हमें इस कठोर कारोबारी सच्चाई का एहसास नहीं है, तो हम नहीं जानते हैं कि हम क्या कर रहे हैं। मैं उनमें से कुछ या अधिकतर संभावित ग्राहकों के बारे में बात नहीं कर रहा हूँ। मैं तो उन सभी के बारे में बात कर रहा हूँ।

मैं आपको वह समझाता हूँ, जिसे मैं जिरार्ड का 250 का नियम कहता हूँ। इस व्यवसाय में उतरने के कुछ समय बाद ही मैं एक अंत्येष्टि गृह गया। मैं वहाँ एक मित्र की मृत माँ को श्रद्धांजलि देने गया था। कैथोलिक अंत्येष्टि गृहों में वे मास कार्ड भेजते हैं, जिसमें दिवंगत आत्मा का नाम और तस्वीर रहती

है। मैं उन्हें बरसों से देख रहा हूँ, लेकिन मैंने उस दिन से पहले उनके बारे में कभी सोचा नहीं था। मेरे दिमाग़ में एक सवाल आया, इसलिए मैंने अंत्येष्टि का प्रबंधन करने वाले से पूछा, "आपको कैसे पता कि कितने कार्ड छापने हैं?" उसने कहा, "यह अनुभव का मामला है। लोग जिस पुस्तक में अपने नाम लिखते हैं, उसमें गिनने पर कुछ समय बाद आपको पता चल जाता है कि आने वाले लोगों की औसत संख्या 250 होती है।"

कुछ समय बाद एक प्रोटेस्टेंट अंत्येष्टि संचालक ने मुझसे एक कार ख़रीदी। बातों-बातों में मैंने उससे पूछा कि मृत शरीर को देखने और अंत्येष्टि में शिरकत करने वाले लोगों की औसत संख्या कितनी होती है। उसका जवाब था, "लगभग 250।" फिर एक दिन, मेरी पत्नी और मैं एक विवाह समारोह में गए थे। वहाँ रिसेप्शन में मुझे वह आदमी मिला, जो केटरिंग मालिक था। मैंने उससे पूछा कि शादी में आने वाले अतिथियों की औसत संख्या क्या होती है। उसने मुझे बताया, "दूल्हे की तरफ़ से लगभग 250 और दुल्हन की तरफ़ से लगभग 250।"

मुझे लगता है, आप समझ गए होंगे कि जिरार्ड का 250 का नियम क्या है, लेकिन मैं फिर भी आपको बता देता हूँ। हर व्यक्ति अपने जीवन में 250 लोगों को जानता है, जो उसके लिए इतने महत्त्वपूर्ण होते हैं कि उन्हें विवाह और अंत्येष्टि में आमंत्रित किया जाए – 250!

आप दलील दे सकते हैं कि संन्यासियों के इतने मित्र नहीं होते। मगर यह न भूलें कि बहुत-से लोगों के 250 से बहुत ज़्यादा मित्र होते हैं। आँकड़े यही साबित करते हैं कि 250 औसत संख्या है। इसका मतलब है कि अगर आप एक सप्ताह में 50 लोगों से मिलते हैं और उनमें से सिर्फ़ दो ही उनके प्रति मेरे व्यवहार से नाखुश हैं, तो साल के अंत तक 26,000 लोग एक सप्ताह के उन दो लोगों से प्रभावित हो जाएँगे। मैं 14 साल से कारें बेच रहा हूँ। इसका अर्थ है कि अगर मैंने एक सप्ताह में सिर्फ़ दो मिलने वालों को नकार दिया होता, तो ऐसे 3,64,000 लोग हो जाते – यानि एक पूरा स्टेडियम भरकर, जो एक चीज़ पक्के तौर पर जानते : जो जिरार्ड से कार मत ख़रीदो!

यह जानने के लिए गणित में उस्ताद होने की ज़रूरत नहीं है कि जिरार्ड का 250 का नियम वह सबसे महत्त्वपूर्ण चीज़ है, जो आप मुझसे सीख सकते हैं।

ज़रा इस बारे में सोचें : कोई संभावित ग्राहक अंदर आता है, लेकिन उस वक्त आपकी मनोदशा ख़राब है, इसलिए आप उसके साथ बुरा सलूक करते हैं। इस बात पर झुँझलाता हुआ वह ऑफ़िस लौटकर जाता है, जहाँ उसका सहकर्मी उससे पूछता है, "क्या मामला है?" इस पर वह जवाब देता है, "मुझे सैम ग्लॉट्स ने अभी-अभी झाड़ा है।" जब इस आदमी को पता चलता है कि उसका कोई मित्र या रिश्तेदार या सहकर्मी कोई कार ख़रीदने जा रहा है, तो वह बस उसे एक ही सलाह देता है, "सैम ग्लॉट्स से दूर रहना। वह घटिया व्यवहार करता है।"

आप यह बात नहीं जानते कि आपसे जो लोग मिलने आ रहे हैं, उनमें से कौन किसी दुकान का प्रबंधक या सुपरवाइज़र है, जिसकी बात किसी फ़ैक्ट्री या ऑफ़िस के बहुत-से लोग मानते हैं। आप कभी नहीं जानते कि कौन-सा आदमी फ़्रीमेसन समुदाय का प्रेसिडेंट है और वह आपसे मिलने के बाद अपने समुदाय की मीटिंग में जा रहा है। या नाई या डेंटिस्ट के बारे में सोचें, जो हर दिन काम करते समय बहुत-से लोगों से बातचीत करते हैं। या वह किसी दूसरे उत्पाद का सेल्समैन भी हो सकता है।

अगर औसत आदमी अपने जीवन में नियमित रूप से 250 लोगों से मिलता है, तो इन दूसरे लोगों के बारे में क्या, जो अपने कारोबार के सिलसिले में एक सप्ताह में उससे बहुत ज़्यादा लोगों से मिलते हैं?

क्या आप यह गवारा कर सकते हैं कि आपसे मिलने के बाद एक भी आदमी चिड़चिड़ा और असंतुष्ट लौटे? कभी नहीं, अगर एक औसत आदमी अपने जीवन में 250 अन्य लोगों को प्रभावित करता हो। कभी नहीं, अगर आप हर दिन जिन लोगों से मिलते हैं, वे हर दिन बहुत-से दूसरे लोगों से मिलते हों।

लोग जो ख़रीदते हैं या जिसे ख़रीदने की योजना बनाते हैं, उसके बारे में वे दूसरे लोगों से बहुत बातचीत करते हैं। दूसरे लोग हमेशा सलाह देते हैं कि वे कहाँ से ख़रीदें और किस भाव पर ख़रीदें। यह आम लोगों के रोज़मर्रा के जीवन का एक बड़ा हिस्सा होता है।

क्या आप इनमें से किसी भी एक को जोख़िम में डालना गवारा कर सकते हैं। मैं तो नहीं कर सकता। और आप जानते हैं कि अगर कोई यह गवारा कर सकता है, तो वह मैं ही हूँ। लेकिन मैं जानता हूँ कि मैं यह बात

गवारा नहीं कर सकता, क्योंकि मैं इस बात को अच्छी तरह जानता हूँ कि लोग दूसरे लोगों को मेरे बारे में जो बताते हैं, उससे मेरी कितनी ज़्यादा बिक्री तथा आमदनी होती है। यह मेरे पेशेवर जीवन में एक प्रबल शक्ति है और आपके जीवन में भी होनी चाहिए।

हम प्रेम या मित्रता के बारे में बात नहीं कर रहे हैं। हम तो कारोबार के बारे में बात कर रहे हैं। मुझे परवाह नहीं है कि आप जिन लोगों से पेश आते हैं, उनके बारे में आपकी असल राय क्या है। एकमात्र महत्त्वपूर्ण बात तो यह है कि आप किस तरीक़े से उनके साथ काम करते हैं, किस तरीक़े से उनसे पेश आते हैं। ज़ाहिर है, यदि आप अपने दिल की असली भावनाओं को नियंत्रित नहीं कर सकते, तो आपके सामने एक समस्या है। लेकिन यह कारोबार है और कारोबार में सभी तरह के लोग – बेवकूफ़, अप्रिय, अन्यमनस्क, पाइप पीने वाले – आपकी जेब में पैसा पहुँचा सकते हैं।

लेकिन जब आप किसी एक को भी, बस एक को, अपनी क्रोधपूर्ण या सर्वज्ञाता टिप्पणी द्वारा नाराज़ कर देते हैं, तो आप कम से कम 250 अन्य लोगों के बीच बदनाम होने का जोख़िम उठा रहे हैं, जिनकी जेब में पैसा है और जो आपको उसका कुछ हिस्सा दे सकते हैं।

यह एक व्यावसायिक नज़रिया है, जिसे विकसित करना और कामकाज के दौरान हर पल दिमाग़ में रखना अनिवार्य है। अगर आपने ऐसा नहीं किया, तो जिरार्ड का 250 का नियम आपको तबाह कर सकता है।

जब भी आप सिर्फ़ एक संभावित ग्राहक को नकारते हैं, तो आप 250 अन्य संभावित ग्राहकों को भी नकार देते हैं।

6

क्लब में शामिल न हों

जब मैंने सेल्समैन का काम शुरू किया था, तो पहले दिन ही 250 का नियम नहीं खोज लिया था। इसमें तो कई साल लग गए। मुझे नहीं मालूम कि इस वजह से मैंने कितने ग्राहक खोए थे और साथ ही उनके मित्रों, रिश्तेदारों व सहकर्मियों को खोने की कितनी क़ीमत चुकानी पड़ी थी। मुझे यह भी मानना पड़ेगा कि हाल के वर्षों में भी अगर किसी ने "डेगोज़" (घटिया) या "वॉप्स" (ग़ैर-क़ानूनी अप्रवासी) जैसे अपमानजनक शब्दों का इस्तेमाल किया है, तो मैं एक से ज़्यादा बार भड़क गया हूँ। अपने गर्म सिसिलियन ख़ून को ठंडा करने के मेरे प्रयास कई बार कारगर नहीं होते हैं।

मैंने अपने करियर में बहुत जल्दी एक महत्त्वपूर्ण सबक़ सीख लिया था : *क्लब में शामिल न हों।* अधिकतर सेल्समैन किसी नई जगह पर पहले दिन यह सबक़ सीख लेते हैं, लेकिन जल्द ही इसे भूल भी जाते हैं। इसका यह अर्थ है : जहाँ आप काम करते हैं, उस जगह पर "गपशप क्लब" या "सामूहिक मिलन" जैसी किसी चीज़ का हिस्सा न बनें। यह वह जगह है, जहाँ सभी सेल्समैन सुबह इकट्ठे होते हैं और इस बातचीत में समय बर्बाद करते हैं कि पिछली रात उन्होंने क्या किया था या उनकी पत्नी नाश्ते पर किस चीज़ की शिकायत कर रही थी या कोई दूसरा विषय, जिसका कामकाज से कोई संबंध न हो।

आपमें से हर व्यक्ति मेरी बात का मतलब समझ गया होगा। एक सेल्समैन समूह के पास आकर कहता है, "क्या तुमने फ़िल जोन्स के बारे में सुना?" फ़िल जोन्स वहाँ दस साल पहले काम करता था और कोई भी उसे नहीं जानता, लेकिन वे उसकी पूरी बात सुनते हैं, जब वह बताता है कि किस तरह फ़िल की दुर्घटना हो गई या उसकी लॉटरी लग गई। किसलिए? इससे आपकी जेब में कितने पैसे आ रहे हैं?

फिर कॉफ़ी वैगन आ जाती है और हर कोई टॉस करने लगता है कि

आज सुबह पैसे देने की किसकी बारी है। दिन गुज़रता जाता है और काफ़ी जल्दी लंच का समय क़रीब आ जाता है। अब सवाल यह होता है : आज हम कहाँ खाना खाने जाएँ? कोई किसी रेस्तराँ का ज़िक्र करता है और फिर वे बहस करने लगते हैं। कुछ समय बाद वोटिंग होती है और आख़िरकार वे आम तौर पर किसी ऐसी जगह लंच करने जाते हैं, जहाँ दूसरे सेल्समैन भी जाते हैं। यानि वहाँ उनके किसी ऐसे व्यक्ति के मिलने की संभावना नहीं होती, जो पैसे कमाने में उनकी मदद कर सके। लंच के बाद कहानियाँ सुनाने तथा इस बातचीत में थोड़ा और समय गुज़र जाता है कि लंच के बिल में किसके ऊपर किसका कितना उधार है। इसके कुछ ही समय बाद दिन ख़त्म हो जाता है, और साथ ही आपका कारोबार बनाने का अवसर भी।

याद रखें : चाहे आप किसी के लिए भी काम करते हों या चाहे आप कुछ भी बेचते हों, यह *आपका* कारोबार है। और आप इसे जितना बेहतर बनाते हैं, आपसे सामान ख़रीदने वाले उतने ही ज़्यादा लोग *आपके* ग्राहक बनते हैं। काम से बचने के तरीक़े खोजने में आप जितना समय गुज़ारते हैं, उस हर मिनट की क़ीमत आपको पैसों में चुकानी होती है। आप बता रहे हैं कि आपने यह बात पहले भी सुनी है? लेकिन अगर आप सामने वाले दरवाज़े के आस-पास मँडराने वाले सेल्समैनों के हुजूम का हिस्सा हैं, तो आप उस जानकारी इस्तेमाल नहीं कर रहे हैं। सच्चाई यही है कि आप दोस्तों के साथ समय गुज़ारकर या हँसी-मज़ाक़ करके पैसे नहीं बना सकते।

अपने ख़ुद के अनुभव से सीखें

मैंने कहा था कि अगर आप कुछ समय से पेशेवर सेल्समैन रहे हैं, तो आप यह बात पहले से ही जानते हैं। यक़ीन न हो, तो उस समय के बारे में सोचें, जब आप इस मौजूदा जगह पर काम करने आए थे। याद रखें, तब आपका यहाँ कोई यार-दोस्त नहीं था। आप थोड़ा अकेलापन महसूस करते थे। बातचीत करने के लिए कोई नहीं था। इसलिए आपको करने के लिए काम की तलाश करनी होती थी। शायद आपने सामान संबंधी जानकारी हासिल करने में थोड़ा समय बिताया था। शायद जब शीर्षस्थ व्यक्ति किसी ग्राहक से बात कर रहा था, तो आपने सुनने की कोशिश की थी, ताकि आप उससे कुछ सीख सकें। शायद आपने फ़ोन पर भी काम किया था या मित्रों व रिश्तेदारों को कुछ डायरेक्ट मेल भी भेजी थी, ताकि उन्हें पता चल सके कि आप कहाँ काम कर रहे थे और क्या बेच रहे थे। किसी ने भी आपको ये काम करने को नहीं कहा

था, क्योंकि अगर आपके पास ज़रा सी भी कारोबारी बुद्धि है, तो आप जानते हैं कि यही वे चीज़ें हैं, जो किसी नई जगह पर काम शुरू करने वाले सेल्समैन को करनी चाहिए। यह एक भव्य शुभारंभ जैसा होता है।

इससे भी अधिक महत्त्वपूर्ण बात, आपने वे काम इसलिए किए, क्योंकि आपके पास काफ़ी ख़ाली समय था। बात करने के लिए कोई नहीं था, गप्पें लड़ाने के लिए कोई नहीं था। फिर कुछ समय बाद आप समूह में शामिल हो गए और आपने उस तरह के अधिकतर या सारे काम करना छोड़ दिया। आप अब पहले जितने सफल नहीं रहे और आप इस बात पर हैरान हो रहे थे कि जब आप पहले पहल यहाँ आए थे, तब आपके कारोबार में जो उछाल दिख रहा था, वह कहाँ ग़ायब हो गया। आपने ख़ुद को समझाया होगा, कारोबार की दुनिया में ऐसा ही होता है। कई बार आप कामयाब होते हैं और कई बार नहीं हो पाते।

विजय का रोमांच

इस पर यक़ीन न करें। मेरे ख़ुद के करियर में बहुत जल्द ही मैंने यह सबक़ मुश्किल तरीक़े से सीखा था। एक बार जब मैंने अपने परिवार को भोजन कराने के लिए किराने का वह बैग हासिल कर लिया, तो मैं बेचने की विजय के महत्त्व को समझने लगा। सबसे पहले तो मेरे सामने तात्कालिक आवश्यकता थी : घर पर भोजन ले जाना। लेकिन उससे भी बड़ी कोई चीज़ थी, क्योंकि उस पहली बिक्री में बेचने का ख़ास रोमांच भी था। हालाँकि मैं एक साल पहले बिल्डर के रूप में कुछ मकान बेच चुका था, लेकिन मेरे मकान बहुत सस्ते थे और उन दिनों बहुत कम सस्ते मकान उपलब्ध थे, इसलिए दरअसल मुझे सचमुच की बिक्री करने की ख़ास ज़रूरत ही नहीं पड़ी थी। लेकिन उस कोका-कोला सेल्समैन को शैवर्ले कार बेचना सच्ची विजय थी। न सिर्फ़ मुझे किराना और कमिशन मिला, बल्कि मुझे विजय का रोमांच भी महसूस हुआ, जो हर सेल्समैन को अनुभव होता है, बशर्ते वह सच्चा सेल्समैन हो। यह मेरी पहली बिक्री थी। इससे मुझे और अधिक बेचने के लिए नए-नए विचारों को आज़माने का आत्मविश्वास मिला। मैं वहाँ पर किसी दूसरे सेल्समैन को नहीं जानता था और मैं समझता था कि मेरे आने से वे नाख़ुश थे। उनकी नज़रों में मैं एक ऐसा व्यक्ति था, जो उनसे व्यवसाय छीनने के लिए वहाँ आया था। इसलिए मैंने वहाँ कोई मित्र नहीं बनाए। इसके बजाय मैंने बहुत-सी कारें बेचीं।

पहले महीने में मैंने 13 कारें बेचीं और दूसरे महीने में 18। दूसरा महीना ख़त्म होने तक मैं उस डीलरशिप का अव्वल सेल्समैन बन गया था। फिर मुझे वहाँ से निकाल दिया गया।

इस बात को काफ़ी अरसा हो चुका है, इसलिए मुझे बस इतना याद है कि दूसरे सेल्समैनों ने मेरी बिक्री पर आपत्ति की थी। उन्होंने दावा किया था कि मैं उनके कारोबार को छीन रहा हूँ। मेरे ख़याल से उन्हें दरअसल इस बात का मलाल था कि मैं बिलकुल अनुभवहीन, नया बंदा होने के बावजूद उनसे बेहतर प्रदर्शन कर रहा था। इसके अलावा, मैं उनके प्रति ज़्यादा दोस्ताना भी नहीं था।

इसलिए मैं दूसरी डीलरशिप में काम करने चला गया। जब मैं पहली बार वहाँ पहुँचा, तो सेल्स मैनेजर ने मुझे बताया कि मेरे लिए यह बेहतर होगा अगर मैं दूसरे सेल्समैनों के साथ यारी-दोस्ती में समय न बिताऊँ। मुझे पहले ही यह बात समझ में आ चुकी थी। बहरहाल, मैं यह भी जानता था कि उन्हें दुश्मन बनाने में कोई तुक नहीं है। इसलिए मैंने तब से इस बारे में सावधान रहने की कोशिश की है। वे जानते हैं कि मैं उनसे अलग तरीक़े से काम करता हूँ और मैं गपशप क्लब में अपने दिन बर्बाद करना पसंद नहीं करता। और वे जानते हैं कि यह मेरे लिए फ़ायदे का सौदा है। एक ही जगह पर काम करने वाले लोगों के बीच भिन्नताएँ होती हैं। लेकिन मैं *अपने* तरीक़े से काम करने के बावजूद उसी जगह पर बने रहने में कामयाब हुआ हूँ।

मेरे कारोबार में सेल्समैनों के बीच बातचीत के प्रिय विषय ये हैं : कौन-सी डीलरशिप सर्वश्रेष्ठ है? वे जहाँ काम कर रहे हैं, उस डीलरशिप में क्या गड़बड़ी है? कोई दूसरी डीलरशिप बेहतर क्यों है, जहाँ उनका मित्र काम करता है? लेकिन मैं इतने साल बाद भी उसी डीलरशिप में हूँ। देखिए, सबसे महत्त्वपूर्ण यह नहीं होता कि आप *कहाँ* काम करते हैं; सबसे महत्त्वपूर्ण तो यह होता है कि आप *कैसे* काम करते हैं। हमारी डीलरशिप की लोकेशन या जगह अच्छी है, लेकिन अधिकतर शेवर्ले डीलरों या बाक़ी अच्छे डीलरों की जगह भी अच्छी होती है। और हमारे कमिशन की योजना भी बाक़ी किसी डीलर जैसी ही है। मैंने पाया है कि सबसे महत्त्वपूर्ण यह होता है कि मैं कितनी चतुराई से मेहनत करता हूँ, जो इस बात से भी अधिक महत्त्वपूर्ण है कि मैं कितनी कड़ी मेहनत करता हूँ।

जब मेरे बाक़ी साथी लंच करने जाते हैं, तो उन्हें पता होता है कि मैं कभी उनके साथ लंच पर नहीं जाऊँगा, क्योंकि उस दौरान मैं दूसरी चीज़ें करूँगा। जब मैं किसी के साथ लंच पर जाता हूँ, तो सिर्फ़ गपशप के लिए नहीं, बल्कि अच्छे कारोबारी कारणों से जाता हूँ। मैं किसी दूसरे अध्याय में चर्चा करूँगा कि मैं किसे लंच पर ले जाता हूँ, मैं क्या करता हूँ और क्यों करता हूँ। लेकिन हाल–फ़िलहाल मैं बस इतना ही कहना चाहता हूँ कि जब मैं काम कर रहा होता हूँ, तो पूरी तरह कारोबार पर केंद्रित होता हूँ, चाहे यह किसी को कैसा भी *दिखता* हो।

मैं आप तक जो संदेश पहुँचाने की कोशिश कर रहा हूँ, वह यह है : *क्लब में शामिल न हों।* और अगर आप क्लब में हैं, तो धीरे–धीरे उससे बाहर निकल आएँ, क्योंकि इससे दूसरी बुरी आदतें और ग़लत नज़रिये बढ़ जाएँगे।

इस बारे में सोचें : जब सेल्स मैनेजर कोई सेल्स मीटिंग बुलाता है, तो कितनी बार आप इन सभी लोगों को कराहते हुए सुनते हैं, "एक और बकवास मीटिंग झेलनी पड़ेगी"? जब मैंने कारें बेचना शुरू किया था, तब मैं कार या किसी दूसरी चीज़ को बेचने के बारे में कुछ नहीं जानता था। मैं इन मीटिंगों में इसलिए गया, क्योंकि मुझे लगा कि वहाँ मैं कुछ सीख सकता हूँ। और आप जानते हैं क्या हुआ? मैंने सचमुच सीखा। हो सकता है कि आप अपने सेल्स मैनेजर को पसंद न करते हों, लेकिन संभवतः वह बेचने के बारे में बहुत कुछ जानता है। हालाँकि मैं सहमत हूँ कि अधिकतर फ़िल्मों में हमें जो सेल्स मैनेजर दिखाए जाते हैं, वे बहुत अच्छे नहीं होते हैं। ऐसा इसलिए है, क्योंकि ये फ़िल्में अधिकतर वे लोग बनाते हैं, जिन्होंने असल ज़िंदगी में फ़िल्मों को छोड़कर कुछ भी नहीं बेचा। (इसीलिए मैं अपनी ख़ुद की बिक्री प्रशिक्षण फ़िल्में बनाता और बेचता हूँ : क्योंकि हालाँकि मेरी फ़िल्में उतनी शानदार नहीं दिखती हैं, लेकिन उन्हें ख़रीदने वाली कंपनियाँ मुझे बताती हैं कि मेरी फ़िल्में बिक्री के बारे में सही दिखती तथा महसूस होती हैं।) चाहे जो हो, मैनेजर हमें सेल्स मीटिंग्स में जो बातें बताते थे, उनमें मुझे समझदारी नज़र आई। और मैंने सोचा कि वे बेचने के बारे में मुझसे ज़्यादा जानते हैं, जो कम से कम उन दिनों में सच था। और मैंने पाया कि अगर मैंने वह किया, जो वे कह रहे थे और जो उन फ़िल्मों में बताया गया था, तो यह कारगर होगा और मेरा कारोबार बढ़ जाएगा। चाहे यह जो भी हो, टेलीफ़ोन का उपयोग करना, डायरेक्ट मेल भेजना, कोई भी उपाय तभी कारगर होगा, जब मैं उसे बहुत ज़्यादा करूँ।

बाद में मैंने अपने तरीक़े से इससे भी बेहतर चीज़ें करना सीख लिया। मैंने अपनी ख़ुद की डायरेक्ट मेल तैयार की, जो मेरे लिए ज़्यादा कारगर साबित हुई। लेकिन वहाँ उन्होंने हमें जो करने की सलाह दी थी, वह शून्य से बेहतर था। शून्य से बहुत बेहतर! और यह एक ऐसी चीज़ है, जो आप क्लब में रहते समय नहीं सीख सकते। क्योंकि जो भी दिन भर दोस्तों के साथ गप्पें लड़ाता रहता है, वह आपको शायद ही बताएगा कि आप दिन में एक घंटे या 10 मिनट भी फ़ोन का इस्तेमाल करके कितना कारोबार हासिल कर सकते हैं। और आपका कोई दोस्त यह नहीं कहने वाला, "मेरा बेहूदा मज़ाक़ मत सुनो। अपनी डेस्क पर जाओ और डायरेक्ट मेल के 10 लिफ़ाफ़ों पर नाम-पते लिखो और उन्हें हर दिन भेजो। अगर तुम ऐसा करते हो, तो तुम हर साल कार चलाने वाले 2,500 लोगों के संपर्क में रहोगे, जिन्हें किसी दिन दूसरी कार की ज़रूरत महसूस होगी।"

गपशप क्लब के अधिकतर बंदे सोचते हैं कि आपको जितने कारोबार की ज़रूरत है, वह हर दिन दरवाज़े से अंदर चलकर आता है। इसलिए वे कभी आपसे नहीं कहेंगे, जो मैं जानता हूँ : कि आप क्लब के बाहर रहकर शहर का सबसे बड़ा कारोबार बना सकते हैं, क्योंकि आप अपना सारा समय इस बात में बिता सकते हैं कि लोग अंदर आकर *आपको* नाम से पूछें, सिर्फ़ दरवाज़े के अंदर न घुसें और उस सेल्समैन का इंतज़ार न करें, जिसकी बारी है। बहुत-से सेल्समैन काफ़ी कुछ इसी तरह कामयाब होते हैं, जब तक तक़दीर उनका साथ देती है। लेकिन कोई भी हर एक को नहीं बेच सकता। इसलिए जो सेल्समैन अपनी बारी का इंतज़ार करता है, वह अपनी क़िस्मत के भरोसे रहता है।

अपने पक्ष में संभावनाएँ बढ़ाना

मैं अपने काम में जोख़िम लेना पसंद नहीं करता। जब मैं लास वेगस जाता हूँ, तो मैं जानता हूँ कि वहाँ संभावनाएँ क्या हैं। वहाँ अगर मैं जोख़िम लेना चाहता हूँ, तो अच्छी बात है; इसीलिए तो मैं वहाँ पर गया हूँ। लेकिन मैं अपने कामकाजी जीवन और अपने परिवार की सुरक्षा के साथ जुआ खेलना पसंद नहीं करता, इसलिए मैं अपने कामकाज में कोई जोख़िम नहीं लेता। मैं अपने अवसर ख़ुद *बनाता* हूँ। और यह करने के सबसे महत्त्वपूर्ण तरीक़ों में से एक है गपशप क्लब के बाहर रहना।

मेरे इलाक़े में हम एक कहावत का इस्तेमाल करते हैं : अगर आप दीवार पर पर्याप्त स्पगेटी फेंकते हैं, तो उसमें से कुछ ज़रूर चिपकती हैं। शायद चीनी लोग दीवार पर पके चावल फेंकने के बारे में बात करते हैं। लेकिन चाहे आप इसे किसी भी तरह से देख लें, यह हमारे व्यवसाय में संभावनाओं का बुनियादी नियम है। यह दोस्तों के साथ खड़े रहने और अपनी बारी के लिए ड्रॉ निकालने में क़िस्मत आज़माने से काफ़ी अलग है।

इसका अर्थ है कि अगर आप कारोबार बढ़ाने के लिए बहुत–सी चीज़ें करते हैं, तो आपका कारोबार बढ़ जाएगा। इन चीज़ों को आदर्श तरीक़े से करना ज़रूरी नहीं है – हालाँकि आप उन्हें जितना बेहतर करते हैं, वे उतनी ही बेहतर होंगी। लेकिन मुख्य बिंदु यह है कि आपको उन्हें करना होता है – बहुत सारा। और संभावनाओं को अपने पक्ष में करने के लिए जो आपको करना है, वह आप तब तक नहीं कर सकते, जब तक कि आप क्लब से बाहर न रहें।

ठीक है, आप पूछते हैं, लेकिन इसे शुरू करने के लिए आप क्या करें? आप बहुत–सी चीज़ें कर सकते हैं। हम उन पर आएँगे और आप काफ़ी हद तक उसे चुन सकते हैं, जो भी आपके लिए सबसे अच्छी तरह काम करती हो या जो आपकी शैली, आपके व्यक्तित्व और आपकी रुचियों के अनुरूप हो। लेकिन महत्त्वपूर्ण बात यह है कि आप कुछ करें। मैंने इतने वर्षों में बेचने के बहुत–से प्रकारों के संदर्भ में बहुत–से लोगों से बातचीत की है। वे सभी काफ़ी हद तक इस बात से सहमत हैं कि शुरुआती सेल्सपर्सन के काम छोड़कर जाने की दर बहुत ऊँची होती है। और इसके पीछे कारण यह है कि शुरुआत में तो कोई भी कुछ बिक्रियाँ कर सकता है। यह चाहे कार हो या बीमा या कोई दूसरी चीज़, हर कोई ख़ुद एक ख़रीद सकता है, एक अपने ससुर को बेच सकता है और एक अपने सबसे अच्छे दोस्त को बेच सकता है। एक सेल्स मैनेजर ने एक बार मुझे बताया था, "तीसरी बिक्री के बाद ही यह पता चलता है कि कोई आदमी सच्चा सेल्समैन है या नहीं।"

जब आप उन लोगों को वे आसान बिक्रियाँ कर लेते हैं, जो आपकी मदद करने के इरादे से आपसे सामान ख़रीदते हैं, तो उसके बाद आप क्या करते हैं? यह एक बड़ा ही अहम सवाल है और यही वह सवाल है, जिसकी ओर हम अब मुड़ने जा रहे हैं।

क्लब में शामिल न हों। इसके बजाय अपने पूरे समय का इस्तेमाल अवसर बनाने के लिए करें।

7

जब आप हैरी अंकल को सामान बेच देते हैं, तो उसके बाद क्या करते हैं?

मेरे पास कोई हैरी अंकल या कोई सास नहीं थी, जो सिर्फ़ इसलिए कार ख़रीद लें, क्योंकि मुझे कार बेचने की ज़रूरत थी। और जैसा मैंने पहले ही काफ़ी स्पष्ट कर दिया है, मुझे निश्चित रूप से बेचने की ज़रूरत थी। लेकिन मेरे पास वह कोका-कोला वाला बंदा था – आप जहाँ भी हों आपको धन्यवाद। और फिर मेरे पास वह प्रॉस्पेक्ट लिस्ट या संभावित ग्राहकों की सूची भी थी, जिसके बारे में मैंने आपको बताया था। डेट्रॉइट फ़ोन डायरेक्टरी के चार पेज – दो सफ़ेद, दो पीले। और मेरी डेस्क पर एक फ़ोन था। मैं नया और अनुभवहीन था। मैं यह बात नहीं जानता था कि बेचने का इकलौता तरीक़ा यही है कि हम सब एक-दूसरे से बढ़-चढ़कर कहानियाँ सुनाते रहें, जब तक कि मेरी बारी न आ जाए और मैं सामने वाले दरवाज़े से अंदर आने वाले संभावित ग्राहक के साथ क़िस्मत न आजमाऊँ। मैंने वादा किया था कि मैं दूसरे सेल्समैनों से उनके अंदर आने वाले ग्राहक नहीं छीनूँगा और अधिकतर मामलों में मैंने अपना वादा निभाया। इसके अलावा, मैंने अपनी सूची पर काम किया। आपको इस बात पर यक़ीन नहीं होता कि मैंने फ़ोन बुक के पन्नों से सूची बनाने का काम किया? देखिए, मैं आपको कुछ बताना चाहता हूँ : मैंने यही किया था। और मैं शर्त लगाता हूँ कि अगर मुझे यह दोबारा करना पड़े, तो मैं आज भी इसे करके अच्छी जीविका कमा सकता हूँ।

यह तर्क देना आसान है कि अजनबियों से फ़ोन पर संपर्क करने में बहुत

समय बर्बाद होता है। यह सच है। आपको कई बार कोई जवाब नहीं मिलता है, कुछ नंबर बदल जाते हैं, कुछ लोग आपकी बात समझते नहीं हैं और कुछ ऐसे भी होते हैं, जो अँग्रेज़ी ही नहीं बोल पाते हैं। लेकिन अगर आप इस काम को सही तरीक़े से करते हैं, तो कुछ परिणाम अवश्य मिलते हैं। इसलिए अगर आप कुछ मिनट या एक घंटे तक ख़ाली हैं, तो आप आधा दर्जन फ़ोन कॉल करने का कठोर शारीरिक श्रम कर सकते हैं। हो सकता है कि इसके बदले आपको कुछ न मिले। लेकिन यह भी तो हो सकता है कि आपको ऐसा मौक़ा मिल जाए, जिससे आपको संभावित ग्राहक का कोई जीता-जागता सुराग़ मिल जाए। अपनी नाक खुजाने या बेहूदा मज़ाक़ सुनाने के बजाय फ़ोन कॉल करने का प्रयास कहीं अधिक मूल्यवान हो सकता है।

अगर आप संभावित ग्राहकों के सुराग़ पाना चाहते हैं, तो अजनबियों को फ़ोन करने के बजाय कहीं अधिक उपयोगी तरीक़े हैं। लेकिन अगर आपके पास करने को कुछ बेहतर न हो, तो फ़ोन घुमाते रहना सार्थक हो सकता है। हम जल्दी ही सुराग़ों, संभावित ग्राहकों और ग्राहकों को पाने का सिस्टम बनाने के तरीक़ों पर बात करेंगे। लेकिन हाल-फ़िलहाल मैं आपके सामने यह साबित करना चाहता हूँ कि कारोबार पाने का यह सबसे कम उपयोगी तरीक़ा – फ़ोन बुक द्वारा अजनबियों को फ़ोन करना – भी कुछ न करने से बेहतर है।

इसलिए फ़ोन उठाएँ, भले ही आपके पास संभावित ग्राहकों की अच्छी सूची न हो। अगर आप किसी उपनगरीय इलाक़े में हैं, जिसकी अलग फ़ोन बुक हो या शहर के आपके हिस्से का एक अलग खंड हो, तो निश्चित रूप से यह बेहतर है। लेकिन यह ज़रूरी नहीं है। याद रखें, मैंने टेलीफ़ोन डायरेक्टरी में से कहीं से भी पन्ने फाड़कर यह काम शुरू किया था। अगर यही काम मुझे आज करना होता, तो मैं कुछ मिनट छाँटने में लगाता, सड़क के पते देखता या सही लगने वाले नाम देखता, इसके बाद ही फ़ोन उठाता।

फ़ोन पर कैसे बेचें

आइए मान लेते हैं कि आपने लगातार 10 बेअसर फ़ोन किए हैं : जवाब नहीं मिला, वे अँग्रेज़ी नहीं बोलते थे, मम्मी ख़रीददारी करने गई थीं। देखिए, मैं दिन में फ़ोन कर रहा हूँ, इसलिए मैं बहुत जल्दी फ़ोन नहीं करना चाहता। मैं दोपहर के आस-पास फ़ोन करता हूँ। लेकिन मान लें, पहली 10 कॉल में मुझे कुछ भी नहीं मिलता। इसमें मेरा कितना समय ख़र्च हुआ? यही कोई,

तीन–चार मिनट? ठीक है। इसके बाद एक महिला फ़ोन पर जवाब देती है और मैं उसे संबोधित करते हुए कहता हूँ, "हेलो, मिसेज़ कोवल्स्की। मैं मेरोलिस शैवर्ले से जो जिरार्ड बोल रहा हूँ। मैं आपको बस यह बताना चाहता था कि आपने जिस कार का ऑर्डर दिया था, वह तैयार है।" यह बात याद रखें : यह फ़ोन मैं एक अजनबी को कर रहा हूँ और फ़ोन डायरेक्टरी से मुझे बस सामने वाले का नाम, पता और फोन नंबर भर ही पक्के तौर पर मालूम है। मिसेज़ कोवल्स्की चकरा जाती हैं कि मैं आख़िर क्या बोल रहा हूँ। वे कहती हैं, "मुझे लगता है कि यह ग़लत नंबर है। हमने नई कार का ऑर्डर नहीं दिया।" मैं पूछता हूँ, "क्या आपको पक्का यक़ीन है?" वे जवाब देती हैं, "काफ़ी हद तक। अगर ऐसा होता, तो मेरे पति मुझे बता देते।" मैं कहता हूँ, "एक मिनट ठहरें। आप क्लैरेंस जे. कोवल्स्की के घर से बोल रही हैं?" "नहीं। मेरे पति का नाम स्टीवन है।" मैं इसे लिख लेता हूँ, हालाँकि ज़ाहिर है मैं यह बात पहले से जानता हूँ, क्योंकि फ़ोन डायरेक्टरी में यह साफ़–साफ़ लिखा हुआ है। "अरे, मिसेज़ कोवल्स्की, मुझे बहुत अफ़सोस है कि मैंने इस वक़्त आपको परेशान किया। मुझे यक़ीन है कि आप काफ़ी व्यस्त होंगी।" शायद वे कहें कि उन्हें ज़रा भी परेशानी नहीं हुई या वे मुझे यह बताएँ कि वे अभी–अभी सुपरमार्केट से लौटी हैं। उनका जवाब चाहे जो हो, मैं उन्हें फ़ोन नीचे नहीं रखने देता हूँ।

मैं फ़ोन पर उनसे बात इसलिए करना चाहता हूँ, क्योंकि अभी मेरा मक़सद पूरा नहीं हुआ है और शायद उनके पास भी बात करने वाला कोई नहीं है, इसलिए वे भी फ़ोन नहीं रखती हैं। "मिसेज़ कोवल्स्की, आप कोई नई कार तो नहीं ख़रीदना चाहतीं, है ना?" अगर वे जानती हैं कि वे लोग कार ख़रीदने वाले हैं, तो वे शायद हाँ कह देंगी। लेकिन सामान्य जवाब यह होगा : "मुझे तो नहीं लगता, लेकिन आपको मेरे पति से पूछना होगा।" तो आख़िर वह चीज़ मिल ही गई, जिसकी मुझे तलाश थी। "ओह, मैं उनसे कब बात कर सकता हूँ?" और वे कहेंगी, "वे आम तौर पर छह बजे तक घर लौट आते हैं।" बहुत बढ़िया! मुझे वह मिल गया, जो मैं चाहता था। "तो ठीक है, मिसेज़ कोवल्स्की, मैं तब फ़ोन करूँगा, अगर आपको यक़ीन हो कि इससे शाम के खाने में बाधा नहीं पड़ेगी।" मैं उनके यह बताने का इंतज़ार करता हूँ कि वे साढ़े छह बजे तक शाम का खाना नहीं खाते हैं और फिर मैं उन्हें धन्यवाद देता हूँ।

आप जानते हैं कि उस दिन शाम को छह बजे मैं क्या करूँगा। आपका अनुमान सही है। "हेलो मि. कोवल्स्की, मैं मेरोलिस शैवर्ले से जो जिरार्ड बोल

रहा हूँ। मैंने आज सुबह मिसेज़ कोवल्स्की से बात की थी और उन्होंने सुझाव दिया था कि मैं इस वक़्त दोबारा फ़ोन करूँ। मैं सोच रहा था कि क्या आप एक नई शैवर्ले ख़रीदने वाले हैं?" वह कहता है, "नहीं, अभी तो नहीं।" इस पर मैं पूछता हूँ, "तो, आपको क्या लगता है, आप किसी नई कार की तलाश कब शुरू कर सकते हैं?" मैं यह सवाल सीधे पूछ लेता हूँ। अब उसे इस बारे में सोचना होगा कि वह मुझे इसका क्या जवाब दे। शायद वह मुझसे बस छुटकारा पाना चाहता होगा। लेकिन कारण चाहे जो हो, शायद उसकी बात सच होगी। यह किसी झूठ गढ़ने की कोशिश से ज़्यादा आसान होता है। वह कहता है, "मुझे लगता है कि मुझे छह महीने बाद कार की ज़रूरत होगी।" मैं इस बात के साथ ख़त्म करता हूँ, "ठीक है, मि. कोवल्स्की, मैं तब आपसे संपर्क करूँगा। ओह, वैसे आप इस वक़्त कौन-सी कार चला रहे हैं?" वह मुझे बता देता है, मैं उसे धन्यवाद देता हूँ और फ़ोन रख देता हूँ।

मैं उसका नाम, पता, और फ़ोन नंबर लिख लेता हूँ। साथ ही मैं वह सारी जानकारी लिख लेता हूँ, जो मैंने उसके साथ बातचीत में इकट्ठी की है। जैसे यह कि वह कहाँ काम करता है, उनके कितने बच्चे हैं और वह कौन-सी कार चलाता है। मैं इसे अपनी फ़ाइल और मेलिंग लिस्ट (डाक प्रेषण सूची) के लिए तीन बाय पाँच कार्ड पर लिख लेता हूँ। इसके अलावा, मैं इसे एक डायरी में भी लिख लेता हूँ, जो मैं अपने साथ रखता हूँ। उसने कहा था, छह महीने। लेकिन मैं उसके लगभग पाँच महीने बाद किसी दिन शाम के छह बजे का समय लिखता हूँ। जब वह तारीख़ आती है, तो आप यक़ीन करें, मैं उसे फ़ोन करूँगा। फिर मैं सारे प्रयास करूँगा, ताकि वह उस कार को ख़रीद ले, जिसके बारे में उसने कहा था कि उसकी ज़रूरत उसे उस समय पड़ने वाली थी।

दो मिनट की फ़ोन वार्ता से मुझे जो जानकारी मिली, वह बेशक़ीमती थी। बेचना दरअसल जासूसी का खेल है। अगर आप किसी को कुछ बेचना चाहते हैं, तो आपको उस व्यक्ति के जीवन के उस पहलू के बारे में ज़्यादा से ज़्यादा पता लगा लेना चाहिए, जो आपके कारोबार से संबंध रखता हो। अगर आप कंपनियों को टाइपराइटर बेच रहे हैं, तो आप कंपनी की रिसेप्शनिस्ट से पता लगा सकते हैं कि उनके पास कितने टाइपराइटर हैं, वे कितने पुराने हैं, उन्हें कितनी बार मरम्मत की ज़रूरत होती है, वे किस प्रकार के हैं, कंपनी उन्हें ख़रीदती है या लीज़ पर लेती है, क्या कंपनी विकास कर रही है, क्या वे नई सेक्रेटरियों को नियुक्त करने वाले हैं, निर्णय लेने वाला कौन है। चाहे आप

कुछ भी बेचते हों, अगर आप हर दिन अपने बड़े झूले की सीट भरने में कुछ समय लगाएँगे, तो आपके पास जल्द ही लोगों की एक क़तार हो जाएगी, जो बेचे जाने का इंतज़ार कर रहे होंगे।

अपनी खुद की प्रॉस्पेक्ट सूचियाँ बनाएँ

जब मैंने काम शुरू किया था, तो मैंने यह जानकारी एक क़ागज़ के टुकड़े पर लिखकर एक दराज़ में डाल दी थी। लेकिन एक दिन मुझे पता चला कि मैं एक सुराग़ को समय पर इसलिए नहीं टटोल पाया था, क्योंकि मेरे पास कोई सिस्टम या तंत्र नहीं था। इसलिए मैं एक स्टेशनरी स्टोर गया और वहाँ से एक डायरी तथा 3x5 की एक छोटी कार्ड फ़ाइल ख़रीद लाया। यह मेरे ख़ुफ़िया तंत्र की शुरुआत थी। मैंने उन सारे क़ागज़ के टुकड़ों पर लिखी हर चीज़ अपने रिकॉर्ड सिस्टम में डाल दी। यह मेरी मेलिंग लिस्ट और टेलीफ़ोन कॉल–बैक सिस्टम की शुरुआत थी। अगर आपके पास ऐसी कोई चीज़ नहीं है, तो बेहतर है कि आप इसे शुरू कर दें। अगर आप प्रॉस्पेक्टिंग का सही काम करने वाले हैं, तो यह याद रखें कि जिन सुराग़ों का आप आगे चलकर पीछा कर सकते हैं, उन सभी को अपने दिमाग़ में याद नहीं रख सकते या अपनी जेब में लिफ़ाफ़ों के पीछे वाले हिस्से में लिखकर नहीं रख सकते।

मैंने अभी–अभी एक अजनबी को किए गए फ़ोन कॉल का वर्णन किया था, जिससे मुझे एक सुराग़ मिला और अंततः एक बिक्री भी। यह एक बार नहीं, कई बार हुआ है, मुझे याद नहीं है कि कितनी बार। और संभावना यह है कि मैंने कोवल्स्की नामक बहुत–से लोगों को कारें बेची हैं। इसलिए वह नाम भी पूरी तरह काल्पनिक नहीं था।

अब आपको यह स्वीकार करना होगा कि मैंने जो किया था, वह जादू नहीं है। यह काम करना बहुत मुश्किल भी नहीं है। वास्तव में आपने शायद दूसरे सेल्समैनों को अजनबियों को टेलीफ़ोन कॉल करते सुना और देखा होगा, जिनके काफ़ी हद तक वही परिणाम मिले होंगे, जो मेरी कॉल के मिले थे। इसलिए मुझे दरअसल आपको इस तकनीक के बारे में बहुत ज़्यादा बताने की ज़रूरत नहीं है। लेकिन हम सभी को याद दिलाने की ज़रूरत होती है कि हम दोस्तों के साथ गपियाने के बजाय ये स्पष्ट, आसान चीज़ें करें।

जैसा मैंने कहा है, मैं शोरूम में यारी–दोस्ती की चुहलबाज़ी या गपशप का ख़ास आनंद नहीं लेता हूँ। मुझे यह बिक्री के मूल्यवान समय की बर्बादी

लगता है। और इसके अलावा, आलसी गप्पबाज़ी करने के बजाय मैं हमेशा कोई महत्त्वपूर्ण चीज़ करने के बारे में सोच सकता हूँ। मुझे वह पैसा पसंद है जो मैं बनाता हूँ और मुझे सौदा पक्का करने का रोमांच भी पसंद है। वास्तव में आप कह सकते हैं कि मुझे बेचने का जुनून है। मैं बिक्री से मिलने वाले नशे से प्रेम करता हूँ। लेकिन यह जल्द ही काफ़ूर हो जाता है, इसलिए मुझे यह काम बार-बार करना होता है। यदि मैं हर दिन, बहुत सारी कारें न बेचूँ, तो मेरा नशा उतरने लगता है और मैं बेचैन होने लगता हूँ। इसीलिए कई बार मैं एक सप्ताह में ही उतनी कारें बेच देता हूँ, जितनी बाक़ी सेल्समैन एक महीने में बेच पाते हैं। अगर वे अपने प्रदर्शन से संतुष्ट हैं, तो उनकी वे जानें। लेकिन मैं इतने से ही संतुष्ट नहीं रहता, इसलिए मैं इसके बारे में कुछ, बहुत कुछ करता हूँ।

आइए सच्चाई का सामना करें : अगर कोई बस गपशप करके और दरवाज़े पर बारी का इंतज़ार करके एक सप्ताह में पाँच कारें बेच सकता है, तो वह जानता है कि कैसे बेचना है। लेकिन ज़रा सोचें, अगर वह इससे पाँच गुना लोगों को सिर्फ़ खुद से ख़रीदने के लिए बुला सके, तो वह क्या कर सकता है। अगर वह इन अतिरिक्त ग्राहकों को भी उतने ही प्रभावी ढंग से बेच सके, तो उसकी आमदनी आसमान छूने लगेगी, भले ही उसकी बिक्री का प्रतिशत पहले जितना ही हो।

तो अपने हैरी अंकल को बेचने के बाद आपको यह करना चाहिए कि आप प्रवाह बनाएँ और अपने झूले की सारी सीटों को भर लें। ऐसा करने के बहुत-से तरीक़े हैं। अजनबियों को फ़ोन करना या कोल्ड कॉलिंग एक तरीक़ा है। लेकिन कई अन्य तरीक़े भी हैं और यह काम करते समय आप देखेंगे कि आपके समय को भरने के इससे कहीं अधिक उत्पादक, बेहतर तरीक़े होते हैं, जिनसे आपको बेचने का रोमांच मिलेगा और इसके अलावा आप ढेर सारी कमाई भी कर सकेंगे।

शुरुआती ग्राहकों के बाद आपको कई कोवल्स्की मिलेंगे, बशर्ते आप उनकी तलाश करें।

8

अपने झूले की सीटें भर लें

पिछले किसी अध्याय में मैंने कहा था कि अच्छी बिक्री एक ऐसी ज़मीन पर बोने और काटने की तरह होती है, जहाँ फ़सल साल भर उगती है। बोना और काटना, पूरे साल। इसके बारे में सोचने का एक और तरीक़ा है फ़ेरिस झूला। अगर आपने कभी फ़ेरिस झूला देखा है, तो आप जानते हैं कि यह कैसे काम करता है। उसे चलाने वाला आदमी एक बार में एक-एक करके सीटों को भरता है। लोग उतरते हैं, वह उनकी सीटों को भरता है, झूले को थोड़ा घुमाता है, अगली सीटों को भरता है और ऐसा तब तक करता रहता है, जब तक कि सीटों पर बैठे सभी पुराने लोग उतर न जाएँ और नए लोग बैठ न जाएँ। फिर झूला कुछ समय तक घूमता है, जिसके बाद वह इसे रोक देता है और एक बार फिर ख़ाली करने तथा भरने की प्रक्रिया दोहराता है।

अच्छी बिक्री भी इसी तरह होती है। फ़र्क़ बस इतना है कि झूला हमेशा थोड़ा घूमता रहता है, ताकि कुछ लोग – वे लोग जिन्हें आपने अभी-अभी बेचा है – कुछ समय के लिए उतर सकें और दूसरे – वे लोग जिन पर आप अभी-अभी काम करना शुरू कर रहे हैं – उस पर चढ़ सकें। जब उनका चक्कर पूरा हो जाता है, तो वे ख़रीदने, यानि अपनी सीट छोड़ने के लिए तैयार होते हैं और कुछ समय के लिए उन्हें बदलने की ज़रूरत होती है। ग़ौर करें, "कुछ समय के लिए," क्योंकि कोई भी जन्म-जन्मांतर के लिए कार नहीं ख़रीदता है। लोग दो-तीन या शायद पाँच सालों के लिए एक कार ख़रीदते हैं और फिर वे दूसरी कार के लिए तैयार होते हैं, चाहे उन्हें यह बात मालूम हो या न हो। लेकिन अगर आप सही रिकॉर्ड, फ़ाइल और डायरी रखते हैं, तो कई बार तो *आपको* यह बात *उनके* जानने से पहले ही पता चल जाती है।

पिछले अध्याय में मैंने एक उदाहरण दिया था, जिसमें मैंने स्टीव कोवल्स्की को फ़ेरिस झूले की एक सीट पर बैठा दिया था। मैं जानता हूँ कि वह कौन–सी कार चलाता है, इसलिए मैं जानता हूँ कि वह शायद अदला–बदली करना चाहेगा। मैं यह भी जानता हूँ कि उसकी कार कितनी पुरानी है, इसलिए कमोबेश मुझे पता होता है कि नई कार ख़रीदने के लिए उसे कितने पैसों या क़र्ज़ की ज़रूरत होगी। मैं जानता हूँ कि वह कहाँ रहता है और शायद यह भी कि वह कहाँ काम करता है, ताकि मुझे पता चल जाए कि उसे उधार देने में कितना जोख़िम है और वह कहाँ से उधार लेना पसंद करेगा : क्रेडिट यूनियन, छोटी लोन कंपनी, या जो भी हो। और मैं यह बात भी जानता हूँ कि कब वह किसी नई कार की तलाश शुरू करेगा, इसलिए मैं उसके देखना शुरू करने के कुछ सप्ताह पहले उसे दोबारा फ़ोन करूँगा। नतीजा यह होगा कि मैं शायद उससे मिलने वाले दूसरे सेल्समैनों से आगे रहूँगा। वास्तव में, अगर मैं इस काम को सही तरीक़े से करूँ, तो हो सकता है कि मैं ही इकलौता सेल्समैन रहूँ, जिससे वह बात करेगा। वह मेरे झूले पर बैठा हुआ है और मैं सटीकता से जानता हूँ कि कहाँ।

आइए सच्चाई का सामना करें, बहुत बार ऐसा नहीं होता है। कई बार कोई आदमी आपको इतना ज़्यादा नहीं बताएगा। या शायद आपको यह भी पता नहीं होगा कि आपके झूले पर कौन बैठा हुआ है, क्योंकि आपने किसी को डाक भेजी थी और उसने यह अलग रख दी, लेकिन आपको इसका पता नहीं चला।

इससे दरअसल कोई फ़र्क़ नहीं पड़ता। मेरा मतलब है कि कुछ फ़ोन कॉल करके स्टीव कोवल्स्की को पाना बेहतरीन है, जो कि एक अच्छा संभावित ग्राहक है या शायद पहले ही योग्य ग्राहक है। लेकिन स्पगेटी (एक खाद्य सामग्री) का फेंका जाना न भूलें। आप इसे उछालते रहें; इसका कुछ न कुछ हिस्सा तो चिपक ही जाएगा। हो सकता है कि जब मैं कोवल्स्की को दोबारा फ़ोन करूँ, तब तक उसकी लॉटरी लग चुकी हो और उससे पहले ही वह रॉल्स रॉयस कार ख़रीद चुका हो। लेकिन उससे क्या? मैं उससे पूछुँगा कि क्या वह किसी दूसरे को जानता है, जो कार ख़रीदने वाला है – कोई रिश्तेदार जो डिनर पर आया था, उसकी दुकान का कोई कर्मचारी, शायद कोई पड़ोसी, जिसकी कार कल तबाह हो गई थी। या शायद मैं उसे बधाई देकर उससे पूछ लूँ कि उसने वह लॉटरी टिकिट कहाँ से ख़रीदा था। फिर मैं सुझाव दे दूँ कि

अगर वह उसमें से कुछ पैसे अपनी पत्नी या स्नातक हो चुकी बेटी के लिए कार ख़रीदने में लगाए, तो कितना अच्छा रहेगा? या शायद मैं कुछ सुखद छुटपुट बातचीत कर सकता हूँ। नतीजा यह होगा कि जब वह अपने सारे पैसे उड़ा देगा और उसे दोबारा किसी सस्ती कार की ज़रूरत होगी, तो वह मुझे याद रखेगा।

स्टीव कोवल्स्की कहाँ बैठा है, यह बात मुझे पता हो या न हो, लेकिन मैं उसका नाम जानता हूँ और यह भी कि उससे कब तथा कहाँ संपर्क करना है। और यह एक महत्त्वपूर्ण चीज़ है। यह एक ऐसी जानकारी है, जिसके लिए आपको उसी तरह खुदाई करनी चाहिए, जिस तरह आप सोने की करते हैं। यह इस लायक़ है कि आप उसे दोबारा फ़ोन करें, शायद एक से ज़्यादा बार करें। यह इस लायक़ भी है कि आप उसे मेलिंग लिस्ट में रखें और दोबारा संपर्क करें।

जब मैं इस आदमी की बात कर रहा हूँ, तो मुझे यक़ीन है कि आप समझ गए होंगे कि मैं दरअसल बहुत-से लोगों का ज़िक्र कर रहा हूँ – जितने अधिक हों, उतना ही बेहतर है। मैं जब से वाहन व्यवसाय में आया हूँ, तब से 12,000 कारें और ट्रक बेच चुका हूँ। चूँकि मेरे पुराने ग्राहकों को बेचने की संख्या लगातार बढ़ती रहती है, इसलिए यह कहना मुश्किल है कि उन 12,000 से अधिक बिक्रियों में से कितनी रिपीट सेल से हुई हैं। यह सब मेरे ब्यौरों में दर्ज है। मेरे पास हर ख़रीददार का एक कार्ड है। अगर मैंने किसी व्यक्ति को एक बार से अधिक कार बेची है, तो कार्ड बता देता है कि कब, और क्या और बाक़ी सारी बातें। तो आइए मान लेते हैं कि मेरी फ़ाइल में 9,000 ग्राहकों के नाम हैं, जिन्हें मैं कार बेच चुका हूँ।

आप सोचेंगे कि 9,000 लोगों को डाक भेजना एक महँगा सौदा है! आपने सही सोचा! अगर मैं उन सभी को उच्च स्तरीय डाक भेजता हूँ, इसलिए इन दिनों डाक ख़र्च में ही बहुत सारा पैसा लग जाता है। लेकिन मेरी मेलिंग लिस्ट इससे भी ज़्यादा बड़ी होती है, क्योंकि इसमें उन लोगों के नाम भी शामिल होते हैं, जिन्हें मैंने अभी तक कुछ नहीं बेचा है। इसलिए इन ब्यौरों को रखने और डाक भेजने में अच्छी-ख़ासी रक़म लग जाती है। डीलर ख़र्च का एक अच्छा हिस्सा चुकाता है, लेकिन मैं भी काफ़ी चुकाता हूँ। सूची बनाना और उसे अद्यतन करना तथा डाक भेजना ऐसे काम हैं, जो करने ही चाहिए।

अगर आपके पास इस जैसी सूची कभी रही हो, तो आप इसका मूल्य

समझ लेंगे। ठोस प्रॉस्पेक्टों के इतने सारे नामों की सूची किसी सेल्समैन की सबसे मूल्यवान संपत्ति हो सकती है। शायद आपके पास इतने ज़्यादा नाम नहीं होंगे। इससे कोई फ़र्क़ नहीं पड़ता, क्योंकि चाहे आपकी प्रॉस्पेक्ट लिस्ट कितनी भी बड़ी हो, यह उन लोगों की सूची है, जो पहले ही ख़रीद चुके हैं और दोबारा ख़रीद सकते हैं।

पूरे देश में करोड़ों प्रॉस्पेक्टों हैं और किसी बड़े महानगर में कुछ लाख होंगे। लेकिन असल लोगों के विशिष्ट विवरण प्राप्त करना – नाम, पता, बाक़ी कोई चीज़ – बेहद मूल्यवान है। मुझे आपको यह बताने की ज़रूरत नहीं है। लेकिन मैं बस आपको यह याद दिलाना चाहता हूँ, क्योंकि हो सकता है कि आप इस बारे में शिकायत करने की आदत पाल रहे हों कि कोई आपसे मिलने क्यों नहीं आता।

आपके पास एक लंबी प्रॉस्पेक्ट सूची पहले से ही है

आप उन्हें पाने के लिए क्या कर रहे हैं? आप पूछते हैं, किन्हें? देखिए, शुरुआत में तो, क्या आपके मित्र और रिश्तेदार जानते हैं कि आप इन दिनों कहाँ काम कर रहे हैं? आपकी जेब में उनके नाम की एक छोटी एड्रेस बुक है। यह एक प्रॉस्पेक्ट लिस्ट है, जिसके बारे में मुझे यक़ीन है कि आप पहले से ही जानते हैं। लेकिन कुछ समय से आपने उनसे संपर्क करने के लिए क्या किया है?

प्रॉस्पेक्टों का एक और अच्छा स्त्रोत यह है : आपके चुकाए हुए बिलों की फ़ाइल। मैं यह कह रहा हूँ कि आप जिन लोगों से सामान ख़रीदते हैं, वे आपके द्वारा बेची जाने वाली चीज़ों के लिए अच्छे प्रॉस्पेक्ट होने चाहिएं। हर कोई कपड़े पहनता है, किसी मकान या अपार्टमेंट में फ़र्नीचर और उपकरणों के साथ रहता है, कार चलाता है। और व्यवसायी – जैसे गोश्त वाले, फूल वाले और तेल व्यवसायी – ट्रकों का इस्तेमाल करते हैं। मैं जिन लोगों से सामान ख़रीदता हूँ, वे सभी मेरी सूची में हैं। मैं जब भी उनसे सामान ख़रीदने के सिलसिले में मिलता हूँ, तो हर बार उन्हें कार या ट्रक बेचने की कोशिश करता हूँ। मैं जब उन्हें पैसों का भुगतान करता हूँ, तो एक बार फिर उन्हें यह बता देता हूँ कि मैं क्या बेचता हूँ। और मैं इसका उल्टा भी करता हूँ। अगर कोई आदमी मुझसे कार ख़रीदता है, तो मैं पता लगाता हूँ कि वह किस कारोबार में है। जब मुझे उसके द्वारा बेची जाने वाली किसी चीज़ की ज़रूरत होती है, तो मैं उससे कुछ सामान ख़रीद लेता हूँ और उसे जता देता हूँ कि उसने मुझसे

जो ख़रीदा, उसकी मैं क़द्र करता हूँ। मैं यह नहीं कह रहा हूँ कि हम इस तरह एक दूसरे के कपड़े धोकर जी सकते हैं। लेकिन आप जिन लोगों से ख़रीदते हैं, उन्हें निश्चित रूप से आपकी प्रॉस्पेक्ट लिस्ट में रहना चाहिए। इसलिए अपने व्यक्तिगत बिलों की फ़ाइल पर ग़ौर करके देखें कि आप किसे अपना पैसा दे रहे हैं। शायद यह समय है कि वे आपको कुछ पैसे दें।

जिरार्ड का 250 का नियम *हमेशा* सक्रिय रहता है। और जब हम आपके गोश्त वाले या पेट्रोल पंप वाले या ड्राई क्लीनर के बारे में बात कर रहे हैं, तो यह सोचें कि वे एक दिन में कितने लोगों से बात करते होंगे। इन लोगों में से हर व्यक्ति ग्राहकों से बातचीत करता है और उनके बच्चों, दुर्घटनाओं या कारों के बारे में हल्की–फुल्की बातचीत सुनता है। हो सकता है कि उनमें से कई यह भी न जानते हों कि आप क्या बेचते हैं, इसलिए आपको यह सुनिश्चित कर लेना चाहिए कि वे यह बात जान लें।

यह सुनिश्चित करें कि हर कोई जानता हो कि आप क्या बेचते हैं

यह काफ़ी प्रारंभिक सलाह लगती है और शायद आप इसे पहले ही बहुत बार सुन चुके होंगे। लेकिन मैं बहुत–से सेल्समैनों से टकराया हूँ, जो कभी लोगों को – क़रीबी मित्रों और रिश्तेदारों को छोड़कर – नहीं बताते हैं कि वे क्या बेचते हैं। वे कहते हैं कि सेल्सपर्सन, ख़ास तौर पर कार सेल्समैनों की छवि ख़राब होती है। देखिए, मैं आपको बता दूँ कि मैं जीविका के लिए जो काम करता हूँ, उस पर मुझे गर्व है।

यदि आप किसी कंपनी या उद्योग को सामान बेचते हैं, तो आप सोच सकते हैं कि यह महत्त्वपूर्ण नहीं है या इससे आपको मदद नहीं मिल सकती। मैं कहता हूँ कि मदद मिल सकती है। जिरार्ड के 250 के नियम को याद रखें। लोग हमेशा इस बारे में बात करते हैं कि वे किसे जानते हैं और वे क्या करते हैं। मैं एक सेल्समैन को जानता हूँ, जो 1,20,000 डॉलर की कंप्यूटर सेवा सिर्फ़ इसलिए बेचने में कामयाब हुआ, क्योंकि एक मित्र ने दूसरे मित्र को उसके बारे में बताया था।

मेरा मानना है कि हर सेल्सपर्सन को अपने पेशे पर गर्व करना चाहिए। इसे इस तरह से देखें। 35 साल की उम्र से अब तक मैं 12,000 से

अधिक नई कारें और ट्रक बेच चुका हूँ। क्या आप जानते हैं कि उन कारों को बनाने के लिए कितने लोगों को नौकरियाँ मिली होंगी, कितने स्टील का उत्पादन हुआ होगा, जनरल मोटर्स और इसके हज़ारों सप्लायरों ने कितना पैसा बनाया होगा – सिर्फ़ उससे जो मैंने किया था? करोड़ों डॉलर। सेल्समैन पहियों को घुमाते हैं, क्योंकि अगर हम लोग सामान को शेल्फ़ से, स्टॉक–रूम और वेयरहाउसों से घरों या ऑफ़िसों तक नहीं पहुँचाएँगे, तो पूरा अमेरिकी तंत्र ठप्प हो जाएगा।

तो हर किसी को बताएँ कि आप एक सेल्समैन हैं और यह भी कि आप क्या बेचते हैं। और जब आप उनसे कुछ ख़रीदें, तो आपको उनके साथ किसी तरह की अदला–बदली, किसी तरह का आपसी सौदा करने की ज़रूरत नहीं है। लेकिन बस कभी–कभार उन्हें बता दें कि आपके पास उनके लिए कोई चीज़ है, जिसे वे ज़रूरत पड़ने पर किसी भी समय ख़रीद सकते हैं। और आप उनसे बिक्री नहीं, बल्कि जानकारी चाहते हैं। यदि आप आभूषण बेचते हैं, तो जब आप सुनते हैं कि किसी की पढ़ाई पूरी होने वाली है, तो आप जान जाते हैं कि इससे एक घड़ी या कॉकटेल रिंग की बिक्री की संभावना बन जाती है। अगर आप कार बेच रहे हों, तो जब आप सुनते हैं कि किसी आदमी की कार तबाह हो गई है, तो आप अफ़सोस जता सकते हैं, लेकिन यह भी दिमाग़ में रखें कि इस आदमी को दूसरी कार की ज़रूरत पड़ने वाली है और उसे शायद इसके भुगतान के लिए किसी बीमा कंपनी से मोटा चेक भी मिलने वाला है।

इसलिए गोश्त वाले और किराने वाले को न भूलें। वे फ़ेरिस झूले की उन सीटों को भरने में आपकी मदद कर सकते हैं। वे उन बीजों को उपजाऊ मिट्टी में बोने में आपकी मदद कर सकते हैं। आप चाहे इसे किसी भी तरह से देखें, इसे ही मैं बेचने की पेशेवर पद्धति मानता हूँ।

अब उन सीटों को भरने, बीजों को बोने या स्पगेटी को दीवार पर चिपकाने के लिए मेरे कुछ दूसरे तरीक़ों के बारे में विस्तार से जान लें। आप इसकी ओर चाहे जैसे भी देखें, ये ऐसे तरीक़े हैं, जो आपकी जेब में पैसे लाएँगे।

आप जिस भी व्यक्ति के बारे में सोच सकें, उसे अपने फ़ेरिस झूले पर बैठा लें।

9

जिरार्ड का यंत्रों वाला बक्सा

मेरे कारोबार को बनाने में कौन से साधन सबसे अच्छा काम करते हैं, उनकी सूची शायद अब आपको हैरान नहीं करेगी। इसमें स्पष्ट रूप से टेलीफ़ोन, मेरी फ़ाइलें, डाक, मेरे बिज़नेस कार्ड और मेरे बर्डडॉग्स (अध्याय 11 देखें) शामिल होंगे।

मैंने आपको पहले ही बता दिया है कि अजनबियों से संपर्क के लिए फ़ोन का लाभकारी इस्तेमाल कैसे किया जा सकता है। अगर आप इसके अलावा और कुछ भी नहीं करते हैं, तब भी आप एक अच्छा-ख़ासा व्यवसाय खड़ा कर सकते हैं, जैसा मैंने प्रदर्शित किया था। और मैंने यह भी बताया था कि मैं किस तरह से रिकॉर्ड रखता हूँ। मैं एक डायरी का इस्तेमाल करता हूँ, ताकि मुझे याद रहे कि दीर्घकालीन प्रॉस्पेक्टों को दोबारा फ़ोन कब करना है, चाहे वे मुझे कोल्ड कॉल के ज़रिये मिले हों या किसी दूसरे तरीक़े से। लेकिन आइए, सच्चाई का सामना करें : भावी बिक्री के लिए संतुष्ट ग्राहक सबसे अच्छे उम्मीदवार होते हैं। इसीलिए मैं ग्राहकों की कार्ड फ़ाइल की रक्षा जी-जान से करता हूँ। हालाँकि इसका एक सेट हमेशा मेरे कंप्यूटर में रहता है, लेकिन मैं उन कार्डों के दो और सेट रखता हूँ, एक डीलरशिप में अपने ऑफ़िस में और दूसरा उसके बाहर। मैं काड्र्स के इन दोनों सेटों को अग्निरोधक तिजोरियों में रखता हूँ, जिनमें से प्रत्येक की लागत 500 डॉलर है। लेकिन मेरे लिए वे इससे कहीं अधिक मूल्यवान हैं। अगर मेरी फ़ाइलों को कुछ हो जाए, तो मैं वह सारी जानकारी किसी भी तरह से दोबारा इकट्ठी नहीं कर सकता। इसीलिए मैं तीन सेट रखता हूँ, हालाँकि उनमें से दो तिजोरी में रहते हैं।

इसी समय अपनी फ़ाइल बनाना शुरू करें

जब आप अपनी ख़ुद की फ़ाइल बनाएँ, तो उसमें हर वह चीज़ लिख लें, जो आपको किसी ग्राहक या संभावित ग्राहक के बारे में पता चली हो। मेरा मतलब है हर चीज़ : बच्चे, शौक़, यात्राएँ या कोई दूसरी जानकारी, क्योंकि इससे आपको संभावित ग्राहक से उन चीज़ों के बारे में बात करने का मौक़ा मिलता है, जिनमें उसकी रुचि है। और इसका मतलब है कि ऐसे विषयों पर बात करके आप उसके ध्यान का केंद्र बदल देते हैं। आप उसका ध्यान उस चीज़ से दूर हटा देते हैं, जो आप करने की कोशिश कर रहे हैं। ज़ाहिर है, आप उसे अपना उत्पाद बेचने की कोशिश कर रहे हैं।

बेचने में कोई भी चीज़ इससे अधिक प्रभावी नहीं होती कि ग्राहक यक़ीन करे, सचमुच यक़ीन करे कि आप उसे पसंद करते हैं और उसकी परवाह करते हैं। जैसा मैंने कहा है, बेचना एक प्रतिस्पर्धा है, एक तरह का युद्ध भी है। लेकिन इसका मतलब यह नहीं है कि आपको अपने प्रॉस्पेक्ट को इस बात का एहसास कराना चाहिए। वास्तव में, आपको इसका ठीक विपरीत करना चाहिए। आपको पूरा प्रयत्न करना चाहिए कि वह आरामदेह हो, तनावरहित हो और आप पर भरोसा करे। इसीलिए मैं प्रबलता से सलाह देता हूँ कि आप अपनी फ़ाइलों में जानकारी के सभी छोटे-छोटे टुकड़े रखें, जो आप उससे और उसके बारे में मालूम कर सकते हों। इस जानकारी को प्राप्त करने के बाद क्या किया जाए और उन लोगों के साथ कैसा व्यवहार किया जाए, इस बारे में मैं बाद में बताऊँगा। लेकिन हाल-फ़िलहाल मैं चाहता हूँ कि आप उनका ध्यान आकृष्ट करने की प्रक्रिया पर केंद्रित रहे।

मैं यहाँ पर संक्षेप में डाक का ज़िक्र करूँगा। यह एक ऐसा विषय है, जो मेरे व्यवसाय के लिए बहुत महत्त्वपूर्ण है और आपके व्यवसाय के लिए भी महत्त्वपूर्ण होना चाहिए। यह एक अलग अध्याय का हक़दार है और इसे एक अलग अध्याय दिया भी गया है। लेकिन यहाँ मैं संक्षेप में कुछ अवसरों और विधियों का ज़िक्र करना चाहता हूँ, जिनका इस्तेमाल कोई भी व्यवसाय बढ़ाने के लिए कर सकता है। ज़ाहिर है, यदि आपको किसी ग्राहक, उसकी पत्नी और बच्चों का जन्मदिन मालूम हो, तो उन्हें अपनी प्रॉस्पेक्ट फ़ाइल में लिख लें। जब आप उन्हें जन्मदिन पर कार्ड भेजते हैं, तो उसके प्रभाव की कल्पना करें। यदि आप किराने या टाई से कोई ज़्यादा मूल्यवान चीज़ बेच रहे हों, तो आपको निवेश से अधिक लाभ होगा, क्योंकि इसकी वजह से वे

आपको सबसे लाभदायक रोशनी में दोबारा याद करेंगे।

व्यक्तिगत डाक अब भी वह सबसे अच्छी चीज़ है, जो किसी ग्राहक को किसी सेल्सपर्सन से मिल सकती है। कपड़ों के कई सेल्समैन अपने ग्राहकों को एक पेज के विज्ञापन भेजते हैं, जिनमें निर्माता द्वारा बाज़ार में उतारे गए नए कोट या सूट की जानकारी दी जाती है। अब ज़रा सोचें कि इसका कितना ज़्यादा असर पड़ेगा, अगर आप बग़ल में एक पंक्ति लिख दें : "मैं आपके लिए 42 नंबर वाली शर्ट अलग रख रहा हूँ, इसलिए कृपया जल्दी आएँ और उसे पहनकर देखें।" आप प्रॉस्पेक्ट पर कम से कम इस बात की ज़िम्मेदारी डाल देते हैं कि वह फ़ोन करके आपको बताए कि उसे *वह* शर्ट नहीं चाहिए। तब आपको इस बात का मौक़ा मिल जाता है कि आप उसे किसी दूसरी चीज़ को ख़रीदने आने के लिए प्रेरित कर दें। या कम-से-कम उसे इतना बता दें कि आप ख़ास तौर पर उसके बारे में सोच रहे हैं।

कार व्यवसाय में डायरेक्ट मेल बिक्री की प्रक्रिया का नियमित हिस्सा है। निर्माता इसे उपलब्ध कराते हैं और डीलर इसे डाक से भेजने की आंशिक या पूरी लागत वहन करते हैं। मैंने बरसों तक इसी तरह की डाक का इस्तेमाल किया और मैं सोचता हूँ कि यह डाक काफ़ी अच्छी होती है। बेशक कुछ नहीं से तो बहुत बेहतर होती ही है। लेकिन आगे के एक अध्याय में मैं अपनी व्यक्तिगत डायरेक्ट मेल योजना बताऊँगा। उससे प्रेरणा लेकर आप अपनी व्यक्तिगत डायरेक्ट मेल योजना तैयार कर सकते हैं। या कम-से-कम आपको कुछ विचार तो मिल ही जाएँगे कि अपने संभावित ग्राहकों के साथ डाक संपर्क को अधिक प्रभावी कैसे बनाया जाए।

एक छोटा लेकिन दमदार बिक्री औज़ार

लगभग हर सेल्समैन के पास बिज़नेस कार्ड होते हैं। लेकिन मैं बहुत-से सेल्समैनों को जानता हूँ, जिनका 500 कार्ड का डिब्बा एक साल में भी ख़त्म नहीं होता। मैं इतने कार्ड एक अच्छी बिक्री वाले सप्ताह में ही ख़त्म कर देता हूँ।

अगर मुझे कारोबार बढ़ाने के लिए किसी एक चीज़ को चुनना हो, तो यह मेरे लिए बहुत मुश्किल होगा। लेकिन अगर मुझे सचमुच यह लगभग असंभव चुनाव करना पड़े, तो मैं शायद अपने बिज़नेस कार्ड को चुनूँगा। लेकिन मेरा बिज़नेस कार्ड मेरे डीलर द्वारा छापा गया कोई सामान्य कार्ड नहीं होता, जिसमें मेरा नाम नीचे किसी कोने में लिखा है या प्रमुखता से नहीं छापा गया है। मेरा

बिज़नेस कार्ड ख़ास तौर पर मेरा होता है। इस पर तो मेरी तस्वीर भी रहती है। ज़ाहिर है, मैं इसकी छपाई में आने वाला अतिरिक्त ख़र्च ख़ुद उठाता हूँ। लेकिन उससे क्या? यह मेरे लिए काफ़ी मूल्यवान साधन है। मैं इसका लगातार उपयोग करता हूँ और मैं जिस टैक्स श्रेणी में हूँ, वहाँ मैं कारोबार बढ़ाने के लिए चाहे जिस चीज़ पर ख़र्च करूँ, वह मुझे आधे दाम पर ही पड़ती है, क्योंकि टैक्स में आधा हिस्सा तो मैं वैसे भी चुका रहा होता।

वैसे आज भी विशिष्ट कॉलिंग कार्ड यानि परिचय देने वाले कार्ड छापने की लागत कम है। और यह निश्चित रूप से पैसे का अच्छा उपयोग है। मैं जहाँ भी जाता हूँ, लोगों को अपना कार्ड थमा देता हूँ। मैं जब रेस्तराँओं में बिल चुकाता हूँ, तो पैसों के साथ अपना कार्ड भी छोड़ देता हूँ। अमेरिका में लगभग हर कोई कार चलाता है, इसलिए हर वेटर एक संभावित ग्राहक है, ख़ास तौर पर जब मैं अपने कार्ड के साथ सामान्य से थोड़ी ज़्यादा टिप छोड़ता हूँ। टिप बहुत ज़्यादा नहीं होनी चाहिए। लोगों को यह नहीं लगना चाहिए कि आप बहुत ज़्यादा दौलतमंद हैं, क्योंकि तब वे यह मान सकते हैं कि आपको उनके कारोबार की ज़रूरत नहीं है। लेकिन मान लें, किसी डिनर का बिल 40 डॉलर आता है। सामान्य 15 प्रतिशत टिप 6 डॉलर होगी। मैं आम तौर पर 8 डॉलर छोड़ता हूँ और साथ में अपना कार्ड भी। इससे उन्हें जो जिरार्ड का नाम याद रहता है।

मैं इस बात के लिए भी मशहूर हूँ कि मैं मैच के अहम पलों में अपने मुट्ठी भर कार्ड हवा में उछाल देता हूँ। किसी फुटबॉल मैच में जब गोल होने वाला होता है, तो हर दर्शक उसे देखने के लिए खड़ा हो जाता है। जब सभी लोग चिल्ला रहे होते हैं, हाथ हिला रहे होते हैं और ताली बजा रहे होते हैं, तो मैं भी ऐसा ही करता हूँ। बस मैं हवा में अपने कार्डों का ढेर उछाल देता हूँ, जो मैं एक पेपर बैग में साथ रखकर लाया था। देखिए, शायद मैं स्टेडियम में कचरा फैला रहा हूँ। लेकिन अगर मेरे सौ कार्ड में से एक भी किसी ऐसे व्यक्ति के हाथ लग जाए, जिसे कार की ज़रूरत हो या उसकी जान-पहचान के किसी व्यक्ति को ज़रूरत हो, तो मैं इतना कमिशन कमा लूँगा कि दिन सार्थक हो जाए।

आप सोच सकते हैं कि यह अजीब व्यवहार है, लेकिन इससे मेरी बिक्री थोड़ी बढ़ी है। मुझसे ख़रीदने में लोग इसलिए काफ़ी रुचि रखते हैं, क्योंकि कार्ड फेंकना एक असामान्य काम है और लोग ऐसी बातें नहीं भूलते हैं। मुद्दे की बात यह है कि जहाँ भी लोग होते हैं, वहाँ संभावित ग्राहक होते हैं और

अगर आप उन्हें बता देते हैं कि आप वहाँ पर हैं तथा आप क्या करते हैं, तो आप अपना कारोबार बढ़ा रहे हैं।

जिससे भी बात करें, उसे अपनी चीज़ को बेचने की कोशिश करें।

हो सकता है आपमें से बहुत-से लोगों को द्वितीय विश्व युद्ध के बाद के दिन याद न हों, जब हडसन कार मौजूद थी। देखिए, वह अभावों का दौर था और चार पहियों वाली किसी भी नई कार को पाने में कई महीने, यहाँ तक कि वर्ष लग जाते थे। हडसन कार इतनी घटिया थी कि उस अभाव के दौर में भी उसे बेचना काफ़ी कठिन था। एक दिन मैं लास वेगस में एक आदमी से मिला। बातों-बातों में पता चला कि वह बहुत अमीर है। वह एक कार डीलर था और उसने इतना पैसा कमा लिया था कि शान से रिटायर हो सके। मैंने उससे पूछा, वह क्या बेचता था? हडसन कारें। मुझे उसकी बात पर यक़ीन नहीं हुआ।

उसने मुझे बताया कि उसने यह काम कैसे किया था। उसका एक नियम था। वह ख़ुद और उसकी डीलरशिप का हर व्यक्ति इस नियम पर अमल करता था - सिर्फ़ सेल्समैन ही नहीं, बल्कि मकैनिक्स भी, ऑफ़िस में काम करने वाले कर्मचारी भी और हर कोई। जब भी वह किसी से मिलता था या फ़ोन पर बात करता था, तो कुछ भी करने या कहने से पहले वह एक सवाल पूछता था : "क्या आप इंतज़ार किए बिना इसी समय कार ख़रीदना चाहेंगे?" यही नियम था। और यही वह तरीक़ा था, जिसकी बदौलत उसने वह कार बेचकर एक बड़ा कारोबार खड़ा किया था, जिसे कोई दूसरा नहीं बेच पाता था।

यह काफ़ी कुछ वैसा ही है, जैसे आप हर मिलने वाले व्यक्ति को कार्ड बाँटें या जिसके भी साथ कारोबार करें, उसे कार्ड थमा दें। किसी को कार की ज़रूरत होती है और आपका कार्ड कई हाथों से गुज़रता है, जब तक कि यह आख़िरकार उस आदमी तक नहीं पहुँच जाता, जिसे उस पल कार की ज़रूरत है। और यह आपकी बिक्री है। कार्ड की लागत क्या पड़ती है? व्यावहारिक दृष्टि से कुछ नहीं। यही कोई 20 डॉलर में एक हज़ार कार्ड। लेकिन ज़रा सोचें, यदि एक हज़ार कार्ड बाँटने पर आपकी एक बिक्री भी हो जाती है, तो लागत मायने नहीं रखती है, क्योंकि संभावनाएँ बहुत प्रबलता से आपके पक्ष में हैं। बिज़नेस कार्ड का प्रभावी उपयोग - जिसका मतलब है अपने साथ हर समय उनका ढेर रखना और हर जगह उन्हें बाँटना - कारोबार बढ़ाने वाले सबसे

सस्ते औज़ारों में से एक है, जो आपके पास हो सकते हैं।

उन्हें बाँटने के जिन तरीक़ों का मैंने ज़िक्र किया है, उसके अलावा मैं उनका इस्तेमाल अपने बर्डडॉग (सहयोगी) सिस्टम में भी करता हूँ, जिसे अगले अध्याय में विस्तार से बताया गया है। लेकिन उससे पहले मुझे कुछ बताए गए बिंदुओं को मिलाने दें। जिरार्ड का 250 का नियम आपको बताता है कि जब आप किसी को अपने ख़िलाफ़ करते हैं, तो क्या होता है। लेकिन इससे भी ज़्यादा अहम बात यह है कि यह आपको यह भी बताता है कि जब आप कोई मित्र, समर्थक या संतुष्ट ग्राहक बनाते हैं, तब क्या होता है। अब इसे 250 लोगों पर लागू करें, हर एक की जेब में आपका कार्ड है। आप समझ ही सकते हैं कि क्या होता है, अगर वे और कुछ न करें, बल्कि अपनी जेब में संयोग से कभी–कभार इस पर नज़र डाल लें।

ठीक है, लेकिन कारोबार प्यार पर नहीं, पैसे पर केंद्रित होता है। अब मान लें कि इन 250 लोगों में से प्रत्येक आपको पसंद करता है और उसके पास आपका कार्ड भी है। इसके बाद उसे एक प्रोत्साहन – पैसा या मुफ़्त डिनर या मुफ़्त सेवा जैसा प्रोत्साहन – भी मिलता है, ताकि वह दूसरे लोगों को आपसे कार ख़रीदने भेजे। बर्डडॉग के बारे में बात करते वक़्त बुनियादी तौर पर मेरा यही मतलब है। सफल होने के लिए इस तकनीक को अपने हिसाब से ढालने के बहुत–से तरीक़े आप ख़ुद सोच सकते हैं। लेकिन हम उन तरीक़ों के बारे में बात करने जा रहे हैं, जो मैंने अपने बर्डडॉग सिस्टम में इस सीमा तक विकसित किए कि इसकी बदौलत मैं हर साल लगभग 550 कारें बेचता हूँ और इसमें मेरा बहुत कम पैसा ख़र्च होता है।

अगर आपके पास एक टेलीफ़ोन, एक मेलबॉक्स, एक पेन, प्रॉस्पेक्ट फ़ाइल और बिज़नेस कार्ड्स हैं, तो आपके पास बिक्री करने के लिए संसार में सबसे मूल्यवान साधन हैं। हो सकता है आप दूसरे साधनों को जानते हों, जिन्हें मैं नहीं जानता। मैं यह स्वीकार करने के लिए हमेशा तैयार रहता हूँ कि मैं वह सब नहीं जानता, जो बिक्री के क्षेत्र में जानने के लिए है। लेकिन मैं यह हरगिज़ स्वीकार नहीं करूँगा कि मेरे व्यवसाय में किसी ने भी मुझसे बेहतर प्रदर्शन किया है। इसलिए मेरी बात मान लें, जब मैं आपको गारंटी देता हूँ कि इन आसान साधनों का सही इस्तेमाल आपको एक मशहूर विक्रेता बना सकता है।

अपने यंत्रों के बक्से को भर लें – और फिर पूरे समय इसका इस्तेमाल करें।

10

उनसे डाक कैसे पढ़वाएँ

डाक आपके प्रॉस्पेक्टों और ग्राहकों से नियमित संपर्क करने का सबसे महत्त्वपूर्ण साधन है। लेकिन सच्चाई को स्वीकार कर लें कि आज के दौर में हर किसी को हर दिन ढेरों जंक मेल मिलती है, इसलिए डाक का प्रभावी उपयोग चुनौतीपूर्ण हो गया है। कई घरों में तो किराएदारों के मेलबॉक्स के पास एक बड़ा कूड़ेदान रखा रहता है, जिसमें वे अपनी सारी जंक मेल डाल सकते हैं। और उनमें से अधिकतर को तो पढ़ने से पहले ही फेंक दिया जाता है।

पुराने ज़माने में कार बेचने का एक बुनियादी नियम यह हुआ करता था, "अगर आप डायरेक्ट मेल भेजते हैं, तो आपको कारोबार मिल जाता है।" अगर आप आज इस नियम को कारगर बनाना चाहते हैं, तो हमें इसमें ये शब्द जोड़ने होंगे, "और इसे पढ़वा लेते हैं।" इसीलिए मैंने पिछले अध्याय में सलाह दी थी कि आप छपी हुई सामग्री पर व्यक्तिगत टिप्पणी लिखें। यदि आपको ऐसी डाक भेजनी ही हो, जो जंक मेल जैसी दिखती है, तो आपके लिए सबसे अच्छा अवसर शायद यह है कि आप लिफ़ाफ़े के बाहर कोई व्यक्तिगत संदेश लिख दें।

कुछ सेल्समैन निर्माताओं द्वारा वितरित विज्ञापन पहले डाक से भेजते थे, लेकिन अब उन्होंने डाक भेजने का काम लगभग पूरी तरह छोड़ दिया है। उन्हें लगता है कि इस आफ़त को मोल न लेना ही ज़्यादा अच्छा है। लेकिन वे ग़लत हैं और मैं यह बात साबित कर सकता हूँ।

ज़रा सोचें, कोई आदमी जब काम के बाद घर लौटता है, तो वह सबसे पहले क्या कहता है। सबसे पहले तो वह ऐसी कोई बात पूछता है, "हेलो हनी, आज तुम्हारा दिन कैसा रहा?" फिर वह पूछता है, "बच्चा (या तुम्हारी माँ या

कुत्ता) कैसा है?" और फिर वह पूछता है, "क्या कोई डाक आई?"

एक मिनट के लिए इस बारे में सोचें और आपको एहसास हो जाएगा कि लगभग इसी तरीक़े से पूछा जाता है। और इससे यह साबित होता है कि लोग अब भी यह जानने में बहुत रुचि लेते हैं कि डाक में क्या आया। लेकिन उन्हें देखने लायक़ चीज़ों की परवाह होती है, उस जंक मेल की नहीं, जो डाकिए के जाने के बाद पत्नी बाहर फेंक देती है और अपने पति से उसका ज़िक्र तक नहीं करती है।

असल खेल है - डाक पढ़वाना

तो सारा खेल यह सुनिश्चित करना ही है कि आप जो भेजते हैं, उसे खोला जाए, पढ़ा जाए, संभवतः सँभालकर रखा भी जाए। बेचने के कारोबार से जुड़ा हर व्यक्ति क्रिसमस पर अपने ग्राहकों को कार्ड भेजता है। और आप जानते हैं कि अधिकतर लोग क्रिसमस कार्ड मिलने पर क्या करते हैं। वे उन्हें खोलते हैं, इस बारे में बात करते हैं कि उन्हें किसने भेजा है और वे कितने अच्छे, असाधारण या घटिया हैं और फिर उन्हें शेल्फ़ पर रख देते हैं, ताकि उन्हें ख़ुद भी देखें और मित्रों को भी दिखाएँ।

लेकिन आप क्रिसमस कार्ड साल में सिर्फ़ एक ही बार भेज सकते हैं। और अगर इस दौरान आप जंक मेल के सिवाय और कुछ नहीं भेजते हैं, तो आप भीड़ में खोकर रह जाते हैं। मैं नहीं खोता। मेरी डाक खोली जाती है, पढ़ी जाती है, उसके बारे में बात भी की जाती है और शायद कुछ समय तक उसे सँभालकर रखा भी जाता है।

क्यों? एक बात तो यह है कि मैं अपनी मेलिंग लिस्ट को चकमा देता हूँ। मैं उन्हें ऐसी चीज़ें नहीं भेजता, जिन्हें देखकर तुरंत समझ में आ जाए कि यह विज्ञापन या प्रचार की डाक है। इसलिए उन्हें बिना खोले फेंकना संभव नहीं होता। मैं हर ग्राहक को हर महीने डाक भेजता हूँ (16,000 डाक हर महीने।) हर महीने लिफ़ाफ़े का आकार और रंग अलग होता है। हमेशा टिकिट लगा मेल ही भेजें – यह अधिक व्यक्तिगत लगता है। उन्हें पाना रोचक होता है। कभी भी अपनी कंपनी का नाम लिफ़ाफ़े के बाहर न लिखें। इससे सामने वाले को कभी पता नहीं चल पाता कि अंदर क्या है। अपने पत्ते न दिखाएँ; यह पोकर खेलने जैसा है। वह व्यक्ति जानना चाहता है कि लिफ़ाफ़े के भीतर क्या है और इसे किसने भेजा है। मैं आपको गारंटी देता हूँ कि अगर आप

मेरी मेलिंग लिस्ट में आते हैं, तो आप बिना खोले और पढ़े मेरी एक भी डाक नहीं फेंकेंगे। मेरी भेजी डाक सचमुच की डाक जैसी लगती है, जैसी आप पाना चाहते हैं और जिसे बॉक्स के बाहर निकालते ही आपकी जिज्ञासा जाग जाती है।

यही नहीं, जब आप मेरी डाक खोलते और पढ़ते हैं, तो आपको ऐसा महसूस नहीं होता कि आपको चकमा दिया गया है। आपको भीतर जो मिलता है, उससे आप निराश नहीं होते हैं। मुझे ग़लत न समझें। मैं हर लिफ़ाफ़े के भीतर 5 डॉलर का नोट नहीं रखता हूँ, एक में भी नहीं। लेकिन मैं उसमें हल्के प्रचार (सॉफ़्ट–सेल) का एक अच्छा संदेश रखता हूँ। बहुत ही सूक्ष्म प्रकार का। ज़ाहिर है, यह सबसे अच्छे क़िस्म की बिक्री है, क्योंकि आप इसे खोलेंगे, पढ़ेंगे, इस बारे में बात करेंगे और इसे याद रखेंगे।

जनवरी में आपको एक संदेश मिलेगा : *हैपी न्यू ईयर – मैं आपको पसंद करता हूँ।* उस पर अवसर के अनुरूप अच्छी पच्चीकारी रहेगी और एक हस्ताक्षर रहेगा : "जो जिरार्ड।" इसमें बस इतनी ही बिक्री होती है। वर्ष के अंत में क्लियरेंस का लाभ लेने आने के बारे में कोई बात नहीं। अपने कारोबार का कोई प्रचार नहीं। बस *हैपी न्यू ईयर – मैं आपको पसंद करता हूँ, जो जिरार्ड।* फरवरी में आपको उसी हस्ताक्षर से यह संदेश मिलता है : *हैपी वैलेंटाइन्स डे – मैं आपको पसंद करता हूँ।* मार्च में *सेंट पैट्रिक्स डे – मैं आपको पसंद करता हूँ।* इससे फ़र्क़ नहीं पड़ता कि आप अश्वेत हैं या पोलिश या यहूदी। आप चाहे जो हों, आपको वह संदेश अच्छा लगता है और यह भी अच्छा लगता है कि मैंने उसे भेजा। किसी महीने हर एक को *हैपी बर्थडे – मैं आपको पसंद करता हूँ* संदेश मिलता है। अगर यह वाक़ई आपके जन्मदिन का महीना हो, तो मेरी क़िस्मत चमक जाती है और आप बहुत ख़ुश होते हैं। अगर ऐसा न भी हो, तो भी आप सोचते हैं कि यह एक अच्छा कार्ड है।

महीने का सबसे अच्छा समय

मैं एक और चीज़ के बारे में सावधान रहता हूँ। मैं डाक उस वक़्त नहीं भेजता, जब बिल पहुँचते हैं, जिसका मतलब है कि पहली या पंद्रहवीं तारीख़ को नहीं। लेकिन घर पहुँचने पर डैडी जब यह सवाल पूछते हैं – "क्या कोई डाक आई?" तो जवाब मिलता है : "हाँ, जो जिरार्ड का एक और कार्ड आया

है।" मेरा नाम बहुत सुखद तरीक़े से हर साल घर में 12 बार लिया जाता है। मेरी मेलिंग लिस्ट का हर व्यक्ति मेरा नाम जानता है और यह भी कि मैं क्या बेचता हूँ। जब इन हज़ारों लोगों के लिए कार ख़रीदने का समय आता है, तो मैं व्यावहारिक दृष्टि से पहला व्यक्ति होता हूँ, जिसका नाम उनमें से प्रत्येक के दिमाग़ में आता है। सिर्फ़ यही नहीं, जब वे सुनते हैं कि कोई दूसरा कार ख़रीदने वाला है – दुकान में या ऑफ़िस में – तो वे शायद मेरे नाम की सिफ़ारिश भी कर सकते हैं।

वे शायद मेरे नाम की सिफ़ारिश इसलिए करेंगे, क्योंकि उन्हें हर महीने मेरे सुखद संदेश मिलते हैं। लेकिन इसके पीछे एक और, बहुत महत्त्वपूर्ण कारण होता है। ऐसा इसलिए है, क्योंकि साल में कम से कम एक बार ग्राहक सूची के अधिकतर लोगों को डाक में मेरी बर्डडॉग रिक्रूटिंग किट मिलती है।

अगले अध्याय में मैं पूरे बर्डडॉग सिस्टम पर बात करने वाला हूँ। लेकिन इस बिंदु पर मैं बस इतना बताना चाहता हूँ कि "बर्डडॉग रिक्रूटिंग किट" होती क्या है। इसमें मेरे बिज़नेस कार्ड रहते हैं और एक छपा हुआ स्मरणपत्र भी कि अगर कोई मेरे पास कार ख़रीदने के लिए किसी को भेजता है और वह उसे ख़रीद लेता है, तो मैं सिफ़ारिश करने वाले को हर बार 50 डॉलर दूँगा। और ग्राहक को उसी ने भेजा है, यह बताने के लिए वह मेरे बिज़नेस कार्ड के पीछे अपना नाम लिखकर उसे ग्राहक को थमा दे। लेकिन हम उस बारे में बाद में बातचीत करेंगे।

हाल–फ़िलहाल मैं एक बार फिर ज़ोर देकर कहना चाहता हूँ कि डाक अब भी प्रॉस्पेक्ट्स तक पहुँचने का बहुत कारगर तरीक़ा है। लेकिन जंक मेल का इतना अंबार रहता है कि आपको यह सुनिश्चित करना होता है कि आपकी डाक उससे बचकर सही–सलामत सही जगह पर पहुँच जाए। मेरा यह मतलब नहीं है कि वह ग्राहक के घर तक पहुँच जाए। मेरा मतलब तो यह है कि जंक मेल की बाढ़ के बावजूद उसे खोला और पढ़ा जाए, ताकि आपका नाम बोला और याद रखा जाए।

मैं कल्पना कर रहा हूँ कि मेरी डाक के बारे में यह सब पढ़ते समय आपने शायद सोचा होगा : *निश्चित रूप से, जिरार्ड जैसे बड़े सेल्समैन के लिए ख़ास लिफ़ाफ़े और डाक तैयार करना अच्छा है। वह इसका ख़र्च उठा सकता है।* आपने सही कहा, मैं इसका ख़र्च उठा सकता हूँ। मगर आप कोई ऐसा काम न करने का ख़तरा नहीं मोल ले सकते जो मेरे तरीक़े जितना ही प्रभावी हो।

मेरा मतलब है, अगर आप थर्ड–क्लास टिकिट के साथ सामान्य डाक भेजने जा रहे हैं, तो आपकी डाक भी जंक मेल जैसी ही दिखेगी और कचरे में फेंक दी जाएगी। मैं यह नहीं कह रहा हूँ कि ऐसी डाक कोई नहीं पढ़ता। लेकिन इसकी संभावना बहुत कम होती है। ज़ाहिर है, अगर आपका डीलर पूरा बिल चुकाता है और आपको संभावित ग्राहकों के नाम–पते लिखने देता है, तो शायद इसका कुछ मूल्य हो। रबर स्टैम्प या स्टिकर के ज़रिये इस पर आपके नाम का ठप्पा लगा दिया जाएगा। लेकिन यह भी ज़्यादा बुरा नहीं है। मैं इसकी ज़्यादा निंदा नहीं करना चाहता। लेकिन फिर भी यह डाक के ज़रिये अपने प्रॉस्पेक्ट्स तक पहुँचने का काफ़ी कमज़ोर तरीक़ा है।

अगर आपके पास महत्त्वपूर्ण लोगों की सूची है, जिन तक पहुँचना सार्थक है, तो आप और आपके नियोक्ता जो अतिरिक्त पैसा ख़र्च करते हैं, उसे सार्थक बनाने के लिए यह सुनिश्चित करें कि आपकी डाक पर ग़ौर किया जाए और आपकी लिखी बात पढ़ी जाए। अगर और कुछ नहीं, तो कोरे लिफ़ाफ़े और आला दर्जे के टिकिट का इस्तेमाल करें, भले ही आप सामान्य विज्ञापन भेज रहे हों। कम से कम लोग उन्हें रुककर खोलेंगे तो सही और शायद कचरे के डिब्बे में फेंकने से पहले आपका नाम पढ़ लेंगे। यह कुछ नहीं से बेहतर है – कुछ मायनों में, काफ़ी बेहतर है। और शायद आपके क़िस्म के कारोबार में आपके पास इतने ही पैसे होते होंगे कि आप बस इतना ही कर सकें।

अगर उन्होंने पहले ख़रीदा था, तो अब वे आपके सर्वश्रेष्ठ संभावित ग्राहक हैं

लेकिन आपकी सूची के शीर्षस्थ लोग वही होने चाहिए, जिन्होंने आपसे पहले ख़रीदा था और जो आपसे पूरी तरह संतुष्ट हैं। उनका ध्यान आकर्षित करने के लिए आप जो अतिरिक्त मेहनत और पैसा ख़र्च करते हैं, उसके बदले में आपको बहुत कुछ मिलेगा। शायद आप बिजली से चलने वाले उपकरण, रेडियो और टीवी बेचते हैं। मान लें, आपके पास उन लोगों की सूची है, जिन्हें आपने पिछले पाँच सालों में दो हज़ार डॉलर या उससे अधिक का सामान बेचा है। दुकान में अनायास आने वाले ग्राहक नहीं, जिन्होंने एक सीडी प्लेयर ख़रीदा था, बल्कि वे लोग जिन्हें आपने एक पूरा किचन या 600 डॉलर का टीवी सेट या उनके बच्चों के लिए 700 डॉलर का स्टीरियो बेचा था। ज़ाहिर है, आपके पास उन लोगों की सूची है। उन्होंने आपको काफ़ी पैसा दिया था। मैं

जानता हूँ कि फ्रिज और स्टोव कारों से कम बार ख़रीदे जाते हैं। लेकिन बहुत सारे ऐसे ही उत्पाद बाज़ार में आते रहते हैं, जो शायद ये लोग किसी दूसरे से ख़रीद लेंगे : डीवीडी प्लेयर, टीवी, कंप्यूटर, ऐसी ही तमाम चीज़ें। अगर आप इन लोगों को अच्छे तरीक़े से यह याद दिलाते रहेंगे कि आपका अस्तित्व है, तो वे आपके पास आते रहेंगे।

हो सकता है कि आपके पास ऐसे प्रॉस्पेक्ट सिर्फ़ 200 या 300 ही हों। इन लोगों के लिए त्यौहारों या विशेष अवसरों के कार्ड ख़रीदने में आपका कितना पैसा ख़र्च होगा? हॉलमार्क और दूसरे बड़े कार्ड बनाने वाले हर त्यौहार व विशेष अवसरों के लिए कार्ड बेचते हैं, जिनमें से कुछ का तो मैंने नाम भी नहीं सुना। इन पर एक अच्छा रबर स्टैम्प या स्टिकर लगाएँ, जिसमें आपका नाम और उस जगह का पता हो, जहाँ आप बेचते हैं। इतने भर से ही आप कारोबार में आ जाते हैं। इन प्रमुख संभावित ग्राहकों के पते आप हाथ से लिख सकते हैं। अगर और कुछ नहीं, तो आप तोहफ़े देने के पारंपरिक अवसरों पर उन्हें कार्ड भेज सकते हैं – हैपी ग्रैजुएशन आदि। वास्तव में, अगर आप ग्रीटिंग कार्ड स्टोर में जाकर देखें, तो आपको डाक में भेजने के लिए कुछ सचमुच सही चीज़ें मिल सकती हैं, जिनकी लागत भी ज़्यादा नहीं होती और जिनका आला दर्जे का प्रभाव भी पड़ता है।

अगर आप उपकरणों, आभूषणों, कपड़ों या यात्रा संबंधी कारोबार में हैं, तो तोहफ़े देने के समय कार्ड भेजना बहुत कठिन नहीं है। लेकिन आप बहुत ज़्यादा जटिल होना भी नहीं चाहते। थोड़ी-सी बिक्री – "जो जिरार्ड, मेरोलिस शैवर्ले" – की ही ज़रूरत होती है। अगर लोगों को आपकी कही बात पसंद आती है, तो वे संबंध जोड़ लेंगे। उन्हें यह याद दिलाना भी पसंद आएगा कि वे पढ़ाई पूरी करने या शादी करने वाले बच्चे को क्या दे सकते हैं या मदर्स डे या किसी अन्य उपयुक्त अवसर पर क्या तोहफ़ा दे सकते हैं। यह न सोचें कि मैं उस तैयार सामग्री के बारे में नहीं जानता, जो बहुत-से व्यवसायों में रीटेल सेल्सपीपल के लिए उपलब्ध होती है। अधिकतर लोग अपनी जंक मेल को फेंक देते हैं। लेकिन मैं बिक्री के व्यवसाय में हूँ, इसलिए मैं सारी जंक मेल पढ़ता हूँ। और मैं सोचता हूँ कि हम सभी को ऐसा करना चाहिए। लेकिन मैं प्रबलता से अतिरिक्त मेहनत करने और अपने व्यक्तिगत प्रचार में अतिरिक्त निवेश करने की सलाह देता हूँ, क्योंकि यह प्रयास रंग लाएगा। और जब आपके पास कोई होता है, जो डाक में भेजी गई चीज़ की वजह से आपको याद

करता है तथा पसंद करता है, तो इसका मतलब है कि आपने अपने समय और पैसे का सर्वश्रेष्ठ संभव निवेश कर दिया है।

आपमें से कुछ कह रहे होंगे, यह कार सेल्समैन या रियल एस्टेट सेल्समैन के लिए बेहतरीन है, लेकिन मैं तो ख़रीदने वाले एजेंट्स को बेचता हूँ और वे एक बिलकुल ही अलग प्रजाति के लोग होते हैं। मैं फिर भी कहूँगा कि डाक एक बहुत प्रभावी साधन है (बशर्ते इसका सही तरीक़े से इस्तेमाल किया जाए), जिसकी बदौलत आपका नाम किसी संभावित ग्राहक के सामने आपके प्रतिस्पर्धियों से पहले पहुँचता है। मैं एक सेल्समैन को जानता हूँ, जो ऊर्जा प्रबंधन क्षेत्र में एक नई कंपनी के लिए काम करता है। चूँकि कंपनी छोटी है, इसलिए वे महँगे विज्ञापन का ख़र्च नहीं उठा सकते। इस सेल्समैन ने पचास रचनात्मक डाक संदेश भेजे, जिनके फलस्वरूप 30,000 डॉलर की बिक्री हुई। देखिए, यह निवेश पर बुरा मुनाफ़ा नहीं है। जिस डीलरशिप में मैं काम करता हूँ, वह मेरे वहाँ काम शुरू करने से बहुत पहले से डाक भेज रही थी – मैंने तो इसे करने का बस एक बेहतर तरीक़ा खोजा था। रहस्य यह है कि आप इसे कितना रचनात्मक और दिलचस्प बना सकते हैं। थोड़ी कल्पनाशक्ति का इस्तेमाल करेंगे, तो आप अपनी डाक के बारे में दर्जनों चीज़ें सोच सकते हैं। आप "कैसे करें" की उपयोगी टिप्स भेज सकते हैं। आप अख़बार में से ख़बरें काट सकते हैं और उन्हें एक छोटी व्यक्तिगत टिप्पणी के साथ अपने ग्राहकों को भेज सकते हैं, जिस पर बस यह लिखा हो, "हाय जॉन, मैंने सोचा कि इसमें आपकी रुचि हो सकती है। जो जिरार्ड।" कुछ सेल्समैन महँगे व्यक्तिगत कैलेंडर भेजते हैं। इसकी बदौलत उनका नाम पूरे साल ग्राहक की नज़रों के सामने रहता है। मैं एक और सेल्समैन को जानता हूँ, जो अपने ब्रीफ़केस में पोस्टकार्ड रखता है और किसी अपॉइंटमेंट या हवाई जहाज़ का इंतज़ार करते वक़्त अपने अच्छे ग्राहकों को व्यक्तिगत चिट्ठी लिख देता है। इस बात पर ग़ौर करें कि दिग्गज कंपनियाँ अपना नाम जनता की नज़रों में रखने के लिए करोड़ों डॉलर ख़र्च करती हैं। मैंने उनसे सीखा है और आपको भी सीखना चाहिए, क्योंकि हम भी उन्हीं की तरह कारोबार कर रहे हैं, फ़र्क़ बस यह है कि शायद यह उतना बड़ा नहीं है।

आख़िरकार सच्चाई सामने आ जाती है : आपका समय सीमित है और आपका पैसा (चाहे यह आपका ख़ुद का हो या आपके डीलर ने इसका कुछ हिस्सा दिया हो) भी सीमित है। इसलिए आप डाक में निवेश कर रहे हैं, जिससे

आपको व्यक्तिगत लाभ उठाने का मौका मिलेगा। आप अपने सभी अहम संभावित ग्राहकों के घरों या ऑफ़िसों में जाकर व्यक्तिगत रूप से नहीं मिल सकते। वैसे भी वे बिना अपॉइंटमेंट के आपका आना पसंद नहीं करेंगे। लेकिन आकर्षक, व्यक्तिगत डाक की योजना बनाने और उस पर अमल करने में अपने समय तथा धन का *असरदार* उपयोग करके आप अगली सबसे अच्छी चीज़ करते हैं : आप अपनी कोई चीज़ उनके घर में पहुँचाते हैं, जिससे उन्हें आपकी याद आए, वे आपको पसंद करें और वे सही समय आने पर आपसे सामान ख़रीदें। यह उच्च गुणवत्ता और व्यक्तिगत निवेश का वह अवसर है, जिसकी कोशिश हमें बेचने के पेशे में पूरे समय करनी चाहिए।

हर संभव अवसर पर अपना नाम अपने प्रॉस्पेक्ट की नज़रों के सामने और उनके घरों में पहुँचाएँ।

11

बर्डडॉग (सहयोगियों) की मदद से शिकार करना

इस कारोबार में कोई भी इतना अच्छा नहीं है कि मदद का इस्तेमाल न कर सके। मैं तो वह सारी मदद लेने को तैयार रहता हूँ, जो मुझे मिल सकती है। और उसे पाने के लिए मैं समुचित राशि चुकाने के लिए भी तैयार रहता हूँ। मैं पहले ही आपको इस बारे में कुछ विचार बता चुका हूँ कि मैं अपनी प्रॉस्पेक्ट लिस्ट को डायरेक्ट मेल भेजने में कितने पैसे ख़र्च करता हूँ। हालाँकि इस सूची में हज़ारों नाम हैं, लेकिन वे सभी मेरे प्रमुख संभावित ग्राहक हैं। मैंने उस सूची को ख़रीदा नहीं है। मैं किसी व्यावसायिक मेल-ऑर्डर लिस्ट कंपनी पर निर्भर नहीं रहता, जो मुझे बताए कि मेरे संभावित ग्राहक कौन हो सकते हैं। मैंने एक-एक नाम करके अपनी ख़ुद की सूची बनाई थी। यह सूची धीरे-धीरे बढ़ी थी, इसलिए मैं हमेशा उन लोगों को डाक भेजने का ख़र्च उठा सकता था। क्योंकि डाक भेजने से उन्हें दोबारा अपने पास लाने में मदद मिलती थी। और इससे मुझे इतनी आमदनी हुई कि कारोबार बढ़ाने के लिए मैं इस विधि का इस्तेमाल अब भी करता हूँ।

लेकिन जैसा मैंने पहले कहा था, यह एक निवेश है। इसका मतलब है कि मुझे डाक पर पहले ख़र्च करना होगा, उसके बाद ही मैं उसके फलों की फ़सल काट पाऊँगा। बहरहाल, जैसा मैंने संकेत किया था, मुझे अपनी डाक से मूल्यवान सद्भावना के अलावा भी कुछ हासिल होता है। इसकी बदौलत मैं नए बर्डडॉग को नियुक्त करता हूँ और बाक़ी लोगों को याद दिलाता हूँ कि मैं अब भी यहाँ हूँ और बिक्री के लिए पैसे चुकाने को तैयार हूँ।

शायद आप "बर्डडॉग" शब्दावली का इस्तेमाल न करते हों। आप चाहे उन्हें किसी भी नाम से पुकारें, वे ऐसे लोग हैं, जो दूसरों को मेरे पास कार ख़रीदने भेजते हैं। और मैं उन बिक्रियों के लिए भुगतान करता हूँ – एक ग्राहक के लिए 50 डॉलर – लेकिन तब तक नहीं, जब तक कि बिक्री न हो जाए। यानि साल भर में मैं बर्डडॉग्स को जो पैसा देता हूँ – लगभग 28,000 डॉलर – वह निवेश नहीं है, बल्कि बिक्री की लागत है, क्योंकि इसका भुगतान माल बिकने के बाद किया जाता है। लेकिन मेरी टैक्स श्रेणी में – हर उस व्यक्ति की टैक्स श्रेणी में जो सचमुच पेशेवर सेल्समैन बनने के लिए ख़ुद को समर्पित करता है – मैं एक बिक्री के लिए 50 डॉलर का जो भुगतान करता हूँ, उसमें से सिर्फ़ 25 डॉलर ही मेरे हाथ में आता, क्योंकि बाक़ी का तो वैसे भी सरकार के पास आयकर के रूप में चला जाता। बहुत-से डीलर बर्डडॉग की आधी फ़ीस का भुगतान करते हैं। मेरा डीलर मुझे या किसी दूसरे सेल्समैन को इस तरह का कोई भुगतान नहीं करता। पूरे 50 डॉलर – 25 डॉलर मेरी जेब से और 25 डॉलर आयकर से – का भुगतान मैं करता हूँ।

बर्डडॉग के भुगतान के बारे में मेरा एक बहुत कठोर नियम है। *मैं भुगतान कर देता हूँ।* मैं उन्हें टरकाता या टालता नहीं हूँ। मैं किसी तकनीकी आधार पर उनसे पैसे को रोकने की कोशिश नहीं करता हूँ। *मैं भुगतान कर देता हूँ।* मान लें, कोई व्यक्ति किसी को मेरे कार्ड के साथ भेजता है, लेकिन उसके पीछे अपना नाम लिखना भूल जाता है और ग्राहक भी इस बात का ज़िक्र नहीं करता कि उसे किसने भेजा था। बिक्री के बाद मुझे उस व्यक्ति का फ़ोन आता है, जो पूछता है, "जब आपने स्टर्लिंग जोन्स को वह इम्पाला बेची, तो आपने मुझे उसका पैसा क्यों नहीं भेजा?" मैं जवाब देता हूँ, "माफ़ करें। आपका नाम कार्ड पर नहीं लिखा था और जोन्स ने मुझे यह नहीं बताया था कि आपने उसे भेजा था। आप आज ही आकर अपना पैसा ले लें। यह आपका इंतज़ार कर रहा है। लेकिन अगली बार कार्ड के पीछे अपना नाम लिख दें, ताकि मैं आपको पैसा ज़्यादा जल्दी पहुँचा सकूँ।"

अपना वादा पूरा करें - इसके लिए वे आपसे प्रेम करेंगे

मुद्दे की बात यह है कि जब आप लोगों को बता देते हैं कि आप बिक्री पर उन्हें भुगतान करेंगे, तो आपने उनसे एक वादा किया है। आपने उन्हें अपनी ज़बान दी है। अगर आप उन्हें "धोखा देते" हैं, तो आप झूठे और धोखेबाज़ साबित हो जाएँगे। इसे 250 लोगों पर आज़माकर देखें कि क्या होता है। एक

मिनट ठहरें, आप कहते हैं, अगर वह आदमी आपको धोखा दे रहा हो, तो क्या हो? अगर उसने जोन्स को सचमुच न भेजा हो, तो क्या हो? मेरा जवाब है कि यह कभी-कभार हो भी सकता है। लेकिन ज़्यादा बार नहीं, क्योंकि जिस भी व्यक्ति के बर्डडॉग बनने की संभावना है, ऐसे हर व्यक्ति का नाम मेरी फ़ाइलों में होता है। और भले ही किसी ने धोखा देकर 25 डॉलर मेरी जेब से और 25 डॉलर आयकर विभाग की जेब से निकाल भी लिए, तब भी उस बिक्री पर मुझे अच्छा कमिशन मिला था। और अगर वह आदमी किसी दूसरे को यह घटना बताता है, तो वह शायद यही कहेगा कि मैं कितना बेहतरीन बंदा हूँ। और यह प्रशंसा कम से कम 25 डॉलर लायक़ तो है ही।

लेकिन मेरे इतने नरमदिल होने का कारण यह नहीं है कि मुझे बेमतलब पैसे बाँटना कुछ ज़्यादा ही पसंद है। कारण तो यह है कि जिस व्यक्ति ने पैसा सचमुच कमाया हो, उसे भुगतान न करने का जोख़िम बहुत बड़ा है। जब मैं संभावनाओं को देखता हूँ, तो मुझे लगता है कि बर्डडॉग की फ़ीस का भुगतान 50 झूठे लोगों को करना बेहतर है, बजाय इसके कि आप उस एक सच्चे आदमी को यह फ़ीस न दें, जिसने इसे सचमुच कमाया हो। शायद यह अनुपात 100 पर 1 का है।

मैंने आपको बताया था कि पिछले साल मैंने बर्डडॉग की फ़ीस में 28,000 डॉलर दिए थे। इसका मतलब है कि बर्डडॉग के ज़रिये मैंने 550 बिक्रियाँ कीं, यानि तीन में से एक बिक्री। उन्होंने मेरे पास जो कारोबार भेजा, उसकी बदौलत मुझे 1,50,000 डॉलर का कमिशन मिला। और इसकी लागत मुझे 28,000 डॉलर पड़ी। यह काफ़ी न्यायोचित अदला-बदली है, ख़ास तौर पर जब आप यह विचार करते हैं कि इनमें से अधिकतर बिक्रियाँ ऐसी थीं, जो यह फ़ीस चुकाए बिना कभी नहीं हो पातीं।

मैं बर्डडॉग की तलाश कैसे करता हूँ? मैं उनकी तलाश वैसे ही करता हूँ, जैसे कि आप करेंगे। मैं आपको विस्तार से बताने जा रहा हूँ कि मैं उन्हें कैसे खोजता हूँ और अपने पास बनाए रखता हूँ।

हर व्यक्ति आपका बर्डडॉग हो सकता है

मेरे मामले में यह प्रक्रिया इस सवाल से शुरू हुई : मैं ऐसे किस व्यक्ति को जानता हूँ, जो मुझे ख़रीदने वाला ग्राहक भेजने के बदले में 50 डॉलर पाना चाहेगा? मैं किसी बेहद अमीर व्यक्ति को तो नहीं जानता, लेकिन कुछ

ऐसे लोगों को ज़रूर जानता हूँ, जो बहुत पैसे कमाते हैं। मगर मुझे अपनी जान–पहचान का एक भी व्यक्ति ऐसा नहीं लगा, जो मुझे एक ग्राहक भेजने के बदले में 50 डॉलर कमाकर खुश न हो। मैंने एक बार यह फ़ीस एक ब्रेन सर्जन को चुकाई थी, जिसकी पैसे संबंधी सबसे बड़ी समस्या उसे रखने की थी। और कई मंत्री भी हैं, जो मुझे 50 डॉलर का बहुत–सा कारोबार भेजते रहते हैं।

जब मैं कोई बिक्री करता हूँ और ग्राहक अपनी कार की डिलिवरी ले जाता है (अलग अध्यायों में विस्तार से इस बारे में बात की जाएगी), तो उसके कार चलाकर जाने से पहले मैं आख़िरी चीज़ यह करता हूँ कि अपने बिज़नेस कार्ड का एक ढेर और अपनी बर्डडॉग योजना की जानकारी उसकी कार में रख देता हूँ। कुछ दिनों बाद जब उसे मेरा धन्यवाद कार्ड मिलता है, तो उसे कार्ड्स का एक और ढेर मिलता है। वह अब एक बर्डडॉग है। वह मेरी मेलिंग लिस्ट में भी है, इसलिए उसे कम से कम साल में एक बार मेरी बर्डडॉग रिक्रूटिंग किट मिलती है, ताकि उसे याद रहे कि मेरा प्रस्ताव अब भी क़ायम है।

ज़ाहिर है, संतुष्ट ग्राहक दूसरे कारोबार का आसान स्त्रोत होता है। अगर मेरा सौदा उसके लिए पर्याप्त अच्छा था, तो उसे लगेगा कि यह उसके मित्रों और रिश्तेदारों के लिए भी अच्छा होना चाहिए। यह हर एक के बारे में सच है। लेकिन जब मुझे पता चलता है कि मेरा ग्राहक अपने क्षेत्र का लीडर है, जिसकी बात दूसरे लोग सुनते हैं, तो मैं उसे अच्छा सौदा देने और बर्डडॉग बनाने के लिए अतिरिक्त प्रयास करता हूँ।

अगर मैं किसी ऐसे व्यक्ति से मिलता हूँ, जो किसी फ़ैक्ट्री का निर्वाचित मज़दूर नेता या स्थानीय यूनियन का प्रेसिडेंट है, तो मैं जानता हूँ कि उसका यूनियन के दूसरे पदाधिकारियों तथा सदस्यों पर बहुत प्रभाव है। वह ऐसा व्यक्ति है, जो जनसंपर्क के क्षेत्र में है। वह बहुत–से लोगों से बातचीत करता है और वह उनमें लोकप्रिय होना चाहता है, ताकि वे उसे अपना वोट दें। एक तरह से वह भी उसी स्थिति में होता है, जिसमें मैं हूँ या आप हैं। वह भी अपने क्षेत्र में एक तरह का सेल्समैन है और ख़ुद को बेच रहा है, जो आख़िरकार हम सभी को करना होता है, चाहे हमारे उत्पाद और हमारे भाव कितने भी अच्छे क्यों न हों।

इसलिए जब मैं किसी ऐसे व्यक्ति से टकराता हूँ, तो मैं पहचान लेता हूँ कि इस दिशा में मुझे बहुत मेहनत करनी चाहिए, क्योंकि अगर मैं उसके साथ

अच्छा बर्ताव करता हूँ, तो वह मेरी ख़ातिर कड़ी मेहनत करेगा। अगर मैं उसे अच्छा सौदा दे देता हूँ, तो वह मेरी ख़ातिर कड़ी मेहनत करेगा, क्योंकि वह ख़ुद की ख़ातिर कड़ी मेहनत करेगा। वह अपने समर्थकों को एक अच्छा सौदा दिलाने की कोशिश करेगा, इसलिए वह उन्हें मेरे पास भेजेगा, ताकि मैं उनके लिए भी वही कर सकूँ, जो मैंने उसके लिए किया था। अगर आप सही तरीक़े से इसकी योजना बना लेते हैं, तो इससे आपको ज़बर्दस्त लीवरेज मिलता है। यह अलग-अलग सैकड़ों दिशाओं में अपना विस्तार करने जैसा है।

कई बार लोग मुझे ग्राहक भेजने के बदले में पैसे नहीं लेते। इसके कई कारण होते हैं। कई मामलों में तो उन्हें लगता है कि मैंने उनकी कार उन्हें इतने अच्छे भाव पर दी है कि वे सचमुच कृतज्ञ हो जाते हैं और इस एहसान के बदले में वे दूसरे लोगों को मेरे पास भेजकर खुश होते हैं। जब मैं ऐसे लोगों को 50 डॉलर का चेक भेजता हूँ, तो वे उसे लौटा देते हैं। ऐसा करने पर मैं उन्हें फ़ोन करता हूँ और जिस भी चीज़ से उन्हें दिक़्क़त हो रही होती है, उसके लिए माफ़ी माँगता हूँ। लेकिन आप शर्त लगा सकते हैं कि यह ज़्यादा बार नहीं होता, क्योंकि 50 डॉलर आख़िर 50 डॉलर होते हैं।

लोगों को नक़द पैसे देने में कुछ समस्याएँ आ सकती हैं। कुछ स्थानों पर यह क़ानून के ख़िलाफ़ होता है। मैं कोई वकील नहीं हूँ, इसलिए मैं नियमों को पूरी तरह नहीं जानता हूँ। लेकिन मैं इतना ज़रूर जानता हूँ कि जहाँ आप लोगों को नक़द पैसे नहीं दे सकते, वहाँ आप उपहार या मुफ़्त सेवाएँ दे सकते हैं। मैं क़ानून तोड़ने वाला कोई काम करने की सलाह नहीं दे रहा हूँ। इसलिए अगर आप प्रभावी बर्डडॉग नियुक्त करना चाहते हैं और नक़द भुगतान नहीं कर सकते, तो बेहतर यही होगा कि आप पता लगा लें कि जिस इलाक़े में आप कारोबार करते हैं, वहाँ आप क़ानूनी रूप से क्या कर सकते हैं।

बर्डडॉग का एक बड़ा और प्रभावी तंत्र तैयार करने में एक बात का ध्यान रखें। पैसा इतना होना चाहिए कि लोग आकर्षित हो जाएँ। मैंने पाया है कि 50 डॉलर या इसके क़रीब की राशि वह न्यूनतम राशि होती है, जो अधिकतर लोगों के मामले में कारगर होगी। अगर आप इससे कम पैसे देते हैं, तो आपको काफ़ी कम कारोबार मिलेगा। लेकिन मैं यह भी नहीं चाहता कि लोग मेरी सिफ़ारिश करने पर भुगतान को लेकर अपराध बोध महसूस करें। मैं चाहता हूँ कि वे पुरस्कृत महसूस करें और मैं चाहता हूँ कि वे उपकृत महसूस करें, लेकिन मैं यह नहीं चाहता कि वे अपराध बोध महसूस करें। अधिकतर लोग

वैसे भी नहीं करते हैं, इसलिए यह कोई बड़ी समस्या नहीं है।

अगर वे नक़द भुगतान न लें, तो भुगतान कैसे करें

जब लोग मुझे बताते हैं कि वे मुझे बिक्री भेजने के बदले में नक़द पैसे नहीं चाहते हैं, तो मैं अलग तरीक़े से भुगतान करता हूँ। अगर कोई बर्डडॉग किसी को मेरे पास भेजता है, तो मेरी आदत है कि मैं उसे फ़ोन करके धन्यवाद देता हूँ और बताता हूँ कि मैं उसका 50 डॉलर का चेक डाक में डाल रहा हूँ। यदि वह कहता है कि उसे पैसे स्वीकार करने की अनुमति ऑफ़िस के किसी नियम या दूसरे कारण से नहीं है, तो मैं उसे बता देता हूँ कि मैं उसके लिए कोई दूसरी अच्छी चीज़ करना चाहूँगा। फिर मैं डेट्रॉइट के एक अच्छे रेस्तराँ से संपर्क करता हूँ, जहाँ के मैनेजर मेरे परिचित हैं। मैं उनसे कहता हूँ कि वे मेरे बर्डडॉग को एक कार्ड भेज दें, तथा उसे और उसकी पत्नी को डिनर पर मेरे अतिथि के रूप में आमंत्रित कर लें। या अगर उसे यह भी पसंद नहीं आएगा, तो मैं उसे एक पत्र भेजकर बता सकता हूँ कि वह अपनी कार हमारे यहाँ एक निश्चित राशि की मुफ़्त सेवा के लिए ला सकता है।

मैं ये विचार आपको इसलिए बता रहा हूँ, ताकि आपके बर्डडॉग कारोबार के लिए नक़द पैसे देने से रोकने वाली जो भी क़ानूनी या अन्य समस्याएँ आपके इलाक़े में हों, उनसे बचने का तोड़ निकाला जा सके। अधिकतर मामलों में मैंने पाया है कि अगर मैं किसी को उसके घर के पते पर चेक भेजता हूँ, तो कोई समस्या नहीं होती।

देखिए, मुझे एहसास है कि कुछ क्षेत्रों में किसी बर्डडॉग को आर्थिक पुरस्कार देना नैतिक दृष्टि से उचित नहीं माना जाता है, लेकिन यह तो उनका इस्तेमाल न करने का कोई कारण नहीं है। सेल्स मैनेजर लगातार मुझे बताते हैं कि अगर उनके सेल्समैन सिर्फ़ रेफ़रल माँग सकें, तो वे ज़्यादा पैसे बना रहे होंगे। आइए इस बारे में बात करते हैं। जब आप किसी ग्राहक से रेफ़रल माँगते हैं, तो आप दरअसल उस पर एक अहसान कर रहे हैं। यहाँ जान लें कि कैसे। अधिकतर लोग दूसरों की मदद करना पसंद करते हैं। किसी अच्छे सौदे या अच्छे सेल्समैन के बारे में अच्छी टिप देने में उन्हें खुशी होती है। अगर आपने उनके साथ सही बर्ताव किया था, तो वे अपने मित्रों को आपके बारे में खुशी-खुशी बताएँगे। अगर मित्र उसकी सलाह पर अमल करके सामान ख़रीदता है, तो इससे मूल ग्राहक को यह संतुष्टि मिलती है कि उसने एक मित्र

की मदद की। इसके अलावा, लगभग हर कोई कभी-कभार अपना ख़ुद का बिगुल बजाने की ज़रूरत महसूस करता है। उन्हें कितना अच्छा सौदा मिला, इस बारे में डींगें हाँकने से उनकी यह ज़रूरत पूरी हो जाती है। जब कोई मित्र उनकी सिफ़ारिश पर ख़रीदता है, तो इससे उनका यह विश्वास दृढ़ हो जाता है कि उनमें अच्छा विवेक है। आइए सच्चाई का सामना करें, आप और मैं भी अपनी पसंद के लोगों के लिए यही करते हैं – हमारा डॉक्टर, डेंटिस्ट, नाई और पेंटर। तो फिर अपने कारोबार को बढ़ाने के लिए दूसरों से पूछने में क्यों झिझकें? इससे आप दोनों को ही लाभ होता है।

अपने नाई से अपने बारे में बात करवाएँ

बर्डडॉग का मेरा एक प्रिय स्त्रोत है नाई। वे अपने ग्राहकों से बहुत बातचीत करते हैं – कुछ लोगों को तो लगता है कि ज़रूरत से बहुत ज़्यादा। चाहे जो हो, मुझे जब भी बाल कटवाने की ज़रूरत होती है, मैं अपने इलाक़े के एक अलग नाई के यहाँ जाता हूँ। इस तरह मैं बहुत-से नाइयों के संपर्क में आता हूँ, उन्हें नियुक्त करता हूँ और उनकी रुचि को हवा देता हूँ।

किसी नाई के साथ मैं आम तौर पर इस तरह शुरू करता हूँ। मैं एक छोटा चिन्ह ले जाता हूँ, जिसे मैंने एक स्थानीय व्यवसायिक आर्ट स्टूडियो में तैयार कराया है। इस चित्र वाले कार्ड पर लिखा है : **शहर में सबसे अच्छे कार सौदे के लिए मुझसे पूछें।** मैं वह कार्ड नाई को देता हूँ, अपना 50 डॉलर का सिस्टम समझाता हूँ और उसके पास अपने कार्ड का ढेर छोड़ जाता हूँ। ग़ौर करें कि कार्ड पर शेवर्ले का कोई ज़िक्र नहीं है। वास्तव में, मैं नाई से कहता हूँ कि वह दूसरे ग्राहकों से पूछे, जो दूसरे प्रकार की कारों के सेल्समैन हैं, कि क्या मेरी ही तरह वे भी उसे 50 डॉलर का भुगतान करेंगे। मैं उससे उनके भी कार्ड लेने को कहता हूँ। इस तरह जब कोई साइन बोर्ड देखता है और उससे पूछताछ करता है, तो वह उनसे पूछ सकता है कि वे किस तरह की कार चाहते हैं। अगर वे ब्यूइक चाहते हैं, तो उसके पास ब्यूइक सेल्समैन का कार्ड है। या फ़ोक्सवैगन या फ़ोर्ड या जो भी हो। मैंने उसे एक ऐसे कारोबार में लगा दिया है, जिसमें अगर वह मेहनत से काम करे, तो बहुत-सा अतिरिक्त धन कमा सकता है। और मुझे उसके कारोबार में से अपना हिस्सा या उससे भी ज़्यादा मिल जाता है।

जैसा मैंने कहा था, मैंने यह कई नाइयों के साथ किया है। मैं इसे अपने

से मिलने वाले हर व्यक्ति के साथ करता हूँ। मेरा यह मतलब नहीं है कि मैं ये चिन्ह हर एक को थमा देता हूँ। उनका इस्तेमाल तो मैंने अब तक सिर्फ़ नाइयों के साथ ही किया है। लेकिन आप हैरान होंगे कि 50 डॉलर पाने के लिए कौन-कौन से लोग आपकी ख़ातिर काम करने को तैयार हो जाएँगे।

मिसाल के तौर पर, इस इलाक़े में एक दवा निर्माता कंपनी है, जो बहुत-से डॉक्टरों को रोज़गार देती है। उस कंपनी के कई डॉक्टर मेरे बर्डडॉग हैं और वे मेरी सूची के सबसे सक्रिय लोग हैं। वे अपनी नौकरी में अच्छा पैसा बनाते हैं, वे अच्छा पैसा बनाने वाले दूसरे लोगों के साथ काम करते हैं, वे दूसरे बहुत-से डॉक्टरों या अस्पताल के लोगों से बातचीत करते हैं और अक्सर इन लोगों के पास कई कारें होती हैं। सिर्फ़ इतना ही नहीं, वे बहुत-सी मीटिंगों और सम्मेलनों में भी जाते रहते हैं, जहाँ वे दूसरे डॉक्टरों तथा अपने उद्योग के लोगों से मिलते-जुलते हैं। चिकित्सा एक बड़ा और दौलतमंद उद्योग है। इसके अलावा यह तथ्य भी है कि डॉक्टर पैसे के लिए कम से कम दूसरे लोगों जितने ही उत्सुक दिखते हैं। इस सबकी बदौलत मुझे बहुत सारा अतिरिक्त कारोबार मिल जाता है।

बर्डडॉग बनाने के सबसे महत्त्वपूर्ण तरीक़ों में से कुछ हैं बैंक, फ़ाइनैंस कंपनी और क्रेडिट यूनियन। मैं उन लोगों के बारे में बात कर रहा हूँ, जो नई कार ख़रीदने का लोन मंजूर करते हैं। लोन का काम देखने वाले इन लोगों को ज़्यादा अच्छी तनख़्वाह नहीं मिलती है। वास्तव में, धन के विनिमय और दूसरे लोगों को बहुत सा पैसा बाँटने के इस काम में बड़ी घटिया तनख़्वाह मिलती है। इसलिए वे मुझसे थोड़ी अतिरिक्त कमाई करके खुश होते हैं - प्रति व्यक्ति 50 डॉलर।

मैं उनके पीछे पड़ जाता हूँ। कई बार तो कार ख़रीदते समय ग्राहक लोन की जो मंजूरी या चेक लाता है, उस पर मैं हस्ताक्षर करने वाले का नाम देख लेता हूँ। बिक्री पूरी होने के बाद मैं बैंक या लोन ऑफ़िस के उस आदमी को फ़ोन करता हूँ और उसे बताता हूँ कि मैंने अभी-अभी अल रॉबिन्सन को मॉन्टे कार्लो कार बेची थी और उसके तथा उसके संगठन के साथ कारोबार करना अच्छा था। फिर मैं उसे लंच पर ले जाने का प्रस्ताव रखता हूँ। इससे कोई फ़र्क़ नहीं पड़ता कि उसका ऑफ़िस किस इलाक़े में है। मैं उसे बता देता हूँ कि संयोग से उस दिन मैं उस इलाक़े में जाने वाला हूँ। फिर हम आस-पास के सबसे अच्छे रेस्तराँ में मिलने की योजना बना

लेते हैं। क्यों नहीं? अगर लंच के लिए मुझे 50 डॉलर या 100 डॉलर भी ख़र्च करने पड़ें, तो उससे क्या फ़र्क़ पड़ता है? यह एक कारोबारी ख़र्च है और वैसे भी, अगर उस लंच से मुझे एक भी अतिरिक्त बिक्री मिल जाए, तो समझिए कि मैंने ख़र्च से ज़्यादा कमाई कर ली है।

जब मैं उससे रेस्तराँ में मिलता हूँ, तो मैं उसे लंच के दौरान बता देता हूँ कि यह सब किस बारे में है। मैं ज़िक्र करता हूँ कि अगर वह कार्ड पर अपना नाम लिखकर किसी ग्राहक को भेजता है, तो मैं कार ख़रीदने वाले हर ग्राहक के लिए उसे 50 डॉलर का पुरस्कार दूँगा। या वह मुझे बस फ़ोन करके बता दे कि वह किसी को भेज रहा है। मैं उसे बताता हूँ कि अब तक मैं कितनी सारी कारें बेच चुका हूँ, ताकि वह यह बात समझ जाए कि मेरे बहुत-से संतुष्ट ग्राहक हैं। इसके अलावा उसे यह संकेत भी मिल जाता है कि मैं आम तौर पर किसी दूसरे से सस्ता सौदा दे सकता हूँ। इससे अक्सर मुझे किसी दूसरे सेल्समैन के सौदे के ख़िलाफ़ बोली लगाने का मौक़ा मिल जाता है।

मुझे स्पष्ट करने दें : मान लें, एक ग्राहक बैंक में आता है। उसके पास एक कार का ऑर्डर है, जो वह किसी दूसरे डीलर से ख़रीदना चाहता है। वह लोन माँगता है। लोन ऑफ़िसर, जो मेरा बर्डडॉग है, सौदे के भाव पर नज़र डालेगा और दूसरे कमरे में जाकर मुझे फ़ोन करेगा। वह मुझे बता देगा कि वह आदमी कौन-सी कार ख़रीद रहा है, उसमें कौन से वैकल्पिक सामान लगे हैं और उसकी क़ीमत क्या है। मैं फटाफट अनुमान लगाकर देखूँगा कि क्या मैं उससे कम क़ीमत में उसे कार दे सकता हूँ। वह आदमी जिस दूसरी जगह से कार ख़रीदने गया था, वहाँ से मैं कमोबेश 200 डॉलर कम बताने की कोशिश करता हूँ।

ठीक है, अब मान लें कि मैं 200 डॉलर कम भाव बता सकता हूँ। मैं यह बात लोन ऑफ़िसर को बता देता हूँ। साथ ही मैं यह भी बता देता हूँ कि मेरे पास कार है और मैं उसे तुरंत कार दे सकता हूँ। वह अपने ऑफ़िस में जाकर ग्राहक को बता देता है कि मैं वही कार उसे 200 डॉलर कम भाव पर दे सकता हूँ। अगर भाव सिर्फ़ 100 डॉलर कम होगा, तो ग्राहक मेरे पास आने की ज़हमत नहीं उठाएगा। यह भी हो सकता है कि उसने दूसरे सेल्समैन के पास 20-30 डॉलर का बयाना छोड़ा हो। लेकिन अगर भाव 200 डॉलर कम है, तो वह उस बयाने को गँवाना बर्दाश्त कर सकता है। अगर अंतर इससे कम है, तो उसे लग सकता है कि उसे मुझसे मिलने का झंझट मोल नहीं लेना

चाहिए। इसके अलावा, लोन ऑफ़िसर को मेरे पास ग्राहक भेजने के लिए 50 डॉलर मिलने वाले हैं, इसलिए वह अपनी तरफ़ से ग्राहक को प्रोत्साहित करने की पूरी कोशिश करेगा और उसे बताएगा कि डीलरशिप तथा सेल्समैन कितने विश्वसनीय हैं आदि–आदि।

जैसे ही लोन ऑफ़िसर से मेरी बात पूरी होती है, मैं अपने स्टॉक में उस आदमी की मनचाही कार खोजता हूँ। अगर ठीक वैसी ही कार हमारे पास होती है, तो अच्छी बात है, वरना मैं किसी दूसरे डीलर के पास से वैसी ही कार बुलवा लेता हूँ। मैं उसकी साफ़–सफ़ाई और धुलाई करा देता हूँ तथा डिलिवरी के लिए तैयार कर देता हूँ। मैं जानता हूँ कि ग्राहक जब आएगा, तो कार ख़रीदने के लिए उसे जितने पैसे चाहिए, उस पर उसका लोन मंजूर हो जाएगा।

उस लोन ऑफ़िसर को अपना बर्डडॉग बनाकर मैंने बेहतरीन व्यवस्था कर दी। वह मुझे ऐसा कारोबार भेज सकता है, जो मुझे किसी दूसरे तरीक़े से नहीं मिल सकता। उसने मुझे ऐसी बिक्री लाकर दी, जो पहले ही कोई दूसरा सेल्समैन कर चुका था। उसने क़र्ज़ लेने वाले ग्राहक की मदद की और उसका पैसा बचाया, उसने ख़ुद के लिए 50 डॉलर कमाए तथा उसने मुझे एक ऐसी बिक्री दिलाई, जिसे पाने का मेरे पास कोई उपाय नहीं था। बर्डडॉग फ़ीस और ग्राहक को सस्ते दाम पर कार देने के बावजूद मैं थोड़ा कमिशन कमा सकता हूँ। भले ही उस बिक्री पर मुझे सिर्फ़ 100 डॉलर का शुद्ध मुनाफ़ा हुआ हो, लेकिन फिर भी वह 100 डॉलर मैं किसी दूसरे तरीक़े से नहीं पा सकता था।

वह पैसा सीधे आसमान से मेरी जेब में टपका था। इस बारे में सोचें। सोचें कि मैंने ख़ुद के लिए अतिरिक्त पैसा कैसे उत्पन्न किया। और सोचें कि आप अपने कारोबार में इस तरह की चीज़ें कैसे कर सकते हैं।

मुझे अपने बर्डडॉग कुछ दूसरे तरीक़ों से, दूसरी जगहों से भी मिलते हैं। जब भी मैं गैस और ऑइल ख़रीदता हूँ, तो मैं पेट्रोल पंप के कर्मचारियों से बात करने की कोशिश करता हूँ, ख़ासकर तब जब मेरी कार को मरम्मत की ज़रूरत होती है। वे बहुत–सी कारें देखते हैं, जो बदले जाने की कगार पर होती हैं। जब कोई आदमी किसी ऐसी कार के साथ आता है, जिसमें भारी मरम्मत की ज़रूरत हो – मान लें, 1,000 डॉलर के लगभग – तो वह यह सोचने से ज़्यादा दूर नहीं होता कि पुरानी कार को ठीक कराने के बजाय नई कार ही ख़रीद ली जाए। अगर वह कहता है कि वह कार की पूरी मरम्मत नहीं कराना

चाहता, तो इसका मतलब है कि वह नई कार ख़रीदने के बारे में पहले से ही सोच रहा है। रिपेयर गैराज वाले आदमी के एक–दो शब्दों से ही उसके मन में मुझसे मिलने आने का विचार आ सकता है, जबकि उसके हाथ में मेरा कार्ड हो। अगर ग्राहक तुरंत काम नहीं कराने वाला है, तो मकैनिक को उसे मेरे पास भेजने में कोई नुक़सान नहीं होता। उल्टे उसे मुझसे 50 डॉलर मिल जाते हैं, जो उसे दूसरी स्थिति में नहीं मिल पाते।

बर्डडॉग कारोबार के सबसे अच्छे स्त्रोतों में टोइंग सर्विसेस यानि कार खींचकर ले जाने वाली कंपनियाँ और बॉडी बम्प शॉप्स शामिल हैं। वे लोग बहुत–सी कारें देखते हैं, जो तबाह हो चुकी हैं और उनकी मरम्मत नहीं हो सकती। मालिक नई कार ख़रीदने वाला है और संभवतः इसके लिए उसे बीमा कंपनी से चेक मिलने वाला है। जो लोग दुर्घटना बीमा दावों और सेल्स ऑफ़िसों में काम करते हैं, वे भी बर्डडॉग के लिए अच्छे विकल्प होते हैं, क्योंकि वे भी तबाह हो चुकी कारों के बारे में जानते हैं। मैं इन सभी लोगों से संपर्क करने की कोशिश करता हूँ, क्योंकि वे मेरे व्यवसाय के उत्कृष्ट स्त्रोत हैं।

अपने बर्डडॉग की निगरानी करना

लेकिन एक बार जब आप संपर्क कर लेते हैं, अपनी फ़ीस का प्रचार कर देते हैं और उन्हें अपने कार्ड थमा देते हैं, तो इसके बाद भी आपको उनके संपर्क में रहना होगा। जब चीज़ें धीमी होती हैं और मेरे पास कुछ ख़ाली समय होता है, तो मैं अपनी बर्डडॉग फ़ाइल पर नज़र डालकर देखता हूँ कि कौन मेरे पास कारोबार नहीं भेज रहा है। फिर मैं उसे फ़ोन करके उत्साहवर्धक बातचीत करता हूँ और पूछता हूँ कि ऐसा क्यों है कि मैं उसे कुछ समय से 50 डॉलर के चेक नहीं भेज रहा हूँ। हो सकता है कि वे भूल गए हों। अगर वे नए बर्डडॉग हैं, तो हो सकता है कि उन्हें लोगों को मुझसे नई कार ख़रीदने की सलाह देने की आदत न पड़ी हो।

मेरे कुछ बर्डडॉग मेरे पास लगातार प्रॉस्पेक्ट भेजते हैं, क्योंकि वे अवसर को तुरंत भाँप लेते हैं। बाक़ी को संबंध की शुरुआत से ही और कई बार तो लंबे समय बाद भी कुरेदने की ज़रूरत होती है। यह इस बात पर निर्भर करता है कि सही पल पर प्रतिक्रिया करने की आदत डालना और मुझसे 50 डॉलर अतिरिक्त कमाना सामने वाले के लिए कितना आसान या कठिन है। हर किसी को नई आदतें डालनी होती हैं। यह एहसास करने में मुझे कुछ समय लग गया

कि कौन मुझे अतिरिक्त कारोबार प्रदान कर सकता है।

मुझे हर समय लोग इसलिए मिलते हैं, क्योंकि मैंने हर समय लोगों की तलाश करना सीख लिया है, चाहे मैं जहाँ भी रहूँ। मैं कारोबारी घंटों के बाद अपने हेल्थ क्लब में वर्क आउट करने जाता हूँ। वहाँ मैं यह सुनिश्चित करता हूँ कि लॉकर रूम अटेंडेंट और मालिश करने वाले को पता हो कि मैं क्या बेचता हूँ। यही नहीं, उनके पास मेरे कुछ कार्ड भी होने चाहिए। इससे मेरी बहुत ज़्यादा कमाई नहीं होती और बर्डडॉग के बिना ही मुझे दूसरे सदस्यों से कारोबार मिल जाता है, लेकिन आपको हमेशा अवसरों की तलाश करनी चाहिए और कई बार तो ऐसे मौक़े आ जाते हैं, जिनकी आप पहले से उम्मीद नहीं कर सकते।

इस पर विचार करें : एक दोपहर मुझे एक आदमी का फ़ोन आता है, जो मुझसे एक ख़ास कार की क़ीमत मालूम करना चाहता है। ऐसे फ़ोन कॉल का जवाब देने के शायद उतने ही तरीक़े हैं, जितने कि सेल्समैन हैं। मैं आम तौर पर कॉल सुनता हूँ और फ़ोन पर ही भाव बता देता हूँ। कुछ सेल्समैन इतनी कम क़ीमत बताते हैं कि फ़ोन करने वाले को वहाँ ख़ुद आना पड़े, हालाँकि सेल्समैन संभवतः कार को उस क़ीमत पर नहीं दे सकता। हम इसे "बड़े अपराध के बजाय छोटा अपराध स्वीकार करना" कहते हैं। कुछ सेल्समैन इसे "ज़रूरत से ज़्यादा सस्ता बताना" कहते हैं। इसके पीछे इरादा यह होता है कि ग्राहक को किसी दूसरी जगह ख़रीददारी करने से रोका जाए। फिर होता यह है कि वह डीलरशिप में आता है और सेल्समैन उसे किसी दूसरे मॉडल या दूसरे विकल्प की ओर मोड़ने की कोशिश करता है। अगर इससे भी बात न बने, तो वह कहता है कि सेल्स मैनेजर उस भाव पर तैयार नहीं होगा। इस तरह वह उससे कुछ और पैसे झटक लेता है।

मैं इस आदत का अनुमोदन नहीं करता, न ही अन्य वैध सेल्समैन करते हैं। यह कारोबार करने का ख़राब तरीक़ा है, क्योंकि भले ही ग्राहक आपसे सामान ख़रीद ले, लेकिन उसे ऐसा महसूस होता है जैसे उसे धोखा दिया गया है। और अगर वह आपसे सामान नहीं ख़रीदता है, तो वह आपको धोखेबाज़ या चालबाज़ क़रार देकर अपनी सूची से काट सकता है। इसका मतलब है कि वह कम से कम 250 लोगों को यह बताने वाला है कि आप गड़बड़ आदमी हैं।

जब मेरे पास फ़ोन आता है, तो मैं फ़ोन करने वाले को सही भाव बताता हूँ। हम एक अन्य अध्याय में इस कारोबार में भावों के दायरे पर बात करेंगे। लेकिन हाल-फ़िलहाल मेरी बात स्वीकार कर लें कि सेल्समैन के पास बहुत बड़ा दायरा होता है, जिसमें से वह किसी प्रॉस्पेक्ट को भाव बता सकता है। आख़िर दर्जनों मॉडल होते हैं, कई तरह के विकल्प होते हैं और दूसरे घटक होते हैं, जिनसे अलग-अलग भावों के हज़ारों तालमेल बन सकते हैं।

स्पष्ट रूप से, जब मुझे ऐसे फ़ोन आते हैं, तो मैं फ़ोन करने वाले को ऐसा भाव बताना चाहता हूँ, जो उसे वहाँ खींच लाए। अगर वह एयर कंडीशनिंग, मैग व्हील्स (मैग्नीशियम स्टील से बने पहिए) और स्टीरियो विद एएम/एफ़एम रेडियो, सीडी प्लेयर और कैसेट का ज़िक्र नहीं करता है, तो मैं उसे कार का वह भाव बताता हूँ, जिसमें ये चीज़ें शामिल नहीं हैं। मैं उसके साथ अतिरिक्त सामानों के बारे में बात भी नहीं करना चाहता, क्योंकि मैं उसे कम से कम भाव बताना चाहता हूँ, जिसमें मैं सचमुच उसे कार दे सकता हूँ।

मैं उस आदमी से लंबी बातचीत करना चाहता हूँ, ताकि मुझे यह पता चल जाए कि क्या वह किसी दूसरी जगह भी ख़रीददारी कर रहा है। इसके अलावा, मैं यह भी पता लगाना चाहता हूँ कि वह क्या काम-धंधा करता है, ताकि मैं जान जाऊँ कि उसके लिए क़र्ज़ की व्यवस्था करना आसान होगा या कठिन। मैं यह भी जानना चाहता हूँ कि मेरे लिए और डीलर के लिए कम मुनाफ़े या नुक़सान पर भी उस ग्राहक को कार बेचना कितना सार्थक रहेगा।

मुफ़्त चीज़, जो आपके लिए कारगर होती है

यह सही है : अगर मुझे ऐसा लगता है कि संभावित ग्राहक को लागत से कम में बेचने पर मुझे आगे चलकर बहुत फ़ायदा हो सकता है, तो मैं उस बिक्री पर मिलने वाला अपना सारा कमिशन छोड़ने को तैयार रहता हूँ और अपनी जेब से डीलर को पैसे देने के लिए भी तत्पर रहता हूँ। आइए इस फ़ोन करने वाले के बारे में बात करते हैं। वह मुझे पूरी तरह बता देता है कि वह अपनी कार में क्या-क्या चाहता है। मैं पता लगा लेता हूँ कि वह दूसरे डीलरों के यहाँ भाव मालूम कर चुका है और वह मुझे बता देता है कि उसे सबसे कम भाव क्या बताया गया है। वह भाव ऐसा है, जिससे कम में उसे कार देने के लिए मुझे अपनी जेब से पैसे मिलाने पड़ेंगे।

मैंने अपने डीलर से यह अनुबंध कर रखा है कि अगर कोई व्यक्ति

सचमुच इतना महत्त्वपूर्ण है कि उसे नुक़सान पर बेचा जाए, तो मैं यह काम कर सकता हूँ, बशर्ते मैं पहले से बता दूँ और डीलर को पड़ने वाली लागत का अंतर बाद में अपनी जेब से भर दूँ।

देखिए, यह कोई ऐसी स्थिति नहीं है, जिसमें मैं ज़्यादा बार रहना चाहता हूँ। मैं कार बेचते समय पैसे और दोस्त दोनों बनाना चाहता हूँ। लेकिन कई बार कोई ग्राहक इतना महत्त्वपूर्ण होता है कि उसकी ख़ातिर यह नुक़सान उठाया जाए और डीलर भी बग़ैर मुनाफ़े के कार बेचने के लिए तैयार हो जाता है। उसकी लागत निकल आती है और उसका स्टॉक कम होता है। लेकिन उसे बग़ैर मुनाफ़े के बेचने के पीछे कोई कारण भी नज़र आना चाहिए।

आम तौर पर – और ऐसे मामले ज़्यादा नहीं होते – फ़ोन करने वाला किसी बड़े शैवर्ले पाट्र्स प्लांट की यूनियन का यूनिट चेयरमैन होता है। इसका मतलब है कि कार वाले बहुत-से लोगों पर उसका बहुत सा प्रभाव है, और अधिकतर बहुत ही स्पष्ट कारणों से शैवर्ले ख़रीदते हैं, जिनमें यह तथ्य शामिल हैं कि कार बनाने वाली फ़ैक्ट्रियों में दूसरे निर्माताओं की कारों के साथ पार्किंग स्थल में अच्छा बर्ताव नहीं किया जाता। यह अच्छी बात नहीं है, लेकिन इस कारोबार में यह कई बार होता है। तो यह आदमी फ़ोन करता है और उसके पास पहले ही बहुत कम भाव रहता है। मैं उसे बताता हूँ कि उसके पास बहुत अच्छा भाव है और वह यह बात जानता है। फिर मैं उसे होल्ड पर रखता हूँ और डीलर के मैनेजर से नुक़सान पर भाव बताने की अनुमति माँगता हूँ। मुझे अनुमति मिल जाती है और मैं ग्राहक को डीलर की लागत से 50 डॉलर कम भाव बता देता हूँ। वह भाव सुनते ही वह समझ जाता है कि मैंने हर दूसरे सौदे को हरा दिया है, क्योंकि वह आँकड़े जानता है और यह भी जान सकता है कि उस सौदे में मुझे नुक़सान होने वाला है। तो वह अंदर आता है और यह मानते हुए कि मैं भाव, और ख़ास तौर पर मुनाफ़े का दायरा, बढ़ाने के लिए उसे कोई अतिरिक्त चीज़ें नहीं बेच पाता, तो वह मेरे बताए भाव पर कार ले जाता है और मुझे डीलर को अपनी जेब से 50 डॉलर देने होते हैं।

अब क्या होता है? मैंने 50 डॉलर की लागत में (मैं उस कमिशन को नहीं गिन रहा हूँ, जो मैंने उस बिक्री पर नहीं कमाया था) एक बर्डडॉग विकसित कर लिया है, जो उसे मिले सौदे के बारे में डींगें हाँकेगा और अपनी यूनियन, अपने प्लांट तथा अपने आस-पड़ोस में मेरा और मेरे डीलर का प्रचार करेगा। वह अपनी बोलिंग लीग में, अपनी नाव रखने वाले छोटे बंदरगाह पर और जहाँ

भी वह जाएगा, वहाँ लोगों से मेरे बारे में बात करेगा।

ज़ाहिर है, जब वह अपनी नई कार लेकर जाता है, तो उसे मेरे बिज़नेस कार्ड्स का ढेर भी मिलता है और यह प्रस्ताव भी कि वह मुझे भेजी हर बिक्री पर 50 डॉलर कैसे कमा सकता है। लेकिन इसके बिना भी वह मेरे और डीलर के पास बहुत सा कारोबार भेजेगा, इतना कि हमने उस पर जो पैसा गँवाया गया था, वह आराम से वसूल हो जाए।

चूँकि कई लोगों में इस बारे में डींगें हाँकने की आदत होती है कि उन्होंने अपनी कार कितनी सस्ती ख़रीदी, इसलिए उसकी बात सुनने वाले लोग शायद उसके जितनी सस्ती कार ख़रीदने की उम्मीद नहीं करेंगे। और मैं आपको बता दूँ, उनमें से किसी को मिलेगी भी नहीं। मेरा डीलर न्यायोचित मुनाफ़े का हक़दार है और मैं भी वाजिब कमिशन का अधिकारी हूँ। हम मुनाफ़े के बिना सामान बाँटने वाले कारोबार में नहीं हैं। लेकिन कई बार संख्या और लाभ बढ़ाने का यह बहुत अच्छा तरीक़ा होता है।

अगर मुझे उस ग्राहक से सिर्फ़ एक सामान्य बिक्री मिल जाए, तो उसे बेचने में हुए नुक़सान की भरपाई हो जाती है। और मेरे डीलर की भी। लेकिन आम तौर पर मेरे बोए हुए उस 50 डॉलर के बीज की वजह से मुझे एक दर्जन या इससे अधिक लोग मिल जाते हैं। और याद रखें कि यह 50 डॉलर एक कारोबारी ख़र्च है, जिसे मैं टैक्स भरते समय घटा सकता हूँ। इसका मतलब है कि मेरी जेब में से सिर्फ़ 25 डॉलर ही जाते हैं।

बहुत बार आपके पास पुलिस, शेरिफ़ और फ़ायर ब्रिगेड वाले आते हैं तथा अपने सामाजिक कार्यक्रम के टिकिट ख़रीदने को कहते हैं। यहाँ तक कि कुछ जगहों पर डाकिए भी ऐसा ही करते हैं। मुझे यक़ीन है कि आपमें इतनी समझदारी होगी कि आप ऐसे लोगों को नहीं ठुकराते होंगे, ख़ास तौर पर अगर आप कारोबार में हैं। मैंने पाया है कि वे आला दर्जे के बर्डडॉग बनते हैं। इसलिए जब मुझे मौक़ा मिलता है, तो मैं उनके टिकिट ख़रीद लेता हूँ और फिर अपने कार्ड का एक ढेर देकर उन्हें अपनी 50 डॉलर की नीति के बारे में बता देता हूँ। यही मैं भ्रातृत्व संगठनों के मामले में भी करता हूँ। जब उनके लोग अपनी कार्यक्रम पुस्तिकाओं के विज्ञापन बेचने आते हैं, तो मैं हमेशा एक विज्ञापन ख़रीद लेता हूँ। लेकिन मैं उन विज्ञापनों को नहीं चुनता, जिनमें लिखा होता है : *एक मित्र की ओर से शुभकामनाएँ।* मेरे विज्ञापन में हमेशा लिखा होता है, जो *जिरार्ड, मेरोलिस शैवर्ले की ओर से शुभकामनाएँ।* मैं विज्ञापन

माँगने आए व्यक्ति को कार्ड का एक ढेर देता हूँ। और अगर मेरे पास समय होता है, तो मैं उनके समारोहों में भी जाता हूँ। वे लोगों से मिलने और उन्हें यह बताने के लिए अच्छे स्थान होते हैं कि मैं क्या बेचता हूँ। मैं जानता हूँ कि बहुत-से दूसरे लोग, जिनमें डेंटिस्ट और बीमा सेल्समैन शामिल हैं, यही चीज़ करते हैं। लेकिन इससे सिर्फ़ यही साबित होता है कि यह आपके कारोबार को बढ़ाने का अच्छा तरीक़ा है।

जो भी हर दिन अपने कामकाज में दूसरे लोगों से बातचीत करता है, वह एक बर्डडॉग बन सकता है। ख़ास तौर पर ऐसे लोगों को दिमाग़ में रखें, जो पारंपरिक रूप से ज़्यादा पैसा नहीं कमाते हैं, जैसे बैंक के लोन ऑफ़िसर। न सिर्फ़ उनकी तनख़्वाह कम होती है, बल्कि उन्हें अपने कारोबारी जीवन में कोई उपहार भी नहीं मिलता है या लंच पर भी नहीं ले जाया जाता है। इसीलिए मैं हमेशा ऐसे लोगों को लंच पर ले जाता हूँ। उन्हें यह लंबे समय तक याद रहता है। अगर आप उन्हें किसी ऐसे रेस्तराँ में ले जाते हैं, जहाँ जाने का ख़र्च वे सचमुच नहीं उठा सकते और वहाँ उन पर 20-30 कटौती योग्य डॉलर ख़र्च कर देते हैं, तो यह उनके लिए काफ़ी बड़ी बात होती है। मैं उनके लिए कुछ और भी करता हूँ। उनसे मिलने जाने से पहले मैं अपनी कार के पीछे क्राउन रॉयल व्हिस्की की दो लीटर की बॉटल भी रख लेता हूँ। इसे इस इलाक़े में बेहतरीन ब्रांड माना जाता है। जब वे कार से बाहर उतरते हैं और हम विदा ले रहे होते हैं, तो मैं पीछे हाथ बढ़ाकर बॉटल उठाता हूँ और कहता हूँ, "सुनें हैरी, किसी ने मुझे यह बॉटल दी थी और मैं ज़्यादा कनेडियन व्हिस्की पीता नहीं हूँ, इसलिए मैं सोच रहा था कि क्या आप इसे लेना पसंद करेंगे?" आप शर्त लगा सकते हैं कि वह इसके लिए अंततः राज़ी हो जाएगा। इसके बाद जब भी वह उस बड़ी बॉटल से ड्रिंक भरेगा, तो हर बार मेरा नाम याद करेगा और यह भी कि मैं क्या बेचता हूँ और उसकी ख़ातिर क्या कर सकता हूँ।

मैंने दूसरे सेल्समैनों को कई बार बर्डडॉग के बारे में शिकायत करते सुना है, जब वे पहलेपहल उनका इस्तेमाल शुरू करते हैं। एक आदमी ने मुझसे कहा था, "मैंने एक महीने पहले कार्ड बाँटना शुरू किया था, लेकिन मुझे अब तक उनसे एक भी बिक्री नहीं मिली।" मेरा जवाब हमेशा वही रहता है : *धैर्य रखें। आपने बीज बो दिए हैं। बस बोते रहें। काटने के लिए बहुत फ़सल मिलेगी।* जैसा मैंने कहा था, पिछले साल बर्डडॉग के ज़रिये मैंने लगभग 550 कारें बेची हैं। बहुत-से सेल्समैन तो साल भर में इतनी कारें बेचने से ही खुश

हो जाएँगे। और मैं नहीं जानता कि मैंने मौखिक प्रचार के ज़रिये कितने ग्राहकों को बेचा, जो बर्डडॉग को दिए मेरे कार्डों से शुरू हुआ था। श्रंखला अंतहीन है, बशर्ते आप इसे जारी रखें। और लागत गौण है, क्योंकि यह सब अतिरिक्त कारोबार है।

50 डॉलर का भुगतान करके आप सैकड़ों डॉलर कमा सकते हैं, लेकिन उस लाभ को पाने के लिए आपको यह भुगतान सचमुच करना होता है।

12

यह जानें कि आप क्या कर रहे हैं – और क्यों

बिक्री प्रशिक्षण में एक पुरानी कहावत आप हर समय सुनते थे और शायद अब भी सुनते हैं। कहावत है : *अपने काम की योजना बनाएँ और अपनी योजना पर काम करें।* मैंने इसे कम से कम सौ बार सुना होगा। और मुझे यक़ीन है कि कार बेचने के कारोबार में संलग्न एक ख़ास उम्र से ज़्यादा के हर व्यक्ति ने भी इसे कम से कम इतनी ही या इससे भी अधिक बार सुना होगा। इसे इतनी ज़्यादा बार कहा जाता था कि हर कोई इसका मज़ाक़ बनाने लगता था।

लेकिन मैं आपको एक बात बता दूँ, जो मैंने इस व्यवसाय में इतने बरसों में सीखी है। यह सबसे अच्छी सलाह है, जो आपको मिल सकती है। इस कहावत के साथ दिक़्क़त यह है कि यह इतनी आकर्षक और चतुराई भरी है तथा इसे इतनी ज़्यादा बार कहा जा चुका है कि इसका अर्थ खो गया है। इसमें दरअसल दो अलग–अलग बातें कही गई हैं। एक तो यह है कि आपको अपने ख़ुद के नियंत्रण में रहना चाहिए और आप जो करते हैं, उसके नियंत्रण में भी। इसका अर्थ है कि आप संयोगों की श्रंखला के हिसाब से काम नहीं कर रहे हैं, जैसे यह कि जब आप सेल्समैनों की क़तार में सबसे आगे होते हैं, तो शोरूम के दरवाज़े के भीतर कौन आता है। दूसरी बात यह है कि अगर आप सही क़दम सोच लें और उन्हें उठा लें, तो आपका कारोबार बढ़ जाएगा।

मैंने बिज़नेस कार्ड, डायरेक्ट मेल, बर्डडॉग और फ़ोन कॉल के बारे में बातें की हैं। मैंने उस बारे में ज़्यादा कुछ नहीं कहा है, जिसे हम बेचना मानते हैं। मैंने इस बारे में बहुत कम कहा है कि संभावित ग्राहक के सामने आने के

बाद आप उससे क्या कहें। आने वाले अध्यायों में मैं इस बारे में भी काफ़ी कुछ कहूँगा। लेकिन अगर आप इस अध्याय के आगे नहीं पढ़ते हैं और मेरे पहले बताए काम कर लेते हैं, तो आपकी बिक्री बहुत ज़्यादा हो जाएगी, चाहे आप कुछ भी बेच रहे हों। यह कई कारणों से होगा, लेकिन सबसे महत्त्वपूर्ण कारण यह है कि बहुत-से लोग आपको नाम से खोजेंगे या आपके पास मिलने के लिए अधिक संभावित ग्राहक होंगे। भले ही आप औसत या औसत से भी कम योग्य प्रस्तुतकर्ता या क्लोज़ करने वाले हों, लेकिन आपने जीवन में अब तक जो किया है, आप उससे बहुत अच्छा प्रदर्शन करने वाले हैं। पक्की गारंटी है।

आपको अधिक बेचने के लिए हर बार सफल होने की ज़रूरत नहीं है

याद रहे कि हम बोने और काटने की बातें कर रहे हैं। हम फ़ेरिस झूलों पर सीटें भरने और ख़ाली करने की बात कर रहे हैं। हम व्यवसाय की संभावनाओं और अनुपातों की बात कर रहे हैं। अब आप किसी तरह यह शंका नहीं कर सकते कि अगर आप इन आमने-सामने की बेचने की स्थितियों में हर चीज़ पहले जैसे तरीक़े से ही करें, तो इसे ज़्यादा बार करने पर आपकी कमाई भी उसी अनुपात में बढ़ जाएगी। हम इस समय किसी दूसरी चीज़ के बारे में नहीं, संख्या के बारे में बात कर रहे हैं।

मैं पूरी तरह गंभीर हूँ। अगर आप हर दिन दोगुने लोगों को अपने पास बुला सकें, तो आप पहले से दोगुने लोगों को सामान बेचेंगे। अगर आपकी सामान्य दर यह है कि आप सिर्फ़ 50 प्रतिशत ग्राहकों को सामान बेच पाते हैं और हर दिन दो ही ग्राहक आपसे मिलने आते हैं, तो आप एक दिन में एक बिक्री कर लेते हैं। यह बुनियादी गणित है। इसे समझने के लिए हाई-स्कूल के डिप्लोमा की ज़रूरत नहीं है। लेकिन अब आइए, हम कुछ ज़्यादा बड़ी संख्याओं की ओर चलते हैं। अगर आप एक दिन में चार ग्राहक पाने में कामयाब हो जाएँ और पहले की तरह ही काम करें, तो क्या होगा? अब भी आप उनमें से आधों को ही बेच पाएँगे। लेकिन अब आप एक दिन में दो बिक्री कर रहे होंगे। आपने अपने कारोबार को अभी-अभी दोगुना कर लिया है।

आप सोचते हैं कि मैं मज़ाक़ कर रहा हूँ, लेकिन ऐसी कोई बात नहीं है। मैं पूरी तरह गंभीर हूँ, जैसा मैं पहले ही कह चुका हूँ। ज़रा ठहरें और सोचें कि आप कितना समय व्यर्थ गँवा देते हैं। आप कितना समय दरवाज़े से किसी के

अंदर आने या किसी सुराग़ के फ़ोन करने का इंतज़ार करने में बिताते हैं? हो सकता है, अब तक आपने सोचा हो कि यह सब ऐसे ही होता है। शायद आपने सोचा हो कि आप जितना कमा रहे थे, आपसे उतना ही कमाने की उम्मीद की जा सकती है, जब तक कि आप ख़ुशक़िस्मत नहीं हो जाते। आपके शायद अच्छे दौर रहे होंगे, जब हर चीज़ आपके लिए काम कर रही होगी, ग्राहक दरवाज़े से तेज़ी से आ रहे होंगे और अंदर आने वाले हर व्यक्ति ने सामान्य से दोगुना सामान ख़रीदा होगा। वाह! आपने कहा होगा। काश मैं इसे क़ायम रख सकूँ!

देखिए, मैं आपको कुछ बताना चाहता हूँ : आप इसे क़ायम रख सकते हैं। निश्चित रूप से, आप अधिक लोगों को ख़ुद से मिलने के लिए बुला सकते हैं। और अगर वे पहले जितनी ही बार और पहले जितनी ही मात्रा में ख़रीदते हैं, तो आप अपनी सामान्य मात्रा की तुलना में स्थायी रूप से अच्छे दौर में रहेंगे। अपनी "मारक दर" को कैसे बढ़ाया जाए, यह एक अलग कहानी है और हम इसके कुछ हिस्सों पर बाद में बात करेंगे।

लेकिन यह दरअसल ज़रा भी महत्त्वपूर्ण नहीं है, बशर्ते आप पहला हिस्सा सही कर लें; यानि आप अपने से मिलने के लिए अधिक लोगों को दरवाज़े के अंदर ला सकें। और यह आप कैसे करें? उसी घिसी-पिटी पुरानी कहावत पर लौटें – अपने काम की योजना बनाएँ और अपनी योजना पर काम करें – और इसे कर दें। कर दें। कर दें!

कड़ी नहीं, चतुराई भरी मेहनत करें

मैं मज़ाक़ नहीं कर रहा हूँ। मेरे कहने का मतलब यह है कि काम पूरे करने से पहले हमें यह निर्णय लेना होता है कि हमें कौन से काम करने हैं – हर दिन। मेरा मतलब है आपको हमेशा – मैं यह नहीं कह रहा हूँ कि कभी-कभार – हर सुबह थोड़ा समय निकालना चाहिए और निर्णय लेना चाहिए कि आप उस दिन क्या करने वाले हैं। और फिर आपको वे काम कर देने चाहिए। मुझे ग़लत न समझें। मैं यहाँ बैठकर कड़ी मेहनत के लाभों पर भाषण नहीं दे रहा हूँ। मैं कड़ी मेहनत में यक़ीन नहीं करता। मैं अच्छे काम में विश्वास करता हूँ। मैं चतुराई भरे काम में विश्वास करता हूँ। मैं प्रभावी काम में विश्वास करता हूँ – वह काम, जो कारगर होता है।

हर सुबह मैं यह अनुमान लगाता हूँ कि उस दिन मैं क्या करने वाला

हूँ। सबसे पहले तो मैं अपनी अपॉइंटमेंट डायरी पर नज़र डालकर देखता हूँ कि मैं कहाँ घिरा हुआ हूँ। हो सकता है कि उस दिन मेरा किसी फ़ाइनैंस कंपनी के लोन ऑफ़िसर के साथ लंच हो। यह भी हो सकता है कि मैंने कुछ समय पहले किसी ग्राहक को फ़ोन किया हो, जो एक नई कार के लिए उस दिन आने वाला हो। यह अच्छा रहता है कि जो ग्राहक आपसे सामान ख़रीद चुके हैं, आप उनकी कार्ड फ़ाइल एक से अधिक तरीक़ों से व्यवस्थित करें। आप उन्हें अक्षरवार जमा सकते हैं, ताकि आप नाम से किसी को खोज सकें। लेकिन दूसरे सेट को तारीख़ के हिसाब से जमाएँ, ताकि अगर किसी ने आपसे कल कुछ ख़रीदा था, तो वह उस फ़ाइल में सबसे पीछे चला जाए आदि। इस तरह आप सामने से शुरू कर सकते हैं और यह देख सकते हैं कि अब आपसे सामान कौन ख़रीद सकता है। कई बार जब मेरे पास थोड़ा ख़ाली समय होता है, तो मैं उन लोगों को फ़ोन करता हूँ, बस यह याद दिलाने के लिए कि अगर वे आकर नई कार देखना चाहते हों, तो उनका स्वागत है। जब नए मॉडल आते हैं, उस समय के आस-पास मैं सूची के बहुत-से लोगों को फ़ोन करता हूँ। अगर मैं फ़ोन करने का यह काम कुछ समय से कर रहा हूँ, तो मेरी अपॉइंटमेंट बुक में ग्राहकों के साथ अपॉइंटमेंट्स एक महीने के क़रीब तक फैले होंगे। ऐसा इसलिए, क्योंकि मैं कोशिश करता हूँ कि ग्राहक मेरे पास आने का एक दिन और समय तय कर लें। मैं सिर्फ़ यही नहीं कहता हूँ, "सैम, नई कारें आ गई हैं और मुझे उम्मीद है कि तुम उन्हें देखने आओगे।" मैं उन्हें ज़्यादा स्पष्टता से यह बताता हूँ : "सैम, आप दोपहर आ जाएँ, लगभग चार बजे, ठीक है?" अगर सैम उस वक़्त नहीं आ सकता, तो उसे मुझे आने का कोई समय बताना पड़ता है। इस तरह मेरे पास एक ग्राहक के आने का अपॉइंटमेंट होता है। और मैं उसी वक़्त उसे अपनी अपॉइंटमेंट डायरी में लिख लेता हूँ। मेरी याददाश्त काफ़ी अच्छी है, लेकिन मैं कभी सिर्फ़ उसी के भरोसे नहीं रहता।

ठीक है, तो मैं अपनी अपॉइंटमेंट बुक की जाँच करके देखता हूँ कि क्या उस दोपहर मेरा कोई अपॉइंटमेंट है। ज़ाहिर है, मैं इस बात की भविष्यवाणी नहीं कर सकता कि कौन अचानक आ टपकेगा और मुझे पूछने लगेगा। बहुत-से लोग हर दिन ऐसा करते हैं। उनके ऐसा करने पर मुझे हैरानी नहीं होती है। आख़िर, हर दिन मैं जो भी करता हूँ, लगभग हर चीज़ का उद्देश्य यही होता है कि लोग मेरे पास लगातार आते रहें। लेकिन हर दिन मेरे पास थोड़ा ख़ाली समय भी रहेगा और मैं यह सुनिश्चित करना चाहता हूँ कि मैं इसे उस चीज़

से भरूँ, जिससे मेरे पास और ज़्यादा ग्राहक आएँ।

मेरा डायरेक्ट मेल प्रोग्राम अब इतना फैल चुका है कि मैं इसे अकेले नहीं सँभाल सकता, इसलिए मैंने यह काम करने के लिए लोगों को नियुक्त कर लिया है। लेकिन इसके वर्तमान स्तर पर पहुँचने से पहले मैं इसे ख़ुद करता था और हर सुबह काफ़ी डाक भेजता था। आम तौर पर मैं यह काम उस वक़्त करता था, जब मेरी अगली बारी होती थी और करने के लिए मेरे पास कोई दूसरा उपयुक्त काम नहीं होता था। ऐसे मौक़ों पर मैं यह चाहता था कि मैं जो भी काम कर रहा होऊँ, उसे तत्काल छोड़ सकूँ और दरवाज़े से आने वाले अगले ग्राहक को सँभाल सकूँ, क्योंकि यह मेरी बारी थी। ऐसे समय डाक पर पते लिखना सबसे सुरक्षित काम होता है। जब आपकी बारी होती है, उस समय अगर आप संभावित ग्राहक को फ़ोन करते हैं, तो दरवाज़े से ग्राहक आने पर आपको उस फ़ोन को अधूरा छोड़ना पड़ेगा और संभावित ग्राहक से कहना पड़ेगा कि आप उसे दोबारा फ़ोन करेंगे। और यह एक ऐसा जोख़िम है, जो आपको कभी नहीं लेना चाहिए।

लेकिन जब मेरी बारी नहीं होती थी, तो मैं डायरेक्ट मेल या फ़ोन करने पर काम करता था। या मैं इमारत में कहीं सद्‌भावनापूर्ण संबंध बनाता था, संभवतः सर्विस डिपार्टमेंट में। (मैं बाद में बताऊँगा कि मैं उस जगह के अपने संबंधों को कितना महत्त्वपूर्ण समझता हूँ।) या शायद मैं ऑफ़िस स्टाफ़ के लोगों से ऊपर की मंज़िल पर बात करता था। बिक्री के किसी भी व्यापार का प्रशासनिक पहलू किसी ग्राहक को संतुष्ट या असंतुष्ट बना सकता है – भले ही आप अपनी तरफ़ से हर चीज़ सही कर लें।

भले ही एक दिन गँवाएँ – लेकिन 250 ग्राहक नहीं

अपने काम की समय-सारणी के बारे में मैं एक बात कहना चाहता हूँ। अगर मैं सुबह उठता हूँ और किसी कारण उदासी महसूस करता हूँ तथा इस भावना से उबर नहीं पाता, तो मैं उस दिन काम पर न जाने का निर्णय ले सकता हूँ। या मैं खिड़की के बाहर देखकर फ़ैसला कर सकता हूँ कि यह अपनी नाव में सैर करने जाने के लिए अच्छा दिन है। मैं यह बहुत बार नहीं करता हूँ, शायद साल में एक-दो बार। और मैं यह सलाह भी नहीं दे रहा हूँ कि काम न करना कारोबार बढ़ाने का तरीक़ा है। लेकिन कई बार आपको बस पता होता है कि आप उस दिन कारोबार में कोई ढंग का काम नहीं कर पाएँगे। अगर आप उस

दिन काम पर जाते हैं, तो हो सकता है कि आपसे कोई बड़ी ग़लती हो जाए या आप किसी के साथ झगड़ बैठें, जिससे आपको 250 लोगों का नुक़सान हो जाए।

अगर ऐसा लगता है कि इस दिन ऐसा ही कुछ होने वाला है, तो बेहतर है कि आप काम करने ही न जाएँ। अगर कोई अपॉइंटमेंट्स हों, तो उन्हें रद्द कर दें और फिर गॉल्फ़ खेलें या फ़िल्म देखने जाएँ या रेस देखने जाएँ या ख़ुद को किसी दूसरी तरह ख़ुश करें। इसका मतलब यह नहीं है कि जब आप अच्छी तरह काम करते हैं, पैसे बनाते हैं और ग्राहकों को ख़ुश करते हैं, तो आप ख़ुश नहीं हो रहे हैं। लेकिन अगर आपको सचमुच यक़ीन है कि आप किसी सुबह या दोपहर या पूरे दिन काम करने जाकर किसी का भला नहीं कर पाएँगे, तो काम करने न जाएँ। क्योंकि आपको किसी तरह की असंतुष्टियाँ लेकर अपने कार्यस्थल पर नहीं जाना चाहिए। वे संक्रामक रोग जैसी हो सकती हैं।

अगर ऐसी भावना एक दिन से अधिक रहती है, तो आपके पास ऐसी समस्याएँ हैं, जिन्हें सुलझाने में मैं आपकी मदद नहीं कर सकता। लेकिन अगर वे कभी–कभार ही होती हैं, तो अपने दिन की योजना बदलकर कोई दूसरी चीज़ करें। लेकिन इससे पहले यह पक्का कर लें कि आप असंतुष्ट इसलिए महसूस न कर रहे हों, क्योंकि पिछले दिन आपने अच्छा काम नहीं किया। अगर यही आपकी उदासी का कारण है, तो मैंने पाया है कि इसके इलाज का सबसे अच्छा तरीक़ा योजना और बेहतर प्रदर्शन के संकल्प के साथ काम पर जाना है।

किसी बुरे दिन की असंतुष्टियों से उबरने का एक अचूक तरीक़ा उस दिन की समीक्षा करना और यह समझने की कोशिश करना है कि आपके साथ जो हुआ, वह क्यों हुआ था। मैं हर कामकाजी दिन के अंत में ऐसा करता हूँ। मैं अपने दिन का दोबारा विश्लेषण करता हूँ, अपनी की हुई हर बिक्री की जाँच करता हूँ और हर उस बिक्री की भी, जो मैंने गँवाई थी। यह सही है। मैं हर आने वाले व्यक्ति को सामान नहीं बेच पाता। इसीलिए मैं अपना इतना सारा पैसा और ऊर्जा यह सुनिश्चित करने में लगाता हूँ कि मैं बहुत–से लोगों से मिलूँ। मैं प्रतिशत के आधार पर खेलता हूँ और मैं आपको भी इसी आधार पर खेलने की सलाह देता हूँ। शायद मैं दिन में मिलने वाले सिर्फ़ आधे ही लोगों को बेच पाता हूँ। लेकिन आम तौर पर इसका मतलब यह होता है कि मैं

कम से कम दस लोगों से मिलता हूँ और उनमें से कम से कम पाँच को बेचने में कामयाब होता हूँ। मैं पिछले वर्षों में हर दिन औसतन छह कारों से ज़्यादा बेचता आ रहा हूँ, इसलिए नहीं, क्योंकि मेरी क्षमता ज़्यादा है, बल्कि इसलिए क्योंकि मेरी संभावित ग्राहक दर ज़्यादा है।

लेकिन मैं उस दिन संभावित ग्राहक से हुए हर संपर्क का विश्लेषण करता हूँ। मैंने उस आदमी से ऐसा क्या कहा, जिसकी वजह से आख़िरकार उसने ख़रीद लिया? ईस्ट डेट्रॉइट के उस दूसरे आदमी ने दरअसल क्यों नहीं ख़रीदा? क्या वह सिर्फ़ शौकिया देखने आया था? या यह मेरी किसी ग़लती को छिपाने का कुछ ज़्यादा ही आसान बहाना है?

जब मैंने पहले पहल अपने दिन का इस तरह ग्राहक–दर–ग्राहक विश्लेषण शुरू किया, तो अगर किसी गँवाए हुए ग्राहक के मामले में मुझे समझ नहीं आता था कि मुझसे क्या ग़लती हुई थी, तो मैं कई बार उसे फ़ोन करता था। मैं उसे बताता था कि मैं कौन हूँ और मैं उसे क्यों फ़ोन कर रहा हूँ। लोग आम तौर पर आपकी मदद करना चाहते हैं। मैं कहता था कि मैं कारोबार सीखने की कोशिश कर रहा हूँ और अपनी ग़लतियों से सीखना चाहता हूँ। बहुत बार वे कहते थे कि वे फ़ोर्ड या प्लाईमाउथ के बहुत पुराने ग्राहक हैं और वे बस यह देखना चाहते थे कि क्या शैवर्ले में ऐसा कुछ है, जिसके बारे में उन्हें पता होना चाहिए। इसका मतलब यह था कि मैंने प्रतिस्पर्धा के ख़िलाफ़ अपने उत्पाद को पर्याप्त अच्छी तरह नहीं बेचा था। या वे मुझे बताते थे कि उन्हें किसी दूसरी जगह मुझसे कम भाव मिल गया था। मैं बहुत सावधानी से उनसे सवाल पूछता था कि उन्होंने कौन से वैकल्पिक उपकरण लिए और कार की अदला–बदली में उन्हें कितने पैसे मिले। जिस सेल्समैन का भाव पर थोड़ा नियंत्रण होता है, कई बार वह बहुत लोभ में आकर दाम माँगता है और यह नहीं समझ पाता है कि एक छोटी–सी कटौती या अतिरिक्त चीज़ साथ में देने से सौदा पक्का हो सकता है।

वैसे, हर दिन के मेरे रिप्ले या पुनरावृत्ति का विचार सिर्फ़ मेरा ही नहीं है। इतिहास के कुछ सबसे महान और सबसे सफल लोगों में भी यह आदत थी तथा उन्होंने अपनी ज़्यादातर सफलता का श्रेय इसे दिया है। मैं जानता हूँ कि इसमें मुझे जितना समय लगता है, उसके बदले में मुझे अच्छा पुरस्कार मिलता है। कुछ अच्छी सलाह चाहिए? इसे आज़माकर देखें।

मैं हमेशा किसी ग्राहक के बारे में अपनी भावनाओं की तुलना – ख़ास

तौर पर अगर मैंने उसे गँवा दिया था – उसके ख़ुद के कथन से करता हूँ कि उसने मुझसे क्यों नहीं ख़रीदा और किसी दूसरे से क्यों ख़रीदा। लोग कई बार सोचते हैं कि वे, अपनी भावनाओं और अपनी प्रतिक्रियाओं के बारे में बहुत कुछ जानते हैं, लेकिन दरअसल वे उतना नहीं जानते हैं। और अपने बारे में यह सीखने से ज़्यादा महत्त्वपूर्ण कुछ नहीं है कि आप किसी चीज़ को जिस तरह से देखते हैं और सौदे के दूसरी तरफ़ वाला आदमी उसे जिस तरह से देखता है, उनके बीच क्या फ़र्क़ है।

क्योंकि दरअसल आपको कभी दूसरी तरफ़ रहना ही नहीं चाहिए। आपके और ग्राहक के बीच की खाई को सँकरा करने और आख़िरकार मिटाने से ही आप युद्ध जीतने में सफल होते हैं। आप चाहते हैं कि दोनों ही एक तरफ़ हों। इसका मतलब यह है कि आपको ऐसे क़दम उठाने चाहिए, जिनसे आप दोनों एक ही तरफ़ रहें, चाहे ऐसा करने के लिए आप किन्हीं भी साधनों और विधियों का इस्तेमाल करें।

आपने क्या खोया, यह जानने से आपको जीतने में मदद मिलती है

लेकिन मैं हमेशा यह जानना चाहता हूँ कि मैंने जो बिक्री खोई, वह क्यों खोई। और मैं कभी भी इस जवाब को स्वीकार नहीं करता, “मैं बस देखने आया था,” क्योंकि अगर कोई मेरा और उसका दोनों का समय लगाकर हमारी डीलरशिप में सिर्फ़ देखने आता है, तो वह पहले ही आंशिक रूप से बिक चुका है। और मैं यह जानना चाहता हूँ कि मैं उसे पूरी तरह क्यों नहीं बेच पाया।

मैं सोचता हूँ कि यह एक ऐसा नियम है, जो कार बेचने में शायद 95 प्रतिशत बार सही होता है। वैसे शायद यह हर प्रकार की बिक्री में अधिकतर समय सही रहता है। अगर कोई बस “देखने” आता है, तो उसकी इतनी दिलचस्पी तो होती ही है कि अधिकतर समय उसे बेचा जा सके। इसका मतलब है कि अगर आप उसे हर बार बस “देखने” देते हैं, तो आप शायद वह बिक्री नहीं पा रहे हैं, जो आप कर सकते हैं। लेकिन यदि आप कोशिश करते हैं और असफल होते हैं, तो इसे बस “देखने” की वजह से अपने दिमाग़ में ख़ारिज न कर दें। मुठभेड़ में अपने प्रदर्शन का विश्लेषण करें और यह पता लगाने की कोशिश करें कि आप उसे बेचने में कहाँ असफल हुए थे। क्योंकि आसार इसी बात के हैं कि आप असफल हुए थे।

यह सकारात्मक के बजाय नकारात्मक सोच लगती है। लेकिन यह ज़रा भी नकारात्मक नहीं है। इसे इस तरह देखें : आप बहुत सकारात्मक सोच रहे हैं, जब आप यक़ीन करते हैं कि आपको हर अंदर आने वाले व्यक्ति को बेचने में समर्थ होना चाहिए। ज़ाहिर है, कोई भी सचमुच ऐसा नहीं कर सकता। लेकिन फिर भी यह एक बहुत प्रभावी नज़रिया है, जो आपके दिमाग़ में रहना चाहिए। इससे आप प्रोत्साहित होते हैं कि आप हर खोई हुई बिक्री का विश्लेषण करके देखें कि आपने उसे क्यों गँवा दिया, ताकि आप वैसी ही स्थिति आने पर वह ग़लती दोबारा न करें।

बस यह बात दिमाग़ में रखें कि जो संभावित ग्राहक "बस देख रहा है," हो सकता है वह दरअसल आपसे और उसका पैसा खींचने की आपकी योग्यता से डर रहा हो – भले ही यह उस चीज़ के लिए हो, जिसे वह सचमुच ख़रीदना चाहता है। मैंने बेचने की स्थिति को एक युद्ध, एक प्रतिस्पर्धा और एक मुठभेड़ कहा है। लेकिन मेरा यह मतलब नहीं है कि बेचते वक़्त आपको इसी तरह काम करना चाहिए। कुश्ती लड़ने से आपके ग्राहक का डर दूर नहीं होगा। एक बार जब वह आपके सामने आ जाए, तो आपकी सबसे प्रभावी नीति यह हो सकती है कि "उससे कराने" के बजाय "उसे करने दें।" और यह उस पर भी लागू होता है, जो भी वह देखना चाहता है या बात करना चाहता है या कोई दूसरी चीज़। क्योंकि अगर वह स्वतंत्र महसूस करता है – बाहर जाने के लिए भी – तो वह उस शुरुआती डर से उबर जाएगा और यही तो आप चाहते हैं।

मैंने सुना है कि जो भी उतनी कारें बेचता है, जितनी कि मैं बेचता हूँ, उसे बहुत उच्च दबाव वाला सेल्समैन होना चाहिए। मुझे लगता है कि उच्च दबाव वाला सेल्समैन लोगों से सामान ख़रीदवाने की कोशिश करता है। मैं उन्हें *ख़रीदने देता* हूँ। मेरा यक़ीन है कि बिक्री तय करने वाले सबसे महत्त्वपूर्ण घटकों में से एक यह है, क्या प्रॉस्पेक्ट मुझे पसंद करता है, क्या वह मुझ पर विश्वास करता है। अगर मैं किसी संभावित ग्राहक से यह नहीं करा सकता, तो आसार इसी बात के हैं कि मैं उसे कुछ बेच भी नहीं पाऊँगा। किसी से अपने को पसंद कराना काफ़ी मुश्किल हो सकता है, लेकिन आप अपनी बातों और कामों से इसमें कामयाब हो सकते हैं। मैं महसूस करता हूँ कि इस दर्शन ने नंबर वन बनने में मेरी मदद की है और अगर आप बेचकर बहुत सारे पैसे बनाना चाहते हैं, तो आपको भी यही दर्शन

विकसित करना चाहिए, उससे कराने के बजाय *उसे करने* दें।

नज़रिये का नियोजन किसी दूसरी चीज़ की तरह आपके दिन की योजना बनाने का हिस्सा है। अगर आप ख़राब महसूस करते हैं, तब भी आम तौर पर आपको काम करने जाना होता है। यानि आपको तो बस अपनी नकारात्मक भावना को लेना है, चाहे यह जो भी हो और इसका सामना करना है, भले ही आप इसे पूरी तरह दूर न कर सकते हों। इस तरह जब कोई दरवाज़े से अंदर आता है, या कोई फ़ोन आता है, तो आप अपनी नकारात्मक भावना को दरकिनार कर सकते हैं। लेकिन पहले आपको यह पहचानना होता है कि आप कैसा महसूस करते हैं, वरना आप योजना बनाने और अपनी भावनाओं से निबटने में कामयाब नहीं हो पाएँगे। और आप विश्वास कर सकते हैं कि अगर आप अपने भीतर चलने वाली चीज़ों के नियंत्रण में नहीं हैं, तो आप निश्चित रूप से अपनी नकारात्मक भावना उस संभावित ग्राहक के सामने ज़ाहिर कर देंगे, जो आप पर संदेह करता हुआ अंदर आता है।

जब मैं हर रात को अपने दिन का विश्लेषण करता हूँ, तो मैं पाता हूँ कि मैं सचमुच अपनी कही और की हुई हर चीज़ को पूरी तरह याद कर सकता हूँ। और मैं तब तक नहीं सोता हूँ, जब तक कि मुझे यक़ीन न हो जाए कि और कोई चीज़ नहीं थी, जो मैं "लौटकर आता हूँ" कहने वालों और बाक़ी खोई हुई बिक्रियों को बदलने के लिए कर सकता था। और याद रखें, जब वे दरवाज़े से बाहर निकलते हैं, तो *लौटकर आता* हूँ, कहने वाली बात को उसी पल भूल जाएँ। मैं सोचता हूँ कि मैं ग्राहकों का आंकलन करने और उन्हें पकड़े रखने में काफ़ी अच्छा हूँ। लेकिन जब मैं किसी आदमी को यह कहते सुनता हूँ कि वह लौटकर आएगा, तो मैं समझ जाता हूँ कि वह हमेशा-हमेशा के लिए चला गया है। कई बार वे लौटकर आते भी हैं, क्योंकि कुछ लोग सचमुच सच बोलते हैं। लेकिन अगर आप लौटकर आने वालों को अपनी भावी आमदनी का ज़रिया मान रहे हैं, तो आप अब भी नौसिखिए हैं और ख़ुद को मूर्ख बना रहे हैं।

मैंने एक बात देखी है – इस बात को कोई भी स्वीकार करना नहीं चाहता – कि अगर आप किसी को कुछ नहीं बेच सकते, तो शायद कोई दूसरा सेल्समैन बेच सकता है। बहुत-से व्यवसायों में यह आवश्यक होता है कि एक सेल्समैन किसी ग्राहक के बाहर जाने से पहले उसे उसी जगह पर मौजूद किसी दूसरे सेल्समैन के हवाले कर दे। मुझे यह सोचना पसंद है कि कोई भी उतना बेहतर नहीं है, जितना कि मैं हूँ। लेकिन कोई भी आदर्श नहीं होता, इसलिए कई बार

यह ज़्यादा उपयोगी होता है अगर आप किसी दूसरे सेल्समैन को इस तरह शामिल कर लें, ताकि ग्राहक प्रतिरोध न करे। उसे यह नहीं लगना चाहिए कि उस पर दबाव डाला जा रहा है।

कुछ समय तक मेरा अपनी डीलरशिप के दूसरे सेल्समैनों के साथ यह समझौता था कि अगर वे किसी को कुछ न बेच पाएँ, तो मैं उन्हें 10 डॉलर दूँगा, अगर वे मुझे उस आदमी को बेचने का मौक़ा दें। मैं आपसे यह यक़ीन करने को नहीं कहता कि मैं उन सभी को बेच सकता था। लेकिन मैंने उनमें से कुछ को बेचा। मैंने यह करना इसलिए छोड़ दिया, क्योंकि जब मुझे तगड़ा कमिशन मिलता था और सामने वाले सेल्समैन को सिर्फ़ 10 डॉलर का नोट मिलता था, तो वह चिढ़ जाता था। वे लोग इस विचार को स्वीकार नहीं कर पाए कि मैंने 10 डॉलर देकर उस ग्राहक के सारे अधिकार ख़रीद लिए थे, क्योंकि वे तो पहले ही हार चुके थे। वे मेरे साथ कमिशन बाँटना चाहते थे। इसलिए मैंने उस विचार को छोड़ दिया। मैं सुझाव देता हूँ कि अगर आप ऐसी किसी चीज़ की कोशिश करना चाहते हों, तो यह सुनिश्चित कर लें कि हर व्यक्ति – पहले से ही – समझौते की शर्तों को अच्छी तरह समझ ले। लेकिन मैं यह सलाह भी देता हूँ कि इसे कुछ समय तक आज़माकर ज़रूर देखें, क्योंकि बाहर निकलने वाले संभावित ग्राहक पर आप बेचने की तकनीकों का जितना अच्छा अभ्यास कर सकते हैं, उससे बेहतर कोई अभ्यास नहीं है। और जब आप ऐसे मौक़े को बिक्री में बदल लेते हैं, तो उससे बेहतर कोई भावना नहीं है।

एक तरह से, यह आपकी योग्यता के सबसे अच्छे इम्तिहानों में से एक है। लेकिन अगर आप इसे आज़माने जा रहे हों, तो यह सुनिश्चित कर लें कि आप अपनी डीलरशिप के दूसरे लोगों की बेचने की विधियों और तकनीकों के बारे में कुछ जानते हों। इस तरह आप दूसरे सेल्समैन से भिन्न तरीक़े से यह काम कर सकते हैं। दूसरे सेल्समैन ने जिस तरह कोशिश की थी, अगर आप भी वही करते और कहते हैं, तो इसमें कोई तुक नहीं है। आप उससे अलग तरीक़े से बातचीत करना चाहते हैं। ज़ाहिर है, कई बार सीधे-सीधे पूछ लेना उपयोगी होता है कि वह किसकी तलाश कर रहा है या उसे किस चीज़ की ज़रूरत है, जो सामने वाले ने उसे नहीं दिखाई। आप जिन लोगों के साथ काम करते हैं, आपको उनकी आलोचना नहीं करनी चाहिए। लेकिन कई बार अगर आप ऐसा सवाल पूछते हैं, तो इससे संभावित ग्राहक को पता चल जाएगा कि आप उसकी मदद करने की

कोशिश कर रहे हैं और वह अपने रक्षाकवच को नीचे कर लेगा तथा ख़ुद को सामान बेचने देगा।

जैसा मैं कह रहा हूँ, सेल्समैन जो सबसे महत्त्वपूर्ण चीज़ कर सकता है, वह है संभावित ग्राहक को दरवाज़े से अंदर लाना, ताकि वह उसके सामने आ जाए। उन्हें अंदर लाने के लिए योजना की आवश्यकता होती है। और योजना में बहुत-से निर्णय लेने की ज़रूरत होती है कि आपके सबसे अच्छे प्रॉस्पेक्ट कौन हैं और उन तक सबसे कार्यकुशलता व किफ़ायत से कैसे पहुँचा जा सकता है। आपको संभावित ग्राहक लाने के ख़र्च संबंधी निर्णय लेने होते हैं और उसके आ जाने पर उसके संभावित मूल्य संबंधी निर्णय भी लेने होते हैं। लेकिन लागत और मूल्य को जो तय करता है, वह है आपके समय की उपलब्धता। अगर आपके पास बहुत सा ख़ाली समय है और आप फ़ोन पर अच्छी तरह बात करते हैं, तो यह किफ़ायती हो सकता है कि आप कुछ दिन पुराने ग्राहकों या *दोबारा लौटकर आएँगे* कहने वाले लोगों को फ़ोन करें, बशर्ते उनके जाने से पहले आप उनका नाम-पता हासिल करने में कामयाब हुए हों।

फ़ोन कॉल्स आपके लिए अच्छी तरह काम कर सकती हैं, लेकिन वे प्रति कॉल और प्रति प्रॉस्पेक्ट बहुत समय ले लेती हैं। जब आपके पास उस तरह का समय न हो, तो डाक भेजना ख़ाली समय का उपयोग करने का काफ़ी अच्छा तरीक़ा है। यह निश्चित रूप से उस समय को भरने का उपयोगी तरीक़ा है, जब अगले ग्राहक को सँभालने की आपकी बारी हो, क्योंकि अगले ग्राहक के अंदर आते ही आप किसी भी समय उस काम को छोड़ सकते हैं। मुद्दे की बात यह है कि आप इस तरह की गतिविधि की योजना काफ़ी सटीकता से बना सकते हैं। अप्रत्याशित घटनाएँ लगभग हर दिन अधिकतर सेल्समैनों के साथ होती हैं, इसलिए आप हर चीज़ पूरी सटीकता से नहीं कर सकते। जब भी कोई अधिक उत्पादक चीज़ सामने आए, आपको अपनी योजना बदलने के लिए तैयार रहना चाहिए।

ख़ुद को सक्रिय रखने और प्रॉस्पेक्ट को लगातार अंदर लाते रहने की योजना बनाने का महत्त्व स्पष्ट है। अगर आपको योजनाएँ बदलनी भी पड़ें, तब भी पहले योजना बनाने से आपको काफ़ी गति मिल जाती है। जब मैं सुबह शोरूम में आता हूँ, तब अगर मैं सटीकता से जानता हूँ कि मैं क्या करने का इरादा रखता हूँ, तो इंतज़ार-करो-और-देखो के नज़रिये के बजाय इस जानकारी से मुझे काफ़ी ज़्यादा प्रबल प्रेरणा मिलती है।

आपको शायद बताया गया है कि अपने उत्साह को बढ़ाने और नकारात्मक विचारों को दिमाग़ से बाहर निकालने के लिए आईने के सामने खड़े होकर सभी तरह की बातें कहें। मैं निश्चित रूप से इनमें से किसी भी तकनीक को ख़ारिज नहीं करना चाहता, बशर्ते यह आपके लिए कारगर हो। लेकिन मेरे अनुभव में, हर दिन सुबह बनाई गई योजना के अलावा कोई दूसरी चीज़ नहीं है, जो मुझे दिन की पहली बिक्री के अधिक क़रीब लाती हो। क्योंकि जब मैं सुबह अपने मकान के दरवाज़े से बाहर निकलता हूँ, तो एक बात तो तय होती है : मैं जानता हूँ कि मैं कहाँ जा रहा हूँ और क्या करने जा रहा हूँ। और जिस मिनट मैं ऑफ़िस में प्रवेश करता हूँ, यह महत्त्वपूर्ण नहीं है कि मेरी पूरी योजना क़ायम रहती है या उसी मिनट बदल जाती है, क्योंकि मैं इस प्रेरणा और विश्वास के साथ वहाँ आया था कि वहाँ मेरे रहने का एक महत्त्वपूर्ण कारण था। और अपने काम की योजना बनाने का यह एक बहुत अहम कारण है – भले ही आप उस दिन अपनी योजना के हर (या किसी) विस्तृत विवरण पर काम न कर पाएँ।

यह पहला धक्का है, जो आप ख़ुद को देते हैं और जो आपको पहली बिक्री के सबसे क़रीब लाता है। और मुझे किसी पेशेवर सेल्समैन को यह बताने की ज़रूरत नहीं है कि दिन की पहली बिक्री कितनी महत्त्वपूर्ण होती है। आप जानते हैं कि इससे कितना अच्छा महसूस होता है। आप जानते हैं कि इससे आपको ऐसा लगता है, जैसे आप सही व्यवसाय में सही जगह पर सही समय पर हैं।

अपने काम की योजना हर दिन बनाएँ और अपनी योजना पर काम करें, बशर्ते आप कर सकें। यह पुराने ज़माने की दक़ियानूसी कहावत हो सकती है। लेकिन मैं सोचता हूँ, मैंने दिखा दिया है कि हम सभी के लिए यह कितनी अधिक मूल्यवान है। और फिर अपना दिन अपने हर काम की समीक्षा के साथ ख़त्म करें, ताकि यह दिख सके कि आपकी योजना कितनी अच्छी और यथार्थवादी थी। आपका जो करने का इरादा था, अगर आप उतना न कर पाए हों, तो ख़ुद को कोसने की ज़रूरत नहीं है। शायद आपकी समस्या यह है कि आप ज़रूरत से ज़्यादा करने की कोशिश कर रहे हैं। मैं किसी को ज़िम्मेदारी या दोष से मुक्त करने की कोशिश नहीं कर रहा हूँ। हम सभी अधिकतर समय काफ़ी मेहनत से काम करते हैं। लेकिन जैसा मैं कह चुका हूँ, असल सवाल यह नहीं है कि हम कितनी *कड़ी* मेहनत करते हैं; असल सवाल तो यह है कि

हम कितनी *अच्छी* तरह मेहनत करते हैं। यानि अगर आपने दस फ़ोन कॉल्स करने की योजना बनाई थी और सिर्फ़ पाँच ही कर पाए, तो उन पाँच के लिए क्या आपने अपनी योजना पर काम किया? अपने दिन की समीक्षा करते वक़्त आप ख़ुद से इस तरह की चीज़ पूछ सकते हैं।

यह एक ऐसा सवाल है, जो सचमुच आपको अपनी प्रेरणा और पेशेवर के रूप में आपकी प्रभावकारिता का पैमाना प्रदान करता है।

अपने काम की योजना बनाएँ। अपनी योजना पर काम करें। और इस पर अमल करें!

13

ईमानदारी सर्वश्रेष्ठ नीति है

जब मैं कहता हूँ कि ईमानदारी सर्वश्रेष्ठ नीति है, तो मेरा मतलब बिलकुल यही है : यह एक नीति है और सबसे अच्छी नीति है, जिसका अनुसरण आप अधिकतर समय कर सकते हैं। लेकिन मेरा मतलब है, यह एक नीति है। यह कोई क़ानून या नियम नहीं है। यह एक ऐसी चीज़ है, जिसका इस्तेमाल आप अपने काम में करते हैं, जब यह आपके सर्वश्रेष्ठ हित में होती है। ज़ाहिर है, आम तौर पर सच बोलना आपके सर्वश्रेष्ठ हित में होता है, ख़ास तौर पर अगर यह किसी ऐसी चीज़ के बारे में है, जिसके बारे में ग्राहक को बाद में पता चल सकता है। कोई भी सही दिमाग़ का सेल्समैन किसी ग्राहक को यह बताने के बारे में नहीं सोचेगा कि वह आठ सिलेंडर की कार ख़रीद रहा है, जबकि आपने उसे जो बेचा है, वह छह सिलेंडर का मॉडल है। जब भी वह पहली बार हुड खोलेगा और डिस्ट्रिब्यूटर कैप से निकलने वाले तार गिनेगा, तो आपका भारी नुक़सान हो जाएगा, क्योंकि वह 250 से ज़्यादा लोगों के सामने आपकी बुराई करेगा।

जब मैं सुझाव देता हूँ कि किसी प्रॉस्पेक्ट को सच्चाई न बताने के कुछ मौक़े होते हैं, तो मैं ऊपर बताई गई चीज़ के बारे में नहीं बोल रहा हूँ। मान लें, कोई प्रॉस्पेक्ट मुझसे फ़ोन करके पूछता है कि क्या मेरे पास कोई विशेष कार है, जो एक ख़ास तरह के उपकरण से सुसज्जित है। क्या आप जानते हैं, मैं उससे क्या कहूँगा? हाँ, सही समझे। मैं कहूँगा, "मेरे पास ऐसी ही एक कार स्टॉक में है और आप उसे आज ही उठा सकते हैं।" अब हो सकता है कि मैं सच बोल रहा हूँ या हो सकता है कि मैं सच न बोल रहा हूँ, क्योंकि ऐसी कॉल आने पर मैं स्टॉक की सूची नहीं देखता हूँ। मैं चाहता हूँ कि वह आदमी

वहाँ आए। संभावना इस बात की है कि मेरे पास उसकी मनपसंद कार होगी, क्योंकि हमारे स्टॉक की सूची बहुत बड़ी होती है। या अगर मेरे पास वह कार नहीं है, तो मैं उसे बहुत तेज़ी से बुला सकता हूँ, क्योंकि इस इलाक़े के दूसरे डीलरों से हमारा समझौता है और हम उनके साथ कारों की अदला-बदली कर लेते हैं। इस तरह हम सभी पूरे क्षेत्रीय भंडार का लाभ ले सकते हैं। लेकिन क्या हो, अगर मेरे पास उसकी चाही गई हर चीज़ हो, सिवाय सीडी प्लेयर के? या शायद मेरे पास सही स्टीरियो वाली कार तो हो – या मैं उसे मँगा सकता हूँ – लेकिन यह नीले के बजाय भूरे रंग की हो। मैं ग्राहक से कितना झूठ बोल रहा हूँ? अधिकतर मामलों में, बहुत छोटा-सा। और वैसे भी, अगर वह आने पर शिकायत करता है, तो मैं इसके लिए रिकॉर्ड की ग़लती को दोष दे सकता हूँ।

जो लोग कार ख़रीदना चाहते हैं, उनमें से अधिकतर उसे इसी समय ख़रीदना चाहते हैं। इसीलिए मैं भी उन्हें उसी समय कार बेचना चाहता हूँ। ग्राहक की पसंद की हूबहू स्पेशल-ऑर्डर कार बनने में एक महीने का समय लग सकता है। और अधिकतर मामलों में कोई भी इंसान उस कार के हर छोटे विवरण के बारे में इतनी ज़िद नहीं पकड़ता है, जिसे उसने अपने दिमाग़ में चुन लिया है। कुल मिलाकर लगभग दो दर्जन रंग होते हैं और अगर वे बहुत-से लोगों को पसंद न होते, तो फ़ैक्ट्री उन सभी रंगों में कार नहीं निकालती। इसलिए मैं उसे काफ़ी कुछ वही दे रहा हूँ, जो वह चाहता है। मान लें, आप क़साई से किसी ख़ास हिस्से का एक पाउंड गोश्त माँगते हैं। अगर वह 16 औंस के बजाय 15 या 17 आउन्स गोश्त देता है, तो आप यह नहीं कहते हैं कि वह उसे "अपने ही पास रखे", बशर्ते वह आपसे वाजिब क़ीमत ले रहा हो।

मैं किसी को ग्राहक से झूठ बोलने की सलाह नहीं दे रहा हूँ। मुझे सचमुच यक़ीन है कि ईमानदारी ही सर्वश्रेष्ठ नीति है। लेकिन ईमानदारी अंशों का मामला है। यह कभी भी पूरी तरह एक तरफ़ या पूरी तरह दूसरी तरफ़ नहीं होती है।

जब कोई ग्राहक अपनी पत्नी व बेटे के साथ अंदर आता है और आप कहते हैं, "आपका बच्चा कितना प्यारा है," तो यह सच है या झूठ? हो सकता है कि वह इतिहास का सबसे दुखी दिखने वाला बच्चा हो। लेकिन अगर आप कुछ पैसे बनाना चाहते हैं, तो आप निश्चित रूप से यह नहीं कहेंगे। अगर आप किसी आदमी को नया ओवरकोट बेच रहे हैं, तो आप उसके पुराने ओवरकोट

को देखकर यही कहते हैं, "आपने निश्चित रूप से इसका अच्छा इस्तेमाल किया है।" भले ही उस वक़्त आप मन में यह सोच रहे हों, *तुम्हारे इसे ख़रीदने से दो साल पहले ही यह फ़ैशन से बाहर चला गया था और तुम्हें इसे कोहनी पर से तार-तार होने से पहले ही उठाकर फेंक देना चाहिए था।*

आप जो बेच रहे हैं, वह उसे पसंद आएगा, बशर्ते आप उसकी मौजूदा चीज़ को पसंद करें

यह सब शायद आपको बहुत स्पष्ट लगता होगा, लेकिन मैंने कई बार सौदों को इस वजह से टूटते देखा है, क्योंकि सेल्समैन ने छोटा-सा दयालुतापूर्ण झूठ बोलने के बजाय सच बोलकर ग्राहक को नीचा दिखाने की कोशिश की है। जब कोई ग्राहक सेल्समैन से पूछता है कि वह उसकी पुरानी कार के कितने पैसे देगा, तो मैंने सेल्समैनों को कहते सुना है, "इस खटारा का!" देखिए, हो सकता है कि उस कार के चारों टायर घिसे हुए हों और उसमें कोई अतिरिक्त टायर न हो। हो सकता है कि वह डीज़ल इंजन से भी ज़्यादा तेल जला रही हो। हो सकता है, उसमें वैसी बदबू भरी हो, जैसी बास्केटबॉल मैच के बाद लॉकर रूम में भरी होती है। लेकिन चाहे जैसी भी हो, यह उसकी कार है। और उसी में बैठकर वह आपके पास तक आया है। और हो सकता है कि वह उससे प्रेम करता हो। भले ही वह उससे प्रेम न करता हो, लेकिन उसे कोसने या धिक्कारने का हक़ सिर्फ़ उसे है। अगर आप ऐसा करते हैं, तो आप उस आदमी का अपमान कर रहे हैं। इसलिए थोड़ा झूठ बोलें। उसे बताएँ कि वह कितना अच्छा ड्राइवर है, जो उसने इस कार को 1,20,000 मील चला लिया। यह सुनकर उसे अच्छा लगेगा, दरअसल इतना अच्छा कि वह ज़्यादा बहस नहीं करेगा, जब आप उस पुरानी कार के उतने ही पैसे देंगे, जितने कि उसे मिलने चाहिए।

मैं सिर्फ़ यही नहीं कह रहा हूँ कि लोगों को चापलूसी पसंद आती है, भले ही वे जानते हों कि आपकी कही बात पूरी तरह सच नहीं है। इससे भी अधिक महत्त्वपूर्ण बात, जब आप उसकी पत्नी की पोशाक, उसके बच्चे की सुंदरता या उसके पहने हुए चश्मे के फ्रेम की तारीफ़ में कुछ जुमले उछाल देते हैं, तो इससे एक सुखद, निहत्था करने वाला माहौल बन जाता है।

इस तरह की बातचीत वह छुटपुट चर्चा है, जो ग्राहक के इस शुरुआती डर को दूर कर देती है कि आप उसके दाँतों से सोना निकालना चाहते हैं। इसे

सैनिक लोग हमले के मुख्य बिंदु से ध्यान हटाने वाली कार्यवाही कहते हैं। और भले ही वह आदमी प्रतिक्रिया न करे, लेकिन मैं इसे तब तक क़ायम रखने की कोशिश करता हूँ, जब तक कि मैं उसे थोड़ी प्रतिक्रिया देने के लिए प्रेरित न कर दूँ। मैं बाद में बातचीत के कई अन्य प्रकार के विषयों पर बात करूँगा। लेकिन आपको किसी दूसरे विषय में इतने संलग्न कभी नहीं होना चाहिए कि आप यही भूल जाएँ कि वह आपके पास क्यों आया है। वह भूल सकता है, लेकिन आपको कभी नहीं भूलना चाहिए, एक पल के लिए भी नहीं।

आप बेचने की स्थिति में एक अभिनेता हैं और आपको यह बात कभी नहीं भूलनी चाहिए। टाइमिंग या सही समय वह सबसे मूल्यवान गुण है, जो किसी अभिनेता के पास हो सकता है। लेकिन यह एक ऐसी चीज़ है, जिसे आपको मेहनत से हासिल करना होता है। जब मैं सप्ताहांत पर कहीं दूर जाना चाहता हूँ, तो मैं आम तौर पर लास वेगस जाता हूँ। इसके पीछे दो कारण होते हैं। एक तो यह कि यह एकमात्र जगह है, जहाँ मैं जुआ खेलता हूँ। मैं जीतने की उम्मीद नहीं करता, लेकिन मैं कभी इतना ऊँचा दाँव नहीं लगाता कि हारना बर्दाश्त न कर पाऊँ। मैं जानता हूँ कि संभावनाएँ क्या हैं और मैं जानता हूँ कि वे मेरे ख़िलाफ़ हैं। लेकिन फिर भी इसमें मज़ा आता है।

मेरे लास वेगस जाने का दूसरा कारण है डॉन रिकल्स को देखना, जो संसार के सबसे अच्छे अभिनेताओं में से एक हैं। मैं उनकी टाइमिंग, उनके चेहरे के हाव–भाव, यहाँ तक कि उस तरीक़े को भी देखता हूँ, जिससे वे अपनी मशहूर अदा में दूसरों का अपमान करते हैं। ऐसी बात नहीं है कि मैं कभी किसी ग्राहक का अपमान करना चाहता हूँ, लेकिन मैं तो बस यह देखना चाहता हूँ कि वे वहाँ के लोगों में से किसी को भी अपमानित करके कैसे गुस्सा दिला सकते हैं और फिर उस आदमी के क्रोध को मुस्कान में कैसे बदल सकते हैं। क्रोध को मुस्कान में बदलना वैसा ही है, जैसा हम करते हैं : डर को विश्वास में बदलना। नहीं को हाँ में बदलना।

आप चाहते हैं कि जब आप किसी ग्राहक को कुछ बेच रहे हों, तो वह आप पर विश्वास करे। और आप यह भी चाहते हैं कि आपके पास से जाने के बाद भी वह आप पर विश्वास करे। इसीलिए आप उससे कभी कोई बड़ा झूठ नहीं बोलना चाहते, जिसे वह बाद में पकड़ सके। आप उसे कभी कोई ऐसी चीज़ नहीं बताना चाहते, जिस पर यक़ीन करने के लिए उसके दोस्त और रिश्तेदार उस पर हँसें। और कई बार तो आपको किसी व्यक्ति को कुछ ऐसा

करने से रोकना भी पड़ता है, जिससे उसे बाद में शर्मिंदा होना पड़े।

बहुत–से व्यवसाय हैं, जहाँ किसी उत्पाद की असली क़ीमत प्राइस टैग पर लिखी क़ीमत से बहुत अलग होती है। जैसा कार व्यवसाय में हर कोई जानता है, हर नई कार की विंडो पर एक स्टिकर लगा होता है, जिस पर निर्माता की अनुशंसित क़ीमत लिखी रहती है। अधिकतर लोगों को यह बात पता होती है कि ज़्यादातर कारें स्टिकर पर लिखी क़ीमत से कम में ख़रीदी जा सकती हैं। कॉरवेट्स जैसी कुछ कारें मुश्किल से मिलती हैं, इसलिए वे स्टिकर पर लिखी क़ीमत पर ही बिकती हैं। यही हाल कैडिलैक कन्वर्टिबल्स और बहुत–सी आयातित कारों का है। लेकिन अधिकतर अमेरिकी कारें अनुशंसित क़ीमत से कम में ख़रीदी जा सकती हैं और जैसा मैंने बताया, ज़्यादातर लोग यह बात जानते हैं।

लेकिन कुछ लोग नहीं जानते हैं, ख़ास तौर पर अगर वे किसी ग्रामीण कस्बे से आए हों, जहाँ एक या दो डीलर ही हों और वे आम तौर पर दिया जाने वाला डिस्काउंट न देते हों। कई बार कोई मेरे पास आता है, कार को देखता है और स्टिकर पर लिखी पूरी राशि का चेक लिखने लगता है। आप पूछते हैं, इसमें क्या ग़लत है? दरअसल, कुछ नहीं। स्टिकर पर यही क़ीमत लिखी है और बहुत–से लोग पूरी क़ीमत चुकाने की उम्मीद करते हैं और जानते भी नहीं हैं कि मोल–भाव कैसे करना है। कुछ लोगों को बस मोल–भाव पसंद नहीं होता।

तो फिर ग्राहक से पूरा पैसा क्यों न लें? देखिए, बहुत–से व्यवसायों में आप यही करते हैं। लेकिन कार व्यवसाय में, ख़ास तौर पर शैवर्ले जैसी भारी संख्या में बिकने वाली कार बेचने में, जिसे आप कहीं भी ख़रीद सकते हों, यह ख़तरनाक हो सकता है। बहुत–से कार सेल्समैन मुझसे सहमत नहीं होंगे। लेकिन मैं सोचता हूँ कि जब भी कोई ग्राहक सचमुच पूरी क़ीमत चुकाना चाहता है, तो पूरी क़ीमत लेकर वे ग़लती कर रहे हैं। मान लें, ग्राहक कार ख़रीदने के बाद अपने समुदाय की मीटिंग में जाता है। नई कारों के बारे में एक ख़ास बात यह है कि लोग अपने मित्रों और पड़ोसियों पर उनकी शान झाड़ना पसंद करते हैं। यह सौदे को पूरा करने का बहुत प्रभावी तरीक़ा हो सकता है, जैसा मैं बाद में वर्णन करूँगा। लेकिन इस ग्राहक को देखें। उसने अभी–अभी प्राइस टैग पर लिखी क़ीमत चुकाई है। वह अपनी मीटिंग में जाता है और दोस्तों को अपनी नई कार दिखाने के लिए कार पार्किंग में लाता है। कोई पूछता है,

"कितने में ख़रीदी, चार्ली?" और चार्ली स्टिकर की ओर संकेत करता है, जिसे उसने यह दिखाने के लिए लगा रहने दिया है कि यह बिलकुल नई है। "क्या? तुम तो बड़े मूर्ख हो, जो तुमने एक नई कार के लिए स्टिकर पर लिखी क़ीमत चुका दी।" यह सुनने के बाद चार्ली मेरे बारे में क्या सोचेगा? यही कि मैंने उसे शर्मिंदा किया और उसे धोखा दिया और उसके सभी मित्र तथा समुदाय के सदस्य जान जाते हैं कि वह एक मूर्ख है।

थोड़ा देंगे, तो बदले में बहुत मिलेगा

देखिए, मैं जानता हूँ कि जो सेल्समैन पूरी क़ीमत लेता है, वह ज़्यादा कमिशन कमा लेता है, लेकिन मैं सोचता हूँ कि अधिकतर मामलों में यह जोख़िम नहीं लेना चाहिए। मैं तो दो सौ डॉलर गँवाकर चार्ली को दोस्त बनाने का अवसर हासिल करना चाहूँगा। अगर वह पूरी राशि का चेक लिखने लगता है, लेकिन उसी समय मैं कहता हूँ, "इसमें से 250 डॉलर कम कर लें," या "मैं डोर–गार्ड ट्रिम और फ़ाइव स्टील रेडियल मुफ़्त में दे दूँगा," तो चार्ली यह सोचेगा कि मैं कटी हुई ब्रेड के बाद संसार की सबसे नायाब चीज़ हूँ। और वह लोगों को मेरे बारे में बताएगा, शायद इस बारे में भी कि वह तो पूरी राशि का चेक लिखने लगा था, लेकिन मैंने, जो जिरार्ड ने, उसे ऐसा नहीं करने दिया।

देखिए, स्टिकर पर लिखी क़ीमत सच्ची है। हालाँकि यह सच है, लेकिन अगर आप किसी ग्राहक को इस पर यक़ीन करने देते हैं, तो आप उसके साथ बुरी मुश्किल में पड़ सकते हैं।

मैं कोई कार इंजीनियर होने का दावा नहीं करता। मैं हाई–स्कूल की पढ़ाई पूरी नहीं कर पाया था और वहाँ पढ़ते वक़्त भी मैं कोई सुपरस्टार नहीं था। इसलिए मैं जो कार बेचता हूँ, उसके तकनीकी विवरणों में ज़रूरत से ज़्यादा शामिल नहीं होता हूँ। ऐसा नहीं है कि मैं तकनीकी लोगों को लंबी दूरी के ट्रक के टैंडम–ऐक्सल (धुरी) बेच रहा हूँ। लेकिन कई बार किसी ग्राहक के दिमाग़ में कोई तकनीकी तथ्य भरा होता है। उसके साले ने उसे बताया था कि अगर कार में एक निश्चित रियर–ऐक्सल अनुपात होगा, तो उससे गैस बचेगी। देखिए, मैंने उसकी जाँच की है और बचत की राशि सिक्कों में आती है। इसलिए जब कोई आदमी मुझसे पूछता है कि क्या कार में 3.25 अनुपात है, जैसा कि वह चाहता है, तो मैं कहूँगा, "आप सही हैं। आप निश्चित रूप से कारों की जानकारी रखते हैं, है ना?" इससे दो उद्देश्य पूरे होते हैं। पहली बात,

इससे वह अच्छा महसूस करता है। दूसरी बात, इसकी वजह से मैं तकनीकी विवरणों की पुस्तिका में देखने या सर्विस डिपार्टमेंट को फ़ोन करने या फ़ैक्ट्री को फ़ोन करने से बच जाता हूँ, जिससे मेरी बेचने की प्रक्रिया में बाधा आ सकती थी।

अगर ग्राहक कोई ऐसी बात कहता है, जिससे सचमुच बहुत फ़र्क़ पड़ सकता है, तो मैं उसकी पूरी जाँच करूँगा। क्योंकि मैं नहीं चाहता कि वह कभी मेरे बारे में यह सोचे कि मैंने उसे किसी मामले में धोखा दिया। कभी नहीं। लेकिन ऐक्सल अनुपात और इस तरह की चीज़ें मायने नहीं रखती हैं। मैं किसी से नहीं कहूँगा कि कोई पोलिएस्टर सूट 100 प्रतिशत ऊनी है। और मैं किसी गृहिणी से कभी नहीं कहूँगा कि यह फ्रिज 22 क्यूबिक फुट का है, जबकि वह केवल 17 फुट का है। क्योंकि ऐसी बातें लोग पता लगा लेते हैं और फिर वे कभी नहीं भूलते। और भले ही उन्हें इतनी शर्म आती हो कि वे अपने दोस्तों को आपकी करतूत न बताएँ, लेकिन वे किसी दूसरे तरीक़े से आपकी, आपके स्टोर और आपके उत्पाद की आलोचना करेंगे। जिरार्ड का 250 का नियम हमेशा सक्रिय रहता है।

तो हम *ईमानदारी सर्वश्रेष्ठ नीति है* की ओर लौटते हैं, हालाँकि थोड़ी-सी चापलूसी और यहाँ तक कि छोटा-सा झूठ भी कई मामलों में उपयोगी होता है। कोई बड़ा झूठ बोलने से आपको सिर्फ़ यह लाभ होता है कि आप यार-दोस्तों को बाद में बताएँ कि आपने कैसे किसी बेवक़ूफ़ को चूना लगाया। लेकिन अगर इसी तरह बेचने से आपको रोमांच मिलता है, तो आप देर-सबेर ख़ुद की क़ब्र खोदने जा रहे हैं। और आप हम बाक़ी सेल्समैनों के काम को भी मुश्किल बना रहे हैं, जो संतुष्ट ग्राहक बनाकर पैसा बनाना चाहते हैं, ताकि वे बार-बार लौटकर आएँ और अपने मित्रों को भी भेजें। अगर आपको इस बात पर विश्वास नहीं है, तो मेरी बात पर यक़ीन कर लें। मैं संसार में किसी से भी ज़्यादा कारें बेचता हूँ और मैं इस पर यक़ीन करता हूँ।

आप सच बोलकर या संभावित ग्राहक को बेहतर महसूस करवाकर, कभी पकड़े नहीं जाएँगे।

14

ग्राहक का सामना करना

लोगों से किसी कार सेल्समैन का वर्णन करने को कहें, तो इस बात के आसार हैं कि वे आपको बताएँगे कि वह नवीनतम डिज़ाइनर सूट पहनता है, चाहे इसका मतलब रैल्फ़ लॉरन, ज़िग्ना या ब्रुक्स ब्रदर्स जो भी हो। वे आपको बताएँगे कि वह इतालवी जूते और सफ़ेद टी-शर्ट पहनता है। दूसरे शब्दों में, वे आपको बताएँगे कि आम कार सेल्समैन अपने शरीर पर शायद 1,000 डॉलर की पोशाक पहनता है। और इसी तरीक़े से वे इस बारे में सोचते हैं – महँगा। फिर वे सोचने लगते हैं, "यह आदमी मुझे सामान बेचकर बहुत ज़्यादा पैसे बनाने वाला है।"

मैं बहुत-से पैसे बनाता हूँ और बरसों से बना रहा हूँ। मुझे अच्छे कपड़े पहनना पसंद है और मौक़ा मिलने पर मैं उन्हें पहनता भी हूँ। लेकिन एक जगह मैं अपने सबसे अच्छे कपड़े नहीं पहनता हूँ – अपने ऑफ़िस में। देखिए, मुझे ग़लत न समझें। मैं साफ़-सुथरी पोशाक पहनता हूँ। कपड़े सस्ते नहीं होते। लेकिन मुझे देखकर ऐसा नहीं लगता, जैसे मुझे अपने दर्ज़ी को पैसे देने के लिए आपको चूना लगाने की ज़रूरत हो। मेरा मानना है कि किसी सेल्समैन को यथासंभव उन्हीं लोगों जैसा दिखना चाहिए, जिन्हें वह अपना सामान बेचता है। मैं मर्सीडीज़ नहीं, शैवर्ले बेचता हूँ। हर साल लाखों लोग शैवर्ले ख़रीदते हैं, लेकिन वे आम तौर पर सबसे अमीर लोग नहीं होते। और मेरे इलाक़े में वे अधिकतर कामकाजी लोग होते हैं। वे यहाँ की फ़ैक्ट्रियों और ऑफ़िसों में काम करते हैं, वे अपने पैसे की ख़ातिर कड़ी मेहनत करते हैं और उनकी आमदनी बहुत ज़्यादा नहीं होती है। इसलिए अगर वे अंदर आते हैं और उन्हें ऐसा

आदमी दिखाई देता है, जिसके कपड़े महँगे लगते हैं, तो उनकी घबराहट और बढ़ जाती है।

हम ग़रीब लोगों के बारे में बात नहीं कर रहे हैं। ग़रीब आदमी नई कार नहीं ख़रीदता है, सबसे सस्ती कैवेलियर भी नहीं। मेरे ग्राहक मुझसे जो कारें ख़रीदते हैं, उसके लिए औसतन 15,000 डॉलर देते हैं। लेकिन उनमें से अधिकतर को इसके लिए बैंक, फ़ाइनैंस कंपनी या क्रेडिट यूनियन से पैसे उधार लेने पड़ते हैं। उनकी ऋण पात्रता यानि क्रेडिट रेटिंग अच्छी होती है, लेकिन आमदनी ज़्यादा नहीं होती। मैं भी उन्हीं जैसा दिखना चाहता हूँ। मैं भी ऐसा आदमी दिखना चाहता हूँ, जो उनके आय वर्ग में है और जो उनकी आर्थिक स्थिति को समझता है।

ऐसे दिखें, जैसे आप उन्हीं के जैसे हैं

जब वे मुझे पहली बार देखते हैं, तो वे थोड़े आरामदेह हो जाते हैं। क्योंकि मैं एक स्पोर्ट शर्ट और स्लैक्स (ढीली पैंट) पहनता हूँ। मैं ऐसे कपड़े नहीं पहनता, जो ग्राहकों को मेरा शत्रु बना लें और उन्हें असहज महसूस कराएँ। बहुत-से सेल्समैनों की तरह मैं रंगहीन नेल पॉलिश नहीं लगाता हूँ, जो नाखूनों का बहुत ध्यान रखते हैं। इससे भी लोग उखड़ जाते हैं। कामकाजी आदमियों के नाख़ूनों के नीचे न छूटने वाला ग्रीस हो सकता है, लेकिन वे सेल्समैन से साफ़-सुथरा रहने की उम्मीद करते हैं। आप सोचेंगे कि हर सेल्समैन यह बात जानता होगा। लेकिन मैंने इस कारोबार में कुछ भड़कीले लोगों को भी देखा है, जिन्हें देखकर ऐसा लगता है मानो उन्होंने लंबे समय से नहाया ही नहीं है, नेल पॉलिश हो या न हो। हो सकता है कि कामकाजी आदमी के पास फ़ैक्ट्री से निकलने के बाद भाप स्नान लेने जाने का समय न हो, लेकिन उसे यह उम्मीद करने का अधिकार है कि उसका सेल्समैन साफ़-सुथरा रहने की ज़हमत उठाएगा। आप सोच सकते हैं कि मैं इस बात को कुछ ज़्यादा ही खींच रहा हूँ, लेकिन मैं आपको विश्वास दिलाता हूँ कि मैं ऐसा कुछ नहीं कर रहा हूँ। लोग मुझसे दूसरे सेल्समैनों के बारे में शिकायत करते हैं। इसलिए यह महत्त्वपूर्ण है।

जब कोई ग्राहक मेरे ऑफ़िस में आता है, तो उसे एक साफ़-सुथरी व्यावहारिक जगह मिलती है, जो उस पर कोई ग़लत प्रभाव नहीं डालती है। मैं कुछ लोगों को जानता हूँ, जो अपने ऑफ़िस को धार्मिक तस्वीरों और उन तमाम चीज़ों से सजाते हैं, जिन्हें लोग विवादास्पद मानते हैं। यदि आपकी चाची

आपके लिए रोम से पोप की पवित्र तस्वीर लाई हैं, तो वह अच्छी निशानी है। लेकिन उसे घर पर लटकाएँ। बहुत-से लोग, जिनमें कैथोलिक भी शामिल हैं, यह नहीं सोचते कि इस तरह की चीज़ ऑफ़िस की दीवारों पर लटकाना सही काम है। मैं वहाँ सेल्स अवॉर्ड प्रमाणपत्र और प्रशस्ति-पत्र रखता हूँ, ताकि लोग जान जाएँ कि वे एक शीर्ष सेल्समैन के सामने हैं। वे सोचते हैं, अगर यह आदमी इतनी सारी कारें बेचता है, तो वह अच्छे सौदे दे रहा होगा। कम से कम मैं तो चाहता हूँ कि वे यही सोचें और यह सच भी है।

मैं कलर चार्ट, वैकल्पिक उपकरणों के ब्रोशर और किसी भी ऐसी चीज़ को ग्राहक की नज़रों से दूर रखूँगा, जो उसे कोई चीज़ उठाने और फिर चिंता करने का मौक़ा दे कि उसे कौन-सा रंग या किस तरह की सहायक सामग्री लेनी चाहिए। वह इलेक्ट्रिक विंडो नियंत्रण वाली आसमानी कार ख़रीदने नहीं आया है। वह तो मुझसे एक कार ख़रीदने आया है, बात ख़त्म। बाक़ी सब बाद में आता है, जब वह यह निर्णय ले लेगा कि वह मुझसे एक कार ख़रीदना चाहता है। इसलिए मैं उसे कोई पुस्तक पलटने का अवसर नहीं देना चाहता, जिससे वह यह कहकर फंदे से निकल जाए कि उसे इन सारी चीज़ों के बारे में सोचने के लिए अधिक समय चाहिए। और मैं यह भी नहीं चाहता कि उसके कार ख़रीदने का निर्णय लेने से पहले ही मैं उस कार को सहायक सामग्री से लादना शुरू कर दूँ। इसका नतीजा यह होगा कि बहुत जल्दी ही वह इतनी सारी सहायक सामग्री चाहने लगेगा कि उस सबका ख़र्च नहीं उठा पाएगा। और क़ीमत इतनी ऊँची होगी कि वह जिस भी सेल्समैन को फ़ोन करके पूछेगा, वह उसे उससे कम क़ीमत बता देगा, क्योंकि वे इस छोर से उस छोर तक फारसी गलीचे और स्पेशल ऑर्डर पर बनी धातुई रंग की कार नहीं दे रहे होंगे।

ग्राहक में आपके प्रति आभारी होने का भाव जगाएँ

मैं अपने ग्राहकों को बैठने के लिए आराम कुर्सी नहीं देता हूँ। मैं चाहता हूँ कि वे आरामदेह रहें, लेकिन मैं उन्हें इतना आरामदेह भी नहीं बनाना चाहता कि मैं उन तक न पहुँच पाऊँ। ज़ाहिर है, उनका आरामदेह होना अनिवार्य है। लेकिन मेरे पास ग्राहक को आरामदेह और अपने प्रति आभारी बनाने के कई ज़्यादा प्रभावी तरीक़े हैं। आरामकुर्सी यह नहीं कर पाएगी। लेकिन दूसरी चीज़ें कर लेंगी।

वह सिगरेट की तलाश में अपनी जेब टटोलता है। यह देखकर मैं उससे पूछता हूँ कि वह कौन-सा ब्रांड पीता है, क्योंकि मैं उसे यह याद नहीं दिलाना

चाहता कि वह अपनी सिगरेट अपनी कार में भूल आया है और वह उसे लेने के लिए बाहर चला जाए। मैं अपने ऑफ़िस में बहुत–से ब्रांड्स की सिगरेट रखता हूँ। चाहे वह जो भी सिगरेट पीता हो, अमूमन मेरे पास उसका एक पैक होता है और मैं वह उसे दे देता हूँ। "यह ठीक है, पैक रख लें।" वाह! पैक रख लें! ग्राहक से ऐसा कौन कहता है? मैं कहता हूँ। इसमें कितना ख़र्च आता है? कुछ डॉलर। और अब वह मेरे प्रति उपकृत हो गया है। माचिस, ज़ाहिर है, उसे मुफ़्त मिलती हैं। और क्या? ड्रिंक के बारे में क्या? आप क्या पीते हैं? वाइन? स्कॉच? मेरे पास वह भी है। मुफ़्त! और उसे अकेले नहीं पीना होगा, क्योंकि मैं वोडका की एक बोतल निकालता हूँ, जिसमें 100 प्रतिशत पानी भरा होता है और पीने में उसका साथ देता हूँ। मैं नहीं चाहता कि वह मदहोश होकर चेहरे के बल गिर जाए। मैं तो बस यह चाहता हूँ कि वह पर्याप्त आरामदेह हो जाए, ताकि वह उस चीज़ को ख़रीदने में मुझे मदद करने दे, जिसे वह ख़रीदना चाहता है और जिसका वह ख़र्च उठा सकता है।

अगर वह अपने बच्चे को साथ लाता है, तो मेरे पास उसके लिए गुब्बारे और लॉलीपॉप रहते हैं। मेरे पास परिवार में हर एक के लिए बिल्ले रहते हैं, जिन पर लिखा होता है, "मैं आपको पसंद करता हूँ।" मैं उसके और उसके परिवार के हाथ में जो भी चीज़ रखता हूँ, उससे वह मेरे प्रति थोड़ा आभारी महसूस करता है, बहुत ज़्यादा नहीं, लेकिन पर्याप्त।

कई बार कोई आदमी अंदर आएगा और फ़र्श पर कार को देखने लगेगा। मैं भी वहाँ जाऊँगा और उसके पास रहूँगा, लेकिन बहुत क़रीब नहीं। कभी–कभार कोई आदमी शोरूम में उकड़ू बैठ जाएगा और कारों के नीचे देखने लगेगा। मैं भी ऐसा ही करूँगा। यह पागलपन लग सकता है, लेकिन यह बहुत अच्छा शुरुआती दाँव है। वह आदमी आपको अपने साथ देखते हुए देखता है और शायद हँसने लगता है। आप उस पर काम शुरू करने के लिए तैयार हो जाते हैं। कभी–कभार कोई मेरी पहनी शर्ट की तारीफ़ कर देता है (मैं गोल बिंदियों वाली रंगीन स्पोर्ट शर्ट पहनना पसंद करता हूँ), जिसके जवाब में मैं कहता हूँ, "आपको यह पसंद आई। इसे ले लें। यह आपकी है।" और मैं इसे उतारने लगता हूँ। मैं उसे जान लेने देना चाहता हूँ कि अगर उसे खुश करने के लिए शर्ट उतारने की ज़रूरत हो, तो मैं खुशी–खुशी यह करने को तैयार हूँ। मैं अपने ऑफ़िस में एक अतिरिक्त शर्ट रखता हूँ, ताकि कहीं कोई व्यक्ति सचमुच मेरी शर्ट ले ही ले, तो काम आए। शायद अब तक सिर्फ़ एक

ही ग्राहक ने मेरी शर्ट ली है। लेकिन मैं इस स्थिति के लिए तैयार रहता हूँ। और बस मज़ाक़-मज़ाक़ में किया यह प्रस्ताव झिझक तोड़ने में बहुत काम आ सकता है। चाहे हम उस बिंदु तक पहुँचें या न पहुँचें, मैं चाहता हूँ कि हर संभावित ग्राहक यह सोच ले कि मैं उसके लिए कुछ भी करने को तैयार हूँ, यहाँ तक कि अपनी पहनी हुई शर्ट भी उसे देने को तैयार हूँ।

मैं अपने ऑफ़िस को यथासंभव साफ़-सुथरा रखता हूँ। कोई भी ध्यान भटकाने वाली चीज़ नहीं होती, जिसे देखकर ग्राहक सोचने लगे। जब हम भाव और सौदों के बारे में बात करते हैं, तो अगर मुझे कोई चीज़ देखनी होती है या कैलक्युलेटर पर हिसाब-किताब करना होता है, तो मैं इसे ऐसी जगह नहीं करता, जहाँ वह मेरे कंधे के ऊपर से झाँककर देख सके। मैं यह सामान अपनी डेस्क से कुछ फुट दूर एक फ़ाइलिंग कैबिनेट के ऊपर रखता हूँ। मैं ही अकेला होता हूँ, जिसे मशीन के आँकड़े और टेप देखने को मिलते हैं।

एक और चीज़ मैं हमेशा करता हूँ। किसी प्रॉस्पेक्ट के जाने के बाद मैं हमेशा साफ़-सफ़ाई करता हूँ। मैं हर चीज़ क़रीने से जमा देता हूँ, ऐशट्रे ख़ाली कर देता हूँ, गिलास हटा देता हूँ और कमरे में एयर फ़्रेशनर का स्प्रे कर देता हूँ। बहुत-से लोगों को शराब या सिगरेट के धुएँ की बदबू पसंद नहीं होती। और जब वे मेरे ऑफ़िस में आते हैं, तो उन्हें यह मिलती भी नहीं है।

मैं इसे इस तरह से देखता हूँ कि मैं एक अभिनेता हूँ, जो एक भूमिका निभा रहा है। मैं चाहता हूँ कि नाटक के लिए मंच बिलकुल सही हो, जहाँ मैं भूमिका करने वाला हूँ और मैं चाहता हूँ कि मेरी पोशाक भी बिलकुल ठीक रहे। मैंने अभी अपनी पोशाक के बारे में जो बताया था, वह मेरी तरह के ग्राहकों पर लागू होता है। अगर आपका इलाक़ा, आपके ग्राहक या आपके इलाक़े की आदतें और नियम अलग हैं, तो मैं यह नहीं कह रहा हूँ कि आपको भी मेरे जैसी ही पोशाक पहननी चाहिए। शीर्ष सेल्समैन आला दर्जे का अभिनेता होता है। वह एक भूमिका निभाता है और अपने दर्शकों – ग्राहकों – को विश्वास दिला देता है कि वह वही है, जिसकी भूमिका वह निभा रहा है। अगर आपके ग्राहक भड़कीली पोशाक पहनते हैं, तो आपको उन्हीं जैसा दिखना चाहिए।

मैं अपने ग्राहकों को जानता हूँ और मुझे मालूम है कि वे क्या उम्मीद करते हैं। मैं उन्हें बहुत अच्छी तरह जानता हूँ, क्योंकि उनमें से अधिकतर मेरा नाम लेकर मुझे पूछते हैं और मुझे जानते हैं। वे मुझे इतना जानते हैं कि मैं उनसे बिना दाढ़ी बनाए मिल सकता हूँ और उन्हें शायद यह पसंद भी आएगा।

लेकिन, आप इसे चाहे जैसे करें, सबसे महत्त्वपूर्ण बात यह है कि आप अपने ग्राहकों को जानें, अगर नाम से नहीं, तो कम–से–कम शैली और प्रकार से। फिर आप उन्हें निहत्था करने और युद्ध जीतने में समर्थ होंगे।

अगर आपके साथ संपर्क के वे पहले पल उन्हें थोड़ा आरामदेह बनाते हैं, उनका डर दूर कर देते हैं, और वे आपका समय लेने के लिए आभारी महसूस करने लगते हैं, तो आप जीतना शुरू कर चुके हैं।

शुरुआत से ही उन्हें अपने साथ रखें और वे आपके साथ बने रहेंगे।

15

ख़ुशबू को बेचिए

बिक्री के एक महान गुरु ने एक बार कहा था कि जीतने के लिए हमें व्यंजन को उसकी लज़्ज़तदार खुशबू से ही बेचना चाहिए। देखिए, कार बेचने में भी आपको ठीक यही करना होता है। आख़िर, मेरे अधिकतर ग्राहक पहले भी कार के मालिक रहे हैं और शायद शैवर्ले के भी। और उन्होंने निश्चित रूप से जीवन में बहुत-सी कारें देखी हैं। सड़कों पर 10 करोड़ से भी अधिक कारें चल रही हैं। तो शैवर्ले कार अपने आप में उनके लिए कोई अनोखी बात नहीं है।

अनोखी बात एक चमकदार नई कार है, जिसे छूना, उसमें बैठना और उसका मालिक बनना अच्छा महसूस होगा। और किसी नई कार के बारे में जो चीज़ लोगों को सबसे ज़्यादा रोमांचित करती है, वह है इसकी खुशबू। क्या आपने कभी किसी बिलकुल नई कार की खुशबू पर ग़ौर किया है? अगर आपकी आँखों पर पट्टी बाँध दी जाए, तब भी नई कार में बैठते ही आप बता देंगे कि यह नई कार है। कार को छूने और उसे देखने से कुछ लोग इसका मालिक बनने के लिए लालायित हो उठते हैं। लेकिन खुशबू लोगों को जितनी उत्तेजित या प्रेरित करती है, उतनी कोई दूसरी चीज़ नहीं करती।

इसलिए मैं हमेशा चाहता हूँ कि हर ग्राहक को नई कार की खुशबू सूँघने पर मजबूर कर दूँ। मैंने यह नहीं कहा, "उसे सूँघने दें" – मैंने कहा "उसे सूँघने पर मजबूर कर दूँ।" बहुत-से लोग पहले तो किसी नई कार में बैठने में घबराते हैं। और वे उसे चलाने के बहुत अनिच्छुक होते हैं। ऐसा इसलिए है, क्योंकि उन्हें डर होता है कि वे किसी तरह आभारी महसूस करने लगेंगे। इसीलिए मैं कहता हूँ, अगर आपको करना पड़े, तो उन्हें धक्का देकर इसमें बैठा दें। क्योंकि आप चाहते हैं कि वे आभारी महसूस करें, जैसे उन्होंने इसकी सील

तोड़ दी है या इसे खोल दिया है, इसलिए उन्हें यह ख़रीदनी होगी।

एक बार जब वे इसके अंदर बैठ जाते हैं और खुशबू सूँघ लेते हैं, तो वे इसे चाहने लगते हैं। यह इतना स्पष्ट तथ्य है कि आप सोचेंगे कि जिस भी सेल्समैन ने एक भी कार बेची होगी, वह इसे जानता होगा। लेकिन यह हमेशा बिक्री प्रशिक्षण बैठकों का विषय इसीलिए होता है, क्योंकि बहुत-से सेल्समैन यह जहमत उठाने से बचते हैं। "झंझट क्यों लें? बेवकूफ़ को पता है कि यह कैसी है। वह तो बस सही क़ीमत भर चाहता है।"

उन ख़ुशबुओं को याद करें, जिन्हें आपको बेचा गया था

जो भी ऐसी बात कहता है, वह अपनी ख़ुद की भावनाओं को नहीं जानता। लेकिन मैं अपने जीवन की उन चीज़ों को कभी नहीं भूल सकता, जिन्होंने मुझे पहली बार रोमांचित किया था। मुझे वह पल याद है, जब मैंने एक नई पॉवर ड्रिल अपने हाथों में ली थी। वह ड्रिल मेरी नहीं थी। वह तो पड़ोस के एक बच्चे को क्रिसमस पर मिली थी। लेकिन जब उसने इस तोहफ़े को खोला था, तब मैं वहीं पर था। वह नई ब्लैक ऐंड डेकर थी और मैंने वह ड्रिल उसके हाथों से ली, प्लग लगाया और हर चीज़ में छेद करने से ख़ुद को रोक नहीं पाया। और मुझे वह पहली नई कार भी याद है, जिसमें मैं बैठा था। मैं पहले ही बड़ा हो चुका था और मैं तब तक सिर्फ़ पुरानी कारों में ही बैठा था, जिनमें बदबू आती थी। लेकिन युद्ध के बाद एक पड़ोसी ने एक नई कार ख़रीदी थी और मैं पहले ही दिन उसमें बैठा था। मैं उस ख़ुशबू को कभी नहीं भूल पाऊँगा।

दूसरी चीज़ें बेचते समय आप ऐसा नहीं कर सकते। आप किसी आदमी को जीवन बीमा पॉलिसी बेचते हैं और वहाँ ऐसा कुछ नहीं रहता, जो आप उसे सूँघने दें या चलाने दें। लेकिन जो भी चीज़ उसके दिल को छूती है या एहसास कराती है, आपको उसे कुछ लेने देना चाहिए। किसी आदमी को कश्मीरी कोट थपथपाए बिना कौन इसे बेचने की कोशिश करेगा?

तो यह सुनिश्चित करें कि आप उसे कार में बैठा दें। मैं हमेशा ऐसा ही करता हूँ। इससे उसके मन में इसका मालिक बनने की हवस जाग जाती है। और भले ही मैं बिक्री गँवा दूँ, लेकिन मैं यह मानकर चलता हूँ कि जब उसे एक बार फिर अपनी पुरानी कार की बदबू में लौटना पड़ेगा, तो वह बौखलाकर लौटेगा। और जब मैं किसी आदमी को नई कार में बैठाता हूँ, तो मैं उससे कुछ नहीं कहता हूँ। मैं बस उसे कार चलाने देता हूँ। तथाकथित विशेषज्ञ कहते हैं

कि यही वह समय है, जब आप उसे अपने उत्पाद की सभी विशेषताओं का कायल कर दें। लेकिन मेरा मानना अलग है। मैंने पाया है कि मैं जितना कम बोलता हूँ, वह उतनी ही अधिक खुशबू लेता है और महसूस करता है – और बोलना शुरू कर देता है। और मैं चाहता हूँ कि वह खुशबू ले, महसूस करे और बोले। क्योंकि मैं सुनना चाहता हूँ कि उसे क्या पसंद है और वह किस बारे में चिंतित है। मैं चाहता हूँ कि वह मुझे बताए कि वह कहाँ काम करता है। वह अपने परिवार के बारे में कुछ बताए और यह भी कि वह कहाँ रहता है, ताकि उसे ग्राहक बनाने में मुझे मदद मिल सके। जब आप यात्री सीट में बैठेंगे, तो बहुत बार ग्राहक आपको हर वह चीज़ बता देगा, जिसकी ज़रूरत आपको उसे बेचने और उसका लोन मंजूर करने के लिए होती है। और उसे कार चलाने देना अनिवार्य है।

लोग चीज़ों को आज़माना, उन्हें छूना, उनके साथ खेलना पसंद करते हैं। गैस स्टेशनों में शॉक एब्ज़ॉर्बर का प्रदर्शन याद है (जहाँ आप किसी घिसे हुए शॉक एब्ज़ॉर्बर वाला एक हैंडल खींचते थे और फिर नए शॉक एब्ज़ॉर्बर वाला हैंडल खींचते थे)? देखिए, मुझे यक़ीन है कि आपमें से अधिकतर ने कभी न कभी उन्हें आज़माया होगा। हम जिज्ञासु प्रवृत्ति के हैं। इसलिए चाहे आप जो भी बेचते हों, अपने उत्पाद का प्रदर्शन करने के तरीक़े खोजें। महत्त्वपूर्ण बात यह सुनिश्चित करना है कि प्रॉस्पेक्ट प्रदर्शन में हिस्सा ले। अगर आप उनकी इंद्रियों को आकर्षित कर सकें, तो आप उनकी भावनाओं को भी आकर्षित कर रहे हैं। मैं कहूँगा कि तर्क के बजाय भावनाओं की वजह से अधिक चीज़ें ख़रीदी जाती हैं।

एक बार जब वह ड्राइवर की सीट पर बैठ जाता है, तो संभावना इस बात की है कि वह आपसे पूछेगा कि उसे कहाँ जाना चाहिए। मैं हमेशा उससे वहाँ जाने को कहता हूँ, जहाँ भी उसका दिल चाहे। अगर वह आस-पास रहता है, तो मैं सुझाव दे सकता हूँ कि वह घर के सामने से कार चलाकर निकले। फिर वह अपनी पत्नी और बच्चों को इसे देखने दे सकता है। कोई पड़ोसी भी पोर्च में खड़ा हो सकता है। मैं चाहता हूँ कि हर कोई उसे उस नई कार के स्टियरिंग व्हील के पीछे बैठा देख ले, क्योंकि मैं उसे महसूस कराना चाहता हूँ, जैसे उसने वह कार ख़रीद ली है और शान झाड़ रहा है। इससे उसके निर्णय पर मोहर लगने में मदद मिलती है, क्योंकि वह शायद घर जाकर हर एक को यह न बताना चाहे कि वह अच्छा सौदा नहीं कर पाया। मैं किसी ग्राहक को

बहुत ज़्यादा नहीं फँसाना चाहता – बस ज़रा सा।

मैं नहीं चाहता कि ग्राहक कार को बहुत ज़्यादा दूर तक ले जाए, क्योंकि मेरा समय बहुत क़ीमती है। लेकिन जो व्यक्ति कार को डेमो ड्राइव पर ले जाता है, उसमें यह सोचने की प्रवृत्ति होती है कि उसने बहुत दूर कार चला ली है, जबकि दरअसल ऐसा नहीं होता। इसलिए मैं उस आदमी को उतनी कार चलाने देता हूँ, जितनी वह चाहता है, क्योंकि अगर वह सोचता है कि वह कुछ ज़्यादा ही दूर चला गया है, तो वह मेरे प्रति ज़्यादा आभारी महसूस करेगा।

उसे तैयार करना

जब मैं ग्राहक को तैयार करने और उसे आभारी महसूस कराने की बात करता हूँ, तो मेरे कहने का यह मतलब नहीं है कि मैं उस व्यक्ति के साथ कोई बुरी चीज़ कर रहा हूँ। बेचने की स्थिति में कभी भी ऐसा कोई बिंदु नहीं होता, ऑर्डर पर हस्ताक्षर करने के बाद भी, जब वह इंकार सकता हो और पीछे न हट सकता हो। तो उसका मेरे साथ बराबरी का संबंध है। लेकिन मैं महसूस करता हूँ कि मुझे यह मानने का पूरा अधिकार है कि अगर कोई मेरे ऑफ़िस में मुझसे मिलने आता है, तो वह वहाँ इसलिए आया है, क्योंकि उसकी रुचि मुझसे कार ख़रीदने में है। मेरा उसके प्रति, साथ ही अपने प्रति भी, कर्त्तव्य है कि मैं उसकी शंकाएँ और डर दूर करूँ तथा उसे कार प्रदान कर दूँ।

जब मैं खुशबू के बारे में बात करता हूँ, तो मेरा सचमुच यही आशय है। लेकिन यह खुशबू के अलावा भी बहुत–सी चीज़ों का प्रतीक है। मेरे लिए, एक नई कार की खुशबू अनुभव के रोमांच का प्रतीक है। मैं मानता हूँ कि आजकल ऐसे लोग हैं, जिन्हें नई कार ख़रीदने पर कोई रोमांच नहीं होता। शायद उनके पास इतनी सारी कारें रही हैं कि अब उनका कोई महत्त्व नहीं रह गया है। लेकिन अधिकतर लोगों के लिए, जिनमें मैं भी शामिल हूँ, कोई नई चीज़ ख़रीदना, यहाँ तक कि नई शर्ट जितनी सामान्य चीज़ ख़रीदना भी, रोमांचक होता है। मैं उसे घर लाना चाहता हूँ और पहनकर शान झाड़ना चाहता हूँ। और एक नई कार के रोमांच की तुलना के लिए कोई चीज़ मुश्किल से ही मिलेगी। बहुत–से लोगों के लिए यह लगभग संतान होने जैसा होता है। वे इसी खुशी में व्यावहारिक रूप से सिगार थमाना चाहते हैं और ढिंढोरा पीटना चाहते हैं।

यह सब उसका हिस्सा है, जिसे मैं खुशबू कहता हूँ। आप यहाँ तक कह सकते हैं कि वह भावना कार को लगभग अपने आप बेच देती है। लगभग,

सचमुच नहीं। चूँकि बहुत-से सेल्समैन इसे नहीं समझते हैं, इसलिए वे इसका इस्तेमाल नहीं करते हैं। इसे अपनी ख़ातिर कारगर बनाने के लिए आपको इसका इस्तेमाल करना होता है। आप यह आशा नहीं कर सकते कि यह अपने आप हो जाएगा। यदि आप असल पेशेवर हैं, तो आप अपने आप कोई चीज़ नहीं होने देते। आप ही सब कुछ घटित कराते हैं। आप यह सुनिश्चित करते हैं कि ग्राहक को ख़ुशबू लेने का अवसर मिले और वह रोमांच महसूस करे, इस सबका रोमांच महसूस करे।

मैं ख़ुशबू बेचने के महत्त्व पर एक आख़िरी शब्द जोड़ना चाहूँगा। द्वितीय विश्व युद्ध के ठीक बाद के वर्षों में नई कारें दुर्लभ थीं और नई कार के बहुत सारे संभावित ख़रीददारों को थोड़ी पुरानी सेकेंड हैंड कारों से संतोष करना पड़ता था। उस वक़्त एक उत्पाद बाज़ार में आया, जिसे सेकेंड हैंड कारों के बहुत-से डीलरों ने ख़रीदा था। यह उत्पाद एक द्रव था, जिसे डीलर पुरानी कार के पिछले हिस्से और फ़र्श पर स्प्रे कर देता था। कारण : इससे कार में नई कारों जैसी ख़ुशबू आने लगती थी। आप उस ख़ुशबू का महत्त्व जानते हैं, क्योंकि आपको निश्चित रूप से याद है कि वह पहली बार आपकी नाक में कब गई थी। तो कभी भी उसे न भूलें। जब भी आप किसी दूसरे को बेच रहे हों, तो उपभोक्ता के रूप में अपने अनुभव को याद करें। क्योंकि हम सभी के बहुत सारे अनुभव समान होते हैं। और अगर उस ख़ुशबू से आप उत्तेजित हुए थे, तो आप शर्त लगा सकते हैं कि उससे लगभग हर व्यक्ति उत्तेजित हो जाएगा।

आप जो भी बेचते हों, नई कार की ख़ुशबू का कोई न कोई समकक्ष होता है। ख़ुद को ग्राहक मानकर सोचें।

सोचें कि किसी उत्पाद के बारे में आपको क्या रोमांचित करता है या किया करता था, जब आपने उसे पहली बार ख़रीदा था। फिर उस अनुभव का इस्तेमाल अपने उत्पाद के रोमांच को बेचने के लिए करें।

16

जासूसी और गुप्तचरी

हर युद्ध में हर पक्ष दूसरे की जासूसी करता है और इसके गुप्तचर यह पता लगाने की कोशिश करते हैं कि उनका पक्ष किसके ख़िलाफ़ जूझने वाला है। बेचने में हम आम तौर पर इसे ग्राहक को *तैयार करना* कहते हैं। लेकिन "तैयार करना" एक ऐसा शब्द है, जिसके बहुत-से अलग-अलग अर्थ हैं। उनमें से एक है "योग्य।" और मैं आपको बता दूँ, जहाँ तक मेरा संबंध है, हर व्यक्ति मुझसे कार ख़रीदने के लिए योग्य है। इसीलिए मैं बेचने के इस हिस्से को जासूसी और गुप्तचरी मानना पसंद करता हूँ। मैं जानना चाहता हूँ कि ग्राहक क्या करना चाहता है, उसे क्या करना चाहिए और वह क्या करने का ख़र्च उठा सकता है।

कई बार ये तीनों चीज़ें एक ही होती हैं। लेकिन बहुत बार वे अलग-अलग होती हैं। ग्राहक जो चाहता है, हो सकता है कि वह उसके साथ खुश न रहे या वह उसका ख़र्च न उठा सकता हो। मैं वह सुनता हूँ, जो ग्राहक कहता है कि वह चाहता है और मैं उसे वही चीज़ देने की कोशिश करता हूँ। लेकिन अगर मैं सोचता हूँ कि यह उसके लिए कारगर नहीं रहेगा या वह इसका ख़र्च नहीं उठा सकता और इससे बेहतर किसी चीज़ का ख़र्च उठा सकता है, तो मैं अपना ख़ुद का मन बना लेता हूँ। मगर मुझे यह कैसे पता चले कि ग्राहक को क्या बेचना चाहिए? मैं देखता हूँ, मैं सुनता हूँ और मैं पूछता हूँ।

मैं उन चीज़ों की तलाश में देखता और सुनता हूँ, जो उसे खोल दें, उसे बात करने दें, ताकि वह मुझे अपने बारे में, अपनी ज़रूरतों और अपनी क़र्ज़ चुकाने की योग्यता के बारे में बताने लगे। लेकिन मैं हमेशा उसे ये निर्णय नहीं लेने देता। अक्सर, शायद अधिकतर मामलों में निर्णय मैं लेता हूँ। क्योंकि

अक्सर ग्राहक को दरअसल यह पता ही नहीं होता कि वह किसे सँभाल सकता है और उसे क्या ख़रीदना चाहिए।

अधिकतर लोग जीवन बीमे के बारे में इतना नहीं समझते हैं कि उन्हें यह पता चले कि उन्हें किसकी ज़रूरत है, इसलिए वे अपने सेल्समैन को निर्णय लेने देते हैं। पोशाक के मामले में लोग जानते हैं कि वे कुछ अलग, कुछ फ़ैशनेबल चाहते हैं, या कम से कम ऐसी चीज़ जो फ़ैशन से बाहर होने के कारण अलग न दिखे। इसलिए सेल्समैन उनके साथ मिलकर काम करता है। यह एक तरह की सौदेबाज़ी है, जो इस बात पर आधारित है कि क्या चलन में है, क्या उपलब्ध है और क्या उन पर जँचता है। कपड़ों का कोई भी सेल्समैन अपने होशोहवास में किसी व्यक्ति को कोई ऐसी चीज़ नहीं बेचेगा, जिसमें वह भद्दा दिखे। लेकिन लोग इस बात पर असहमत हो सकते हैं कि किसी चीज़ में कोई कैसा दिखता है। इसलिए ग्राहक और सेल्समैन दोनों ही के पास इस तरह के निर्णय लेने का काफ़ी बड़ा दायरा होता है।

कार के मामले में दायरा इतना बड़ा नहीं रहता। यदि किसी आदमी की एक पत्नी और चार बच्चे हैं, तो आप उसे दो सीट की स्पोर्ट्स कार बेचने की ज़्यादा कोशिश नहीं करते हैं। अगर यह उसकी दूसरी–तीसरी कार है और वह अमीर है, तो यह बात ज़्यादा मायने नहीं रखती। लेकिन अगर उसे बड़ी कार की ज़रूरत है और आप उसे छोटी कार बेचने में कामयाब हो जाते हैं, तो आपने एक बहुत दुखी इंसान उत्पन्न कर दिया है। और आप यह नहीं करना चाहते, चाहे उसे कितना ही पक्का यक़ीन हो कि वह उस छोटी सुंदर कार को चाहता है।

तो आप ग्राहक के साथ एक खेल खेल रहे हैं, यह पता लगाने की कोशिश कर रहे हैं कि उसके लिए सबसे अच्छा क्या है, चाहे वह कुछ भी कहता हो। क्योंकि जो उसके लिए सबसे अच्छा है, वही आपके लिए सबसे अच्छा है, अगर आप चाहते हैं कि वह आपके बारे में अच्छी बातें करे और किसी दिन दूसरी कार के लिए लौटकर आए। और यह बात न भूलें कि इस बिंदु पर आपका पाला एक डरे हुए इंसान से पड़ रहा है।

उनका नाम जानना अनिवार्य है

जैसे ही वह सामने वाले दरवाज़े से अंदर आता है, मैं सबसे पहले यह कहता हूँ, "हाय। मेरा नाम जो जिरार्ड है।" लेकिन इसके बाद मैं यह नहीं कहता हूँ,

"आपका क्या नाम है?" मैं उसे और डराना नहीं चाहता। मैं नहीं चाहता कि वह तुरंत ही अपने खोल में घुसने लगे। तो यह पूछने के बजाय मैं कहता हूँ, "और आपका नाम है..." वह एक पल के लिए भी नहीं झिझकेगा, वाक्य पूरा कर देगा और मुझे अपना नाम बता देगा। ग़ौर करें कि मैंने दरअसल उससे पूछा नहीं था। मैंने उसे कोई कारण नहीं दिया था कि वह मुझे इस तरह देखे, जैसे मैं उसकी छानबीन करने की कोशिश कर रहा हूँ। यह स्वाभाविक और अनौपचारिक तरीक़ा है, जिससे मुझे उसका नाम पता चल गया। इसके बाद मैं उसके नाम का इस्तेमाल करता हूँ, क्योंकि अब हमारा एक व्यक्तिगत संबंध बन गया है। वह बिल है और मैं जो हूँ। और अगर वह मुझे मिस्टर कहने की कोशिश करता हूँ, तो मैं उसे बता देता हूँ कि वह मुझे जो कहकर पुकारे। मैंने थोड़ी झिझक कम कर दी है।

जैसा मैंने पहले कहा है, अगर वह शोरूम में किसी कार के आस-पास घूमता है या उसके नीचे भी घुसता है, तो मैं भी ऐसा ही करता हूँ। मैं ज़्यादा बोलता नहीं हूँ, क्योंकि मैं बहुत कुछ जानना चाहता हूँ, लेकिन मैं यह भी चाहता हूँ कि वह मेरे छानबीन किए बिना ही मुझे सब कुछ बता दे।

मैं उससे पूछ सकता हूँ कि उसके दिमाग़ में क्या है या वह अभी कौन-सी कार चला रहा है, लेकिन अधिकतर समय मैं बस निष्क्रिय रहूँगा और उसका इंतज़ार करूँगा। वह मुझे कुछ बताने वाला है। और एक बार जब वह बोलना शुरू करता है, तो मैं उसके साथ रहूँगा और उसके साथ चलूँगा। लेकिन मैं खेल की इस अवस्था में उसे कभी नहीं घेरूँगा या दबाव नहीं डालूँगा। मैं उससे बातें कराना चाहता हूँ, यह चाहता हूँ कि वह ख़ुद को दिखाए – सैनिक गुप्तचरी जैसा, जहाँ आप इंतज़ार करते हैं कि शत्रु ख़ुद को प्रकट कर दे और आपको उम्मीद होती है कि वह बहुत कुछ प्रकट कर दे।

अगर कोई नाम लेकर मेरे बारे में पूछता हुआ आता है, जो बहुत बार होता है, तो मेरे पास एक अच्छी शुरुआत होती है। मैं उससे पूछता हूँ कि उसने मेरे बारे में कैसे सुना। वह कह सकता है कि उसने मेरे बारे में कहीं पढ़ा है। फिर मैं आगे की कार्यवाही करते हुए पूछूँगा कि कहाँ पढ़ा था। इस तरह हम बातचीत करने लगते हैं। या वह मुझे किसी का नाम बता सकता है और मैं जवाब में बोलता हूँ कि मैं उसे जानता हूँ, भले ही मैंने उस आदमी का नाम पहली बार सुना हो। या वह कहेगा कि उसने प्लांट में मेरे बारे में सुना।

कौन–सा प्लांट? और हम उस जगह के बारे में बात करने लगेंगे, जहाँ वह काम करता है। चाहे वह कोई भी जवाब दे, मैंने बातचीत शुरू कर दी है और शायद मैं कुछ उपयोगी जानकारी हासिल कर लेता हूँ, जैसे क्या वह किसी ऐसे व्यक्ति को जानता है जिसे मैं भी जानता हूँ या वह कहाँ काम करता है। अगर मुझे कोई नाम मिलता है, जिसे मैं जानता हूँ, तो मैं पूछ सकता हूँ कि क्या वह उस आदमी के आस–पड़ोस में रहता है। इससे मुझे उस इलाक़े की जानकारी मिल जाती है और उसकी आमदनी का अंदाज़ा लग जाता है। हम प्लांट से उसकी नौकरी पर पहुँचते हैं, जिससे उसकी आमदनी का एक और अंदाज़ा लग जाता है।

मैं रिकॉर्डर या कंप्यूटर जैसी मशीन बनने की कोशिश करता हूँ, जिसके चालू होने के बारे में वह ग़ौर न करे। क्योंकि ऐसा कुछ नहीं है, जो वह किसी इलाक़े या उपनगर या फ़ैक्ट्री के बारे में कहेगा, जिसके बारे में मुझे थोड़ी–बहुत जानकारी न हो। चाहे वह जो भी कहे, मेरे पास एक जवाब रहता है, जो आधा सवाल होता है। इससे वह दोबारा कुछ और कहने लगता है और मुझे उस चीज़ या जगह के विस्तृत विवरण में नहीं जाना पड़ता, जिसे मैं बहुत अच्छी तरह नहीं जानता हूँ। जब हम प्लांट में उसकी टीम के बारे में बात कर रहे होते हैं और यह कि उसकी टीम कितना अच्छा कर रही है, तो मैं उछलकर बहुत सहजता से कह देता हूँ : “मुझे अपनी कार की चाबी दे दें, ताकि हम आपके लिए उसके मूल्य का आकलन करा लें।”

ग़ौर करें, मैं यह नहीं पूछता, “क्या आपके पास अदला–बदली के लिए कोई कार है?” मैं वह सवाल इसलिए नहीं पूछना चाहता, क्योंकि इससे वह ग़लत दिशाओं में सोचने लगेगा। वह यह अटकल लगाने लगेगा कि अगर वह हाँ कहता है, तो इसका मतलब है कि वह सौदे में काफ़ी आगे तक चला गया है। या वह झूठ बोलकर नहीं कहना चाहता है, क्योंकि वह सोचता है कि उसे पहले मेरा न्यूनतम भाव मालूम कर लेना चाहिए, ताकि अदला–बदली में और भी बेहतर भाव मिल जाए। ज़ाहिर है, ऐसा नहीं होता है। आपको उतना ही मिलता है, जितना हम आपको दे सकते हैं और जितना क़िताब में लिखा है, चाहे हम पुरानी कार का मूल्य कभी भी निकालें। लेकिन बहुत–से लोग सोचते हैं कि अगर वे उस वक़्त जानकारी छिपा लें, तो वे खेल को ज़्यादा अच्छी तरह खेल सकते हैं।

मैं यह करता हूँ कि उसके जाने बिना ही उसे मशगूल कर लेता हूँ, वह

भी इस तरह जिससे मेरे ख़िलाफ़ अवरोध बनाना उसके लिए ज़्यादा मुश्किल हो जाए।

मुझे उसे तुरंत पकड़ना होता है। वरना वह ढेर सारे झाँसे देने लगेगा। आप उसे देखते रहते हैं, जब वह कहने की कोशिश करता है कि उसके पास बदलने के लिए पुरानी कार नहीं है। आप आम तौर पर उसकी आँखों से जान सकते हैं कि वह सच बोल रहा है या खेल खेल रहा है। मेरा मतलब है, कुछ लोग होते हैं, जो अपनी पुरानी कार अपने पिता या अपनी संतान को देना चाहते हैं, जो अभी-अभी कार चलाने लायक़ हुआ है, लेकिन अधिकतर मामलों में वे नई कार के लिए पुरानी कार की अदला-बदली करना चाहते हैं। इसलिए मैं सारे झाँसों को ख़त्म करते हुए कहता हूँ, "मुझे अपनी कार की चाबी दे दें।"

इन दिनों मैं आम तौर पर अदला-बदली को नहीं देखता हूँ, क्योंकि मेरे लिए काम करने वाला व्यक्ति यह काम करता है। मैं अतिरिक्त सहायता हासिल करने के तरीक़े पर बाद में बात करूँगा, और इससे भी अधिक महत्त्वपूर्ण, मैं बताऊँगा कि इस तरह के कारोबार में अधिकतर सेल्समैन अतिरिक्त सहायता न लेना कैसे गँवारा नहीं कर सकते। लेकिन लंबे समय तक मैंने अदला-बदली का काम किया था - और कई बार अब भी करता हूँ।

किसी ग्राहक को कैसे पढ़ें

अनुभवी सेल्समैन किसी ग्राहक, उसके मकान, उसकी कार को किसी पुस्तक की तरह पढ़ सकता है। अधिकतर लोग इस बात पर ग़ौर नहीं करते हैं कि दूसरे लोग क्या पहने हैं या वे कहाँ रहते हैं या वे कौन-सी कार चलाते हैं। लेकिन अगर आप विवरणों पर ध्यान देते हैं, जैसे कोहनियाँ कितनी चमकती हैं और इसी तरह की चीज़ें, तो आप आम तौर पर बहुत कुछ मालूम कर सकते हैं। मैं टहलते हुए किसी व्यक्ति की कार के भीतर देख सकता हूँ और इतने भर से ही आपको इसके तथा इसके मालिक के बारे में हर चीज़ बता सकता हूँ।

कुछ स्पष्ट चीज़ें होती हैं, जैसे ओडोमीटर में कितने मील दर्ज हैं, उस पर सर्विस स्टेशन के स्टिकरों की संख्या क्या है और उनका माइलेज क्या है। ज़ाहिर है, इससे मुझे पता चल जाता है कि वह आदमी साल भर में कितनी कार चलाता है और अपनी कार का कितना ध्यान रखता है। ये चीज़ें आपको

सीधे–सीधे कार के महत्त्व के बारे में बताती हैं। अगर वह इसकी सर्विसिंग अक्सर कराता है, तो इससे आपको पता चल जाता है कि वह एक सावधान व्यक्ति है। अगर उसका माइलेज औसत से काफ़ी अधिक है, तो मुझे उससे बात करने के लिए कुछ मिल जाता है। मैं पूछ सकता हूँ कि क्या वह काफ़ी यात्रा करता है या वह कहीं बहुत लंबी छुट्टियाँ मनाने गया था। सामने वाली सीट और कार में अन्य जगहों देखते समय मैं दूसरे डीलरों और मॉडलों के ब्रोशर की तलाश करता हूँ। उनसे मुझे यह जानकारी मिल जाएगी कि वह किस तरह की कार की तलाश कर रहा है और उसे कौन–कौन से भाव बताए गए हैं। इससे मुझे इस बात की काफ़ी स्पष्ट तस्वीर मिल जाती है कि मुझे उसे बेचने की कोशिश कैसे करनी है।

यदि उसकी कार के टायर बुरी तरह घिस चुके हैं, तो मैं जानता हूँ कि नए टायरों के लिए वह 150 डॉलर या अधिक के ख़र्च का सामना कर रहा है। यह उसे नई कार की राह पर काफ़ी आगे तक ले आता है, क्योंकि बहुत–से लोग सोचने लगते हैं कि वे टायर बदलवाने पर इतना ख़र्च करने के बजाय क्यों न पूरी कार ही बदल लें। जब मैं उसके स्पेयर टायर पर निगाह डालने के लिए पिछला हिस्सा खोलता हूँ और वहाँ मुझे मछली पकड़ने के उपकरण दिखते हैं, तो मेरे पास बातचीत करने के लिए एक और मुद्दा आ जाता है। मछुआरों को इस बारे में बात करना पसंद होता है कि वे कहाँ मछली पकड़ते हैं और उन्होंने क्या–क्या पकड़ा है। और अगर मैं पीछे के हिस्से में ट्रेलर बाँधने का सामान देखता हूँ, तो इससे मुझे उसके बारे में और जानकारी मिल जाती है। वह कैंपिंग या बोटिंग करता है।

अब अगर उसकी कार स्पष्ट रूप से कबाड़ा है, तो मुझे सावधान रहना होगा। हो सकता है कि उसके पास घर पहुँचने के लिए पर्याप्त पेट्रोल न हो। यह जानकारी मिलना मेरे लिए बेहतरीन है, क्योंकि इसका मतलब है कि उसे काफ़ी हद तक कार तुरंत ख़रीदनी होगी। लेकिन मैं उसे यह बात नहीं बता सकता। किसी आदमी की कार उसकी पत्नी जैसी हो सकती है। वह इसका जितना चाहे मज़ाक़ उड़ा सकता है, लेकिन जैसे ही कोई दूसरा यह करने की कोशिश करता है, वह अपमानित महसूस करने लगता है। इसलिए मुझे इस बारे में बहुत सावधान रहना होगा कि उसकी कार के खटारा होने पर मैं क्या कहूँ। अधिकतर मामलों में, मैं उसे बताता हूँ कि उम्र या माइलेज के लिहाज़ से यह काफ़ी अच्छी दिख रही है।

एक और चीज़ पर मैं निगाह रखता हूँ, वह है विंडशील्ड और बम्पर स्टिकर्स। राजनीतिक मसलों पर मैं कोई बात नहीं करता, क्योंकि राजनीतिक मुद्दों पर आप किसी ग्राहक से मुश्किल में पड़े बिना बात नहीं कर सकते। अगर मेरा ख़ुद का बेटा राष्ट्रपति पद का चुनाव लड़े, तो भी मैं काम पर जाते वक़्त जिरार्ड फॉर प्रेसिडेंट का बिल्ला लगाकर नहीं जाऊँगा। लेकिन मैं दूसरी तरह के स्टिकरों के बारे में बात करना चाहता हूँ, जो रिज़ोर्ट वाले लगाते हैं या जो आपको तब मिलते हैं, जब आप नैशनल पार्कों और दूसरे पर्यटक स्थलों में जाते हैं। क्योंकि जहाँ भी ग्राहक गया हो, मैं भी वहाँ गया था। भले ही मैंने उस जगह का नाम भी न सुना हो। मैं थोड़ी और झिझक मिटाने के लिए इसका इस्तेमाल करने का कोई तरीक़ा खोजूँगा। और अगर कोई बेबी सीट या खिलौने, बाइक कैरियर, स्लीपिंग बैग या कोई दूसरी चीज़ दिखती है, तो मैंने उस आदमी, उसकी आवश्यकताओं और रुचियों के बारे में कुछ पता लगा लिया है तथा इस बारे में भी कि वह अपने स्वामित्व की चीज़ों के साथ कैसा बर्ताव करता है।

निशाना लगाना

उससे बात करते समय मैं कहूँगा, "आप इस कार को अच्छी हालत में रखते हैं।" यह हमें उन सवालों के पार ले जाता है कि मैं उसे उस कार पर कितना देने वाला हूँ और इस बात से उसे अच्छा महसूस होता है कि मैं उस कार को पसंद करता हूँ। अब शायद मैं उससे पूछूँगा, "आपके दिमाग़ में क्या था?" और फिर हम शुरू हो जाते हैं। वह कह सकता है कि वह इसी जैसी दूसरी चाहता है। शायद वह शिकायत करता है कि यह बहुत ज़्यादा खड़खड़ करती है। इसलिए मैं चार के बजाय दो दरवाज़ों वाली कार की सलाह दूँगा। वे थोड़ी कम आवाज़ करती हैं और मेरे दृष्टिकोण से ज़्यादा बेहतर बात यह है कि उनकी क़ीमत थोड़ी कम होती है, इसलिए मैं उसे उससे कम भाव बता सकता हूँ, जो उसे किसी दूसरे ने चार दरवाज़ों वाली कार के बताए हैं।

अगर आप मकान बेच रहे हैं और कोई आदमी लॉन तराशने के बारे में बड़बड़ाता है, तो आप उसे किसी बड़े अहाते वाली जगह की सलाह नहीं देंगे। अगर वह सीढ़ियाँ चढ़ने के बारे में शिकायत करता है, तो आप उसके सामने तीन मंज़िला मकान का प्रस्ताव नहीं रखेंगे; इसके बजाय आप तो उसे कोई एक मंज़िला पशु फ़ार्म दिखाएँगे। यही कार के साथ है। आप उसे किसी ऐसी

कार में बैठाने वाले हैं, जो उसके परिवार को आराम से बैठाए, उसकी नाव ढोए और उसकी जेब में आराम से आ जाए।

लेकिन अगर मुझे एहसास होता है कि कोई ग्राहक अवरोध का अनुभव कर रहा है, तो मैं सौदेबाज़ी में आगे नहीं बढ़ूँगा। मैं थोड़ा पीछे हट जाऊँगा। शायद मैं उसकी कार में दिखी कार सीट पर बात करूँगा और उससे पूछूँगा कि उसका बच्चा कितना बड़ा है। वह शायद अपने पर्स में रखी तस्वीरें निकालेगा और मैं उन्हें देखकर भूरि–भूरि प्रशंसा करूँगा। जब तक वह मुझसे न पूछे, मैं अपने परिवार के बारे में बात नहीं करूँगा। यह कोई सामाजिक मुलाक़ात नहीं है। यह तो बिक्री है। मैं मानता हूँ कि सेल्समैन एक बहुत मूर्खतापूर्ण काम यह कर सकता है कि ग्राहक के साथ प्रतिस्पर्धा करने लगे। ग्राहक अपने बच्चों की तस्वीरें निकालता है और बहुत–से सेल्समैन अपने ख़ुद के बच्चों की तस्वीरें निकाल लेते हैं। यह ज़्यादा चतुराई भरा काम नहीं है, क्योंकि इस तरह आप उससे श्रेष्ठ दिखने की कोशिश कर रहे हैं। ऐसा करते वक़्त आप कह रहे हैं, "आप सोचते हैं कि यह बड़ी चीज़ है। अब ज़रा मेरे बच्चों को देखो।"

उसे आपके बच्चों की तस्वीरों की परवाह नहीं है। वह तो अपने बच्चों की शान झाड़ना चाहता है। प्रतिस्पर्धा करने से आपको क्या मिलता है? कुछ भी नहीं। उसे मंच पर रहने दें। बस बैठकर देखते रहें।

अगर मैंने कार में मछली पकड़ने का उपकरण देखा हो, तो मैं उससे पूछूँगा कि वह मछली पकड़ने के लिए हाल–फ़िलहाल कहाँ गया था। जल्द ही वह मुझे एक बहुत बड़ी मछली के बारे में बताएगा, जो उसने पकड़ी थी। इसके तुरंत बाद ही कई सेल्समैन यह कह देते हैं, "यह तो कुछ भी नहीं है। मैंने तो पिछले रविवार को *इतनी* बड़ी पकड़ी थी।" तो उससे क्या? इस तरह आपने उसके दिमाग़ में यह बात डाल दी कि शायद उसके जीवन की सबसे बड़ी घटना भी बताने लायक़ नहीं है। हो सकता है कि आपने जॉज़ नामक 40 फ़ुट की सफ़ेद शार्क पकड़ी हो। लेकिन, जैसा मैंने कहा, यह स्थानीय खेल में डींगें हाँकने की प्रतिस्पर्धा नहीं है। यह तो कारोबार है और अगर उसने बस एक छोटी मछली पकड़ी थी, तो उसे यह सोचने दें कि यही वह व्हेल थी, जिसने जोना को निगल लिया था। आप उसे अपनी तरफ़ लाना चाहते हैं और उसे हराना चाहते हैं। लेकिन अगर आप अपने मछली पकड़ने के आँकड़ों से ऐसा करते हैं, तो वह आपके ख़िलाफ़ हो जाएगा और काँटे में फँसी मछली की तरह छटपटाने लगेगा।

डेमो राइड के महत्त्व पर मैं पहले ही बात कर चुका हूँ। आप उसे मिठाई का एक टुकड़ा चखा रहे हैं। यह एक मुफ़्त सैंपल है और आप उसे इतना पर्याप्त देना चाहते हैं कि वह इसे पूरा ही चाहने लगे। मैं चाहता हूँ कि वह कार की सवारी करे, ताकि वह इसे पूरा चाहने लगे। मैं चाहता हूँ कि वह सवारी करे, ताकि उसे महसूस हो कि उसे कुछ नहीं के बदले कुछ मिल गया है और उस पर मेरा थोड़ा अहसान चढ़ जाए। और मैं उसे कार में इसलिए बैठाना चाहता हूँ, ताकि वह इसे किसी जगह ले जाए और उसके बच्चे, उसके मित्र व उसके सहकर्मी उसे उसमें बैठा देख सकें। इससे पुरानी खटारा गाड़ी में घर वापस लौटना उसके लिए ज़्यादा मुश्किल हो जाता है। और मैं उस कार में उसे इसलिए बैठाना चाहता हूँ, क्योंकि मैं यह देखना चाहता हूँ कि वह कहाँ जाता है और उसकी कही हर बात सुनता हूँ, जिसमें यह भी शामिल होता है कि उसे क्या पसंद नहीं है।

लेकिन सबसे बढ़कर, जैसा मैं पहले ही कह चुका हूँ, मैं चाहता हूँ कि वह खुशबू उसकी नाक से होती हुई उसके दिमाग़ में पहुँच जाए, क्योंकि तब वह सौदे के लिए तैयार हो जाएगा। और तभी सड़क पर खड़ी उसकी खटारा गाड़ी की बदबू में लौटकर जाना बहुत मुश्किल होगा।

जब उसे पूरा उपचार मिल जाता है और इसके बाद भी वह मेरे साथ होता है, तो हम ऑफिस में प्रवेश करते हैं, दरवाज़ा बंद हो जाता है और आगे के काम में बाधा डालने के लिए किसी फ़ोन कॉल की अनुमति नहीं होती। हम एक दूसरे के साथ अब भी बातचीत कर रहे हैं और जानकारी हासिल कर रहे हैं। जब मैं उसकी कार पर नज़र डालता हूँ, तो मैं पूछ सकता हूँ, "इसका पूरा भुगतान हो चुका है, है ना?" अगर वह कहता है कि उसकी दो-तीन क़िस्तें बची हैं, तो मैं जान जाता हूँ कि वह नई कार के लिए क़र्ज़ लेगा। यानि कार लोन की व्यवस्था करने और उसके लिए सही मासिक क़िस्तों का इंतज़ाम करने की मेरी योग्यता भाव से ज़्यादा महत्त्वपूर्ण हो सकती है। फिर हम पूरी क़ीमत के बारे में बात कर सकते हैं, लेकिन उसे जिस चीज़ की सबसे ज़्यादा परवाह होती है, वह है, "हर महीने कितना देना पड़ेगा?"

क़र्ज़ अमेरिकी जीवनशैली है

अधिकतर लोग जब कोई बड़ा सामान ख़रीदते हैं, तो क़र्ज़ लेकर ही ख़रीदते हैं। और इसमें ग्राहक के लिए शर्मिंदा होने वाली कोई बात नहीं है। हर कोई क़िस्तों

में सामान ख़रीदता है। यह अमेरिकी तरीक़ा है। अगर आप पूरी राशि के बैंक में जमा होने का इंतज़ार करें, तो हो सकता है कि आप सारी ज़िंदगी इंतज़ार ही करते रह जाएँ और कुछ भी न ले पाएँ। लेकिन आज भी बहुत-से लोगों को इस बात पर शर्म आती है कि वे हर चीज़ नक़द नहीं ले पाते। तो आपको इसे सावधानी से सँभालना होता है, ख़ास तौर पर अगर ग्राहक बहुत लंबी अवधि से क़िस्त देता आ रहा है और उसकी पुरानी कार का अब कोई ख़ास मूल्य नहीं रह गया हो, हालाँकि उसकी क़िस्तों का भुगतान लगभग पूरा हो चुका है।

कई बार किसी ग्राहक को बेचने की योग्यता इस बात पर निर्भर करती है कि मैं कार के भुगतान के लिए उसे पर्याप्त क़र्ज़ दिला सकता हूँ या नहीं। अगर वह सचमुच तंगी में है या टैक्स न चुकाने के कारण उसके ख़रीदे सामान की कुर्की हो चुकी है या वह हाल ही में दिवालिया हुआ है, तो इसके बावजूद मैं उसे कार लोन दिलाने के तरीक़े खोजता हूँ, लेकिन अगर यह मामला है, तो मुझे इस बारे में पता होना चाहिए। क्योंकि इससे सौदे की पूरी प्रकृति ही बदल जाती है। भाव खिड़की के बाहर चला जाता है। अब हम बस इस बारे में बात कर रहे हैं कि ग्राहक के लिए क़र्ज़ की व्यवस्था करने का तरीक़ा कैसे खोजें : क्या हमें किसी को सह-हस्ताक्षरकर्ता बनाना पड़ेगा या, कई मामलों में, कार को किसी मित्र के नाम पर दिखाना पड़ेगा। मैं बाद में बताऊँगा कि मैं किसी ग्राहक के मित्र से सह-हस्ताक्षर कैसे कराता हूँ। और कार को किसी दूसरे के नाम पर दिखाने की नीति में बहुत सावधानी की ज़रूरत होती है। यदि आप इस नीति का इस्तेमाल करने जा रहे हैं, तो आपको बैंक या फ़ाइनैंस कंपनी को पहले से बता देना चाहिए कि आप यह करने वाले हैं। वरना आप क़ानून का पालन नहीं कर रहे हैं। उन्हें पहले से पता होना चाहिए, क्योंकि उन्हें यह जानकारी होनी चाहिए कि अगर उन्हें दोबारा इस पर क़ब्ज़ा करना हो, तो कार को कहाँ खोजें।

क़र्ज़ के बारे में महत्त्वपूर्ण बात यह है कि आप यथासंभव अधिकतम जानना चाहते हैं कि ग्राहक को किस मुद्दे पर बेचना है। भाव पर या उसके लिए लोन का इंतज़ाम करने की योग्यता पर? अगर उसकी क्रेडिट रेटिंग यानि ऋण पात्रता शून्य हो, तो भाव के आगे-पीछे नाचने में कोई तुक नहीं है।

लेकिन अगर उसकी पुरानी कार की क़िस्तों का भुगतान हो चुका है या लगभग हो चुका है, तो हमें कोई समस्या नहीं आती। और जैसे ही मुझे पता चलता है कि वह ठीक है, तो मैं एक बार फिर उसके स्वाभाविक डर को दूर

करने लगता हूँ। हो सकता है कि मैं उसकी खिड़की पर लगे येलोस्टोन पार्क के स्टिकर को चुन लूँ। मैं उससे यात्रा के बारे में पूछता हूँ और उसकी बातें सुनता हूँ। अगर वह पूछता है कि क्या मैं वहाँ गया हूँ, तो मैं शायद हाँ कह दूँगा, लेकिन इसके बाद भी मैं ख़ुद बोलने के बजाय उसे ही बोलने दूँगा, क्योंकि मैं चाहता हूँ कि वह किसी ऐसी चीज़ के बारे में बात करे, जिसमें उसे आनंद आया था, किसी सुखद चीज़ के बारे में, ताकि वह आरामदेह हो जाए।

मैं जानता हूँ कि ग्राहक कब आरामदेह हो रहा है, क्योंकि मैं उसकी बॉडी लैंग्वेज पढ़ता हूँ। मैं उसका चेहरा देखता हूँ, उसकी आँखें देखता हूँ, जिस तरह वह अपनी बाँहों को अपने क़रीब रखता है और उसके पैर एक-दूसरे को कसकर जकड़े होते हैं, जब तक कि वह थोड़ा ढीला नहीं होने लगता। जब यह सब चलता है, तो मैं पता लगा रहा होता हूँ कि उसे किसकी ज़रूरत है और उसे क्या बेचा जा सकता है। बहुत-से अलग-अलग मॉडल, आकार, सजावट, अतिरिक्त सामग्री होती है, जिनके तालमेल से मैं एक ऐसी कार चुन सकता हूँ, जिसका भाव उसे बेचने के लिहाज़ से सही हो, बशर्ते यह उसके उपयोग के लिए उपयुक्त हो। जिस कार के बारे में वह सोच रहा है, मैं उसके भाव के ऊपर जाकर उसे एक मॉन्टे कार्लो दिला सकता हूँ या भाव के नीचे आकर कैवेलियर या इम्पाला की एवियो भी। ज़ाहिर है, मैं इसे आसान रखना चाहता हूँ और उसे ठीक वही कार बेचना चाहता हूँ, जो अंदर आते वक़्त उसके दिमाग़ में थी। लेकिन हो सकता है कि वह उसका ख़र्च न उठा पाए। या दरअसल वह किसी ज़्यादा बड़ी और बेहतर कार का ख़र्च उठा सकता हो। मैं दोनों ही तरफ़ जा सकता हूँ।

मुझे जो जानने की ज़रूरत है, वह यह है कि वह पहले कितनी जगह भाव पूछ चुका है और उसे कौन-से भाव बताए गए हैं। मुझे यह जानने की ज़रूरत इसलिए है, क्योंकि मैं शायद वह करने जा रहा हूँ, जिससे वह सोचे कि उसे मुझसे सर्वश्रेष्ठ संभव भाव मिल रहा है। मेरा यह मतलब नहीं है कि उसे यह नहीं मिलेगा। उसे मिलेगा, बशर्ते मैं उसकी मदद कर सकूँ, क्योंकि मैं हर कार पर थोड़ा कम कमिशन पाकर बहुत सारी कारें बेचना चाहूँगा, बजाय इसके कि मैं ज़्यादा कमिशन के लालच में सिर्फ़ कुछ कारें बेचूँ। यही वह दर्शन, वह तंत्र है, जिसने मुझे संसार का सबसे महान सेल्समैन बनाया है। मैं किसी भी दूसरे कार सेल्समैन से ज़्यादा इसलिए कमाता हूँ, क्योंकि मैं ज़्यादा ऊँचे भाव पर नहीं बेचना चाहता, बल्कि ज़्यादा कारें बेचना चाहता हूँ। अगर आप यह काम

करते हैं, तो बाक़ी चीज़ें अपने आप सही हो जाएँगी। और ज़ाहिर है, आपके पास से जाते समय ग्राहक खुश होता है और वह जहाँ भी जाता है, आपके गुण गाता है तथा आपके पास और अधिक कारोबार भेजता है।

यदि मैं जानता हूँ कि उसकी कार या जेब में दूसरे डीलरों के ब्रोशर रखे हुए हैं, तो मैं जानता हूँ कि भाव पहले से ही उसके दिमाग़ में है। भले ही मुझे यह बात पता न हो, लेकिन मैं आसानी से इसका पता लगा सकता हूँ। इस समय तक हम मेरे ऑफ़िस में होते हैं। मैंने उसे ड्रिंक या सिगार दे दिया है। अगर उसके बच्चे उसके साथ आते हैं, तो उन्हें गुब्बारे और लॉलीपॉप मिल जाते हैं। मैं उसके बच्चों के साथ खेलता हूँ, यहाँ तक कि अगर ज़रूरत हो, तो उनसे बातें करने के लिए घुटनों के बल भी बैठ जाता हूँ। कोई समस्या नहीं। मेरे ऑफ़िस का फ़र्श साफ़ रहता है और इसके अलावा मैं सिर्फ़ एक बिक्री के कमिशन से कई स्लैक्स पैंट ख़रीद सकता हूँ। इसलिए यह काम करने लायक़ है।

बहुत-से सेल्समैन अपनी डेस्क पर जाकर ख़ाली पैड सबसे ऊपर रख लेते हैं। वे ग्राहक के बारे में सारी जानकारी उस पर लिखते हैं और उस कार के बारे में भी, जिसे वे बेच रहे हैं। उन्हें लगता है कि यह एक अच्छा तरीक़ा है। ग़लत! यह मूर्खतापूर्ण तरीक़ा है, क्योंकि अगर आप ऐसा करते हैं और फिर अंत के क़रीब तक ले आते हैं, तब भी कई बार आप उसे पूरा नहीं बेच पाते।

सौदा पक्का करने की तैयारी करना

मैं हमेशा अपनी डेस्क पर एक कोरा ऑर्डर फ़ॉर्म और एक क़र्ज़ आवेदन रखता हूँ। फिर जब हम बात करते हैं और मुझे ग्राहक के बारे में जानकारी मिलती है कि वह कहाँ रहता है, क्या करता है और क्या चाहता है, वह मैं सीधे फ़ॉर्म में भर देता हूँ। फिर अगर मैं उसे अंत तक ले आता हूँ, तो मेरे पास एक भरा हुआ ऑर्डर फ़ॉर्म रहता है और मुझे बस हस्ताक्षर की ही ज़रूरत होती है। दूसरी तरफ़, अगर आप जानकारी पैड पर लिखते हैं, तो इसके बाद आपको वह सारी जानकारी पैड से फ़ॉर्मों में उतारनी होती है। और आपके यह करते वक़्त उस आदमी को याद आ सकता है कि उसे ज्वेलरी स्टोर बंद होने से पहले एक कॉलर बटन ख़रीदना है। इसलिए वह उठकर भाग जाता है और आप उसे गँवा देते हैं।

मैं यह नहीं कह रहा हूँ कि आपको ग्राहक को रोककर रखने के लिए दरवाज़े पर ताला लगा देना चाहिए और दरवाज़े की घुंडी को उखाड़ देना चाहिए। मैं खेल को इस तरह नहीं खेलता हूँ। लेकिन जब हम प्रक्रिया में इस बिंदु तक आ चुके हैं, तो मैंने अपना और अपने सहयोगियों का एक घंटे या इससे अधिक समय ख़र्च किया है। और यह मेरे लिए बहुत मूल्यवान है। और यह ग्राहक के लिए भी मूल्यवान होना चाहिए। अगर वह इतनी दूर तक आ गया है और उसके इरादे गंभीर नहीं हैं, तो वह एक बुरा आदमी है। ज़ाहिर है, अगर मैं किसी दूसरे की बताई वैध क़ीमत पर उसे कार नहीं दे सकता, जो होना बहुत मुश्किल है या मेरे पास उसकी मनचाही कार से मिलती-जुलती कार नहीं है, जो कि लगभग असंभव है, तो उस व्यक्ति को मुझसे ख़रीदे बिना वहाँ से जाने का पूरा अधिकार है। क्योंकि अगर ऐसा होता है, तो इसका अर्थ है कि मैंने अपना काम पेशेवर अंदाज़ में नहीं किया है।

यदि इस बिंदु पर मैं कोई ग्राहक गँवा देता हूँ, तो इसका मतलब है कि मुझसे कोई ग़लती हुई है। हम सभी जानते हैं कि आप सभी ग्राहकों को नहीं बेच सकते। हम सभी जानते हैं कि कुछ लोग सिर्फ़ इसलिए अंदर आ जाते हैं, क्योंकि उनके पास करने को और कुछ नहीं होता। लेकिन अगर आप हर व्यक्ति के बारे में यह सोच लेते हैं, और अपने दिमाग़ में पूरी घटना को दोहराकर यह पता नहीं लगाते हैं कि आपने क्या ग़लत किया था, तो आप ख़ुद को प्रशिक्षित और दोबारा प्रशिक्षित करने का सही काम नहीं कर पाएँगे। आपको मानना होता है कि आपने बेचने में कोई ग़लती कर दी है, जब तक कि आपका आत्म-परीक्षण आपको बेगुनाह साबित न कर दे।

लेकिन जो ग्राहक सचमुच दिलचस्पी ले रहा था, उसे गँवाने का सबसे आम कारण होता है ग्राहक की बात पर्याप्त न सुनना, उसके चेहरे के हाव-भाव और शारीरिक गतिविधियों पर ग़ौर न करना। अगर आप उस पर पर्याप्त समय और एकाग्रता नहीं लगाते हैं, तो आप कोई ऐसी चीज़ चूक जाएँगे, जो वह आदमी आपको बताने की कोशिश किए बिना ही बता रहा है। और इसका संबंध शायद इस बात से है कि वह क्यों डरा हुआ है, वह क्यों झिझक रहा है और आप उसे आख़िरी बाधाओं के ऊपर से निकालने के लिए क्या नहीं कर रहे हैं।

हर कोई मौन से चिढ़ता है और अधिकतर लोग मौन को तोड़ना चाहते हैं। यह काम अपने ग्राहक को करने दें। उसे इसलिए बात करने दें, क्योंकि वह मौन को बर्दाश्त नहीं कर सकता। उसे उसकी झिझक और अनिच्छा के संकेत

बताने दें। आप बोलने के बजाय सुनकर और देखकर ज़्यादा सीख सकते हैं।

लेकिन ऐसे पल होते हैं, जब सेल्समैन को बोलने से फ़ायदा होता है। वह आदमी असहज है, इधर से उधर पहलू बदल रहा है, मूर्खतापूर्ण ढंग से मुस्कुरा रहा है, अपने पैरों की अँगुलियों को ज़मीन पर ठोंक रहा है, वे सारी चीज़ें कर रहा है, जो लोग असहज और भयभीत होते वक़्त करते हैं। आप देखते हैं, आप ग़ौर करते हैं और आप अनुमान लगाते हैं कि उसे सचमुच कोई समस्या है। लेकिन आप यह नहीं जानते कि समस्या दरअसल है क्या। आपने उस कार का पता लगा लिया है, जिसकी उसे ज़रूरत है और जिसका वह ख़र्च उठा सकता है, लेकिन आप उसे क्लोज़ की ओर नहीं ला पाए हैं। शांति छाई हुई है। उसकी असहजता के अलावा कुछ नहीं हो रहा है। इसलिए आप एक सवाल पूछते हैं। कई बार यह जवाब पाने का काफ़ी अच्छा तरीक़ा होता है। लेकिन आप उससे कोई ऐसा सवाल नहीं पूछते हैं, जिसका जवाब वह हाँ या (ख़ास तौर पर) नहीं में दे सके। आप यह नहीं पूछते हैं, "क्या कोई और चीज़ है, जो आप जानना चाहते हैं?" क्योंकि वह साफ़ मना कर सकता है और आप अवसर गँवा देते हैं। आप कोई ऐसी चीज़ पूछते हैं, जिसका जवाब वह कुछ बताकर दे सकता है, "मैंने क्या छोड़ दिया?" "मैंने आपको क्या नहीं बताया, जिसकी ज़रूरत आपको निर्णय लेने के लिए थी?" या इस तरह की सीधी बात भी : "मैंने कौन-सी ग़लती की?" इससे ग्राहक को यह महसूस हो सकता है कि उसे आपकी मदद करनी चाहिए। और तब आप उसे गिरफ़्त में लेना शुरू कर सकते हैं।

जब मैं इस बिंदु पर किसी ग्राहक को अंत की ओर लाने की बात करता हूँ, तो मेरा मतलब क्लोज़ करने से नहीं है। ज़ाहिर है, पात्र बनाने और क्लोज़ करने के बीच कोई मोटी रेखा नहीं है। हम इन्हें अलग-अलग मानते हैं, लेकिन अगर आप सही तरीक़े से बेच रहे हैं, तो एक क़दम से दूसरे क़दम तक सुचारु प्रवाह होता है। आपको पता चल जाता है कि कब गुप्तचरी का दौर पूरा हो गया, क्योंकि आप यह जान चुके हैं कि ग्राहक सचमुच क्या चाहता है, उसकी क्या ज़रूरत है और वह क्या ख़रीदने का ख़र्च उठा सकता है। अगर आप यह सब जानते हैं – और जानते हैं कि आप यह जानते हैं – तो आप अगले क़दम पर हैं।

ग्राहक को ख़ुद को प्रकट करने दें, जबकि आप देखें और सुनें; और वह ख़ुद ही सौदा पक्का करने वाला द्वार खोल देगा।

17

उन्हें ताले में बंद करना

बहुत–से सेल्समैन बिक्री इसलिए गँवा देते हैं, क्योंकि वे बहुत जल्दी, बहुत ज़ोर लगाकर आगे बढ़ जाते हैं। इससे पहले कि वे उसके बारे में कुछ मालूम करें, इससे पहले कि वे यह पता करें कि वह चाहता क्या है, वे उस आदमी के चेहरे के सामने कलम हिलाने लगते हैं। इस वजह से वे उसे दूर भागने पर मजबूर कर देते हैं, भले ही वह सचमुच सामान ख़रीदना चाहता हो। और बहुत–से सेल्समैन अपनी ख़ुद की चाहत के स्पष्ट एहसास के बिना ही सौदा करने लगते हैं।

मैंने आपको किराने के बैग के बारे में बताया था और यह भी कि मैंने उस ग्राहक के चेहरे की जगह उस बैग की तस्वीर रख ली थी। मैंने सचमुच ऐसा किया था। यह तरीक़ा कारगर साबित हुआ, क्योंकि इसने मुझे ज़्यादा अच्छा प्रदर्शन करने और उस बिक्री के लिए ज़्यादा जमकर संघर्ष करने के लिए प्रेरित किया। कारण बहुत स्पष्ट था : मैं जानता था कि मैं क्या चाहता था। और मैं जब भी किसी ग्राहक के सामने आता हूँ, तो मैं हमेशा जानता हूँ कि मैं क्या चाहता हूँ। हम सभी के मन में इतनी सारी इच्छाएँ होती हैं कि इसमें कोई समस्या नहीं होनी चाहिए कि आप हर बिक्री के लिए अपनी ख़ुद की इच्छा तय कर लें। कई बार तो मैं वह बिक्री सिर्फ़ इसलिए करना चाहता हूँ, ताकि बीते कल के रिकॉर्ड से आगे पहुँच जाऊँ। मैं ख़ुद को जानता हूँ और मैं यह भी जानता हूँ कि खेल की प्रतिस्पर्धा के मेरे लिए क्या मायने हैं। मैं किसी दूसरे के रिकॉर्ड से प्रतिस्पर्धा नहीं कर रहा हूँ, क्योंकि मैं बाक़ी हर सेल्समैन से बहुत आगे हूँ, इसलिए मैं जो जिरार्ड को ही हराना चाहता हूँ।

जब आप दरवाज़ा बंद करते हैं और ग्राहक के सामने अकेले में होते हैं,

तो यह वैसा ही होता है, जैसे आप एक सर्जन हों और ऑपरेटिंग टेबल पर मरीज़ लेटा हो। लेकिन आप चीरा तब तक नहीं लगाने वाले, जब तक कि आपको यह पता न हो कि आपको क्या करना है। अगर उसे अपेंडिसाइटिस हो, तो आप उसका गॉल ब्लैडर बाहर नहीं निकालना चाहते। इसलिए सौदे की शुरुआत करने से पहले यह सुनिश्चित कर लें कि आपने गुप्तचरी का काम पूरा कर लिया है। जब आप जानते हैं कि ग्राहक क्या चाहता है और आप उसे वह दे सकते हैं और जब आप यह भी जानते हैं कि आप क्या चाहते हैं, तो आप आगे बढ़ने के लिए तैयार हो जाते हैं।

मैं यह मानकर चलता हूँ कि वह आदमी शोरूम के अंदर इसलिए नहीं आया था, क्योंकि उसकी पत्नी ने उसे घर से निकाल दिया था और उसके पास जाने के लिए कोई दूसरी जगह नहीं थी। इसलिए जब भी कोई मेरे ऑफ़िस में आता है और मैं उस दरवाज़े को बंद करता हूँ, तो मैं सोचता हूँ कि मुझे एक अच्छा संभावित ग्राहक मिल गया है।

उसे बाधा के पार ले जाएँ

अब हम कार के मॉडलों के बारे में बात कर रहे हैं। मैं उससे पूछता नहीं, बताता हूँ, "तो आपको वह चार दरवाज़े वाली इम्पाला पसंद आई।" हो सकता है कि वह कन्नी काटने की कोशिश करे। लेकिन मैं मानकर चलता हूँ कि वह ख़रीदना चाहता है, बस दरवाज़ा बंद होने की वजह से थोड़ा ज़्यादा घबरा रहा है। संभवतः इसी समय मैं उसे ड्रिंक या सिगार पेश करता हूँ। मैं पूछ सकता हूँ, "आप इसे किस रंग में चाहते थे?" सूट ख़रीदने वाले मामले में शायद रंग का सवाल ज़्यादा जल्दी पूछा जा सकता है। कोई आदमी कह सकता है, मुझे एक *नीला* सूट चाहिए। लेकिन कार ख़रीदते समय शुरुआत में वह कहता है कि उसे एक कार चाहिए। वह यह नहीं कहता कि उसे एक लाल कार चाहिए। तो जब हम इस बिंदु पर पहुँच जाते हैं, जहाँ वह और मैं रंग के बारे में बात करने लगते हैं, तो मैं उससे सौदा कर रहा हूँ, चाहे उसे यह बात मालूम हो या न मालूम हो।

"इस बार गहरे रंग की। कृपया एक मिनट रुकें।" और मैं स्टॉक सूची की जाँच करने के लिए दरवाज़े से बाहर जाता हूँ। कम से कम उसे तो यही लगता है। और फिर मैं लौट आता हूँ। "हमारे पास एक बची है," मैं उससे कहता हूँ। "वे लोग उसे आपके लिए निकाल रहे हैं।" मैंने ऑर्डर पहले ही पूरा

भर लिया है, क्योंकि जब हम बात कर रहे थे, तो मैं दरअसल यही कर रहा था। "बस इसे ओके कर दें," मैं कहता हूँ और पैन उसके हाथ में दे देता हूँ। मैं यह नहीं कहता, "यहाँ साइन कर दें।" यह ज़रूरत से ज़्यादा औपचारिक लगता है। "बस इसे ओके कर दें।" शायद वह ओके कर देता है और बात यहीं ख़त्म हो जाती है।

लेकिन हम सभी जानते हैं कि आम तौर पर यह इतनी आसानी से नहीं होता है। और मैं ग्राहक को पेन थमाने में जल्दबाज़ी नहीं करूँगा। लेकिन अगर हमने रंग के बारे में बात कर ली है या उसने विशेष वैकल्पिक उपकरणों के बारे में पूछताछ कर ली है और मुझे स्टॉक में उसकी मनचाही कार मिल गई है, तो मैं अगले क़दम पर पहुँच जाता हूँ।

अगला क़दम एक बड़ा क़दम है, लेकिन यही क़दम हम दोनों को एक साथ लाता है। प्रशिक्षण सत्रों में आपको बताया जाता है कि बिक्री तब शुरू होती है, जब आप ऑर्डर माँगते हैं। लेकिन मेरे मामले में बिक्री पैसे माँगने से शुरू होती है। मैं उठता हूँ और ग्राहक की ओर लगभग अपनी पीठ घुमा लेता हूँ। फिर मैं बहुत सीधे होकर आधा घूमता हूँ तथा हाथ बढ़ाकर कहता हूँ, "मुझे 100 डॉलर दे दें; मैं आपकी कार तैयार करवा देता हूँ।" मैं झिझकते हुए यह नहीं कहता, "देखिए, मुझे बयाने की ज़रूरत होगी।" इससे कोई फ़ायदा नहीं होता, क्योंकि इससे आप कगार पर पहुँच जाते हैं। मैं हम दोनों को अगले पठार के बीच में रखना चाहता हूँ।

मैंने 100 डॉलर माँगे हैं, इसलिए उसे कोई कारण बताना पड़ता है कि वह आगे क्यों नहीं बढ़ना चाहता। शायद वह अपना पर्स निकालकर कहे, "मेरे पास तो सिर्फ़ 73 डॉलर ही हैं।" और आप जानते हैं, तब मैं क्या कहता हूँ? निश्चित रूप से आप जानते हैं। मैं उससे कहता हूँ कि 73 डॉलर से काम हो जाएगा। अब वह कहता है कि उसे थोड़े बहुत पैसों की ज़रूरत पड़ेगी। मैं 60 या 50 डॉलर में भी मान जाता हूँ। लेकिन उससे बहुत कम नहीं, क्योंकि अगर वह इतनी दूर तक आ गया है, तो हम दोनों ही चाहते हैं कि वह कार ख़रीद ले। और अगर वह कम से कम 50 डॉलर दे देता है – शायद कई बार इससे भी थोड़े कम – तो वह ख़रीदने वाला है।

लेकिन क्या हो, अगर वह अपनी जेब में देखे और उसे सिर्फ़ 27 डॉलर ही नक़द मिलें? मैं उसे आश्वस्त करते हुए कहता हूँ, "मैं चेक ले लूँगा।" लेकिन अगर वह मुझे "झाँसा" देने जा रहा है, तो मैं उससे 100 डॉलर या

इससे ज़्यादा राशि का चेक चाहता हूँ। देखिए, बहुत-से लोग खुशी-खुशी चेक काट देते हैं, क्योंकि वे सोचते हैं कि अगर उनका मन बदल गया, तो वे उस पर भुगतान रुकवा सकते हैं।

यह कैसे सुनिश्चित करें कि आपके समय के बदले में आपको भुगतान मिल जाए

इस बारे में एक मिनट सोचें। आपने शायद किसी व्यक्ति के साथ एक घंटे या उससे ज़्यादा समय बिताया है, जिसने अंदर आकर मुझे नाम से पूछा था और मुझे बताया था कि वह एक कार ख़रीदना चाहता है। और मैंने उसकी बात पर यक़ीन कर लिया था। इसलिए जब वह उस कार का बयाना देने के लिए चेक काटता है, तो मैं मान लेता हूँ कि वह इस बारे में गंभीर है, यानि वह चाहता है कि वह पैसा मुझे मिले। मैं मज़ाक़ नहीं कर रहा हूँ। मैं सिर्फ़ मज़े के लिए कारोबार में नहीं हूँ – हालाँकि मैं अपने पेशे से प्रेम करता हूँ। इसलिए जब मुझे चेक मिलता है, तो मैं एक मिनट के लिए दरवाज़े से बाहर निकलता हूँ और उस चेक को "प्रमाणीकृत" करने की प्रक्रिया शुरू कर देता हूँ। मैं मानकर चलता हूँ कि वह यही चाहता है कि उस चेक का पैसा मुझे मिल जाए। और मैं उसे जल्दी से जल्दी पाना चाहता हूँ।

वह इस बात पर भरोसा कर सकता है कि उसे उसकी कार मिल जाएगी, जब उसे उसकी ज़रूरत होगी। अगर हमारी बातचीत उसकी यात्रा और छुट्टियों की योजनाओं के बारे में हुई हो, तो मैं जानता हूँ कि वह दो दिन में यात्रा पर निकल रहा है। जब भी उसे ज़रूरत होगी, तो पूरे इलाक़े में वह जहाँ भी चाहता होगा, उसे उसकी कार मिल जाएगी। जैसा मैंने कहा है, अगर उसकी मनचाही कार हमारे स्टॉक में नहीं होती है, तो आस-पास के किसी दूसरे डीलर के पास निश्चित रूप से होगी। और चूँकि हम सभी का आदान-प्रदान का समझौता है, इसलिए मैं हमेशा उसे काफ़ी कुछ वैसी ही कार दे सकता हूँ, जैसी कि वह चाहता है। मैं यह मानकर चलता हूँ कि वह अपनी ज़रूरत के बारे में गंभीर है, इसलिए मैं हमेशा दूसरे सेल्समैनों से हटकर काम करने का इच्छुक रहता हूँ तथा कार को उस समय तैयार करा लेता हूँ, जब मैंने इसका वादा किया था।

आख़िर, हम ख़रीदने-बेचने के कारोबार में हैं। इसलिए जब मुझे पैसा मिलता है, तो ग्राहक को कार मिलती है। कई बार मैं उसकी मनचाही कार

नहीं खोज पाता। यह बहुत दुर्लभ होता है, लेकिन फिर भी हो सकता है। इसके बावजूद मैं यह मानकर चलता हूँ कि उसे जो चीज़ सबसे ज़्यादा चाहिए, वह कार है, किसी ख़ास तरह का रेडियो या ख़ास ट्रांसमिशन नहीं। मैं यक़ीन नहीं कर सकता कि कोई ग्राहक चेक थमाने और ऑर्डर फ़ॉर्म पर साइन करने के बिंदु तक आने के बाद सिर्फ़ इसलिए सौदा छोड़ दे, क्योंकि वह विनाइल रूफ़ कवर चाहता है। मैं मानकर चलता हूँ कि वह एक कार चाहता है। उसे कार मिलेगी और उसे अच्छी सेवा मिलेगी, चाहे वह जो भी भाव चुकाए।

अगर आप सोचते हैं कि मेरी अधिकतर बिक्री का संबंध रंग या सजावट से कम और भाव से ज़्यादा रहता है, तो आपने सही सोचा है। मैं एक उपयोगी वस्तु का व्यापार करता हूँ। बहुत-सी चीज़ें मेरे बेचे गए सामान को अलग बनाती हैं, जो मेरा प्रतिस्पर्धी उसी ग्राहक को नहीं बेच सकता। इन चीज़ों में से कुछ का संबंध मुझसे और इस तथ्य से होता है कि मैं ग्राहक से ख़ुद को पसंद कराता हूँ और उसका विश्वास जीतता हूँ। हम इस बारे में बात कर चुके हैं कि मैं उसे आरामदेह करने और उसका विश्वास जीतने के लिए किन तरीक़ों का इस्तेमाल करता हूँ। लेकिन अगर कोई ग्राहक अपने पैसे के लिए कड़ी मेहनत करता है, तो वह कार की क़ीमत के बारे में बहुत जागरूक होता है। उसने इस बारे में अपने मित्रों से बातचीत की है और शायद दूसरे कार सेल्समैनों से भी पता किया है। इसलिए जब वह मुझसे मिलता है, तो वह किसी दूसरे के बताए भाव से कम भाव पाने की उम्मीद करता है। और मुझे यह यक़ीन करना होता है कि अधिकतर समय मैं अपने प्रतिस्पर्धियों के भाव की बराबरी कर लेता हूँ या उससे भी कम में उसे कार दे देता हूँ; मेरे आँकड़े इस बात की पुष्टि करते हैं। आख़िर, जैसा मैं बार-बार कहता रहता हूँ, अगर मैं किसी दूसरे से ज़्यादा कार और ट्रक बेच रहा हूँ, तो मैं अक्सर उनके भाव की बराबरी कर रहा होऊँगा या उससे भी कम में बेच रहा होऊँगा। हो सकता है कि लोग मुझे पसंद करने या मुझ पर विश्वास करने की वजह से कार ख़रीद लें। लेकिन ऐसा इसलिए है, क्योंकि वे जानते हैं कि उन्हें मुझसे वाजिब दामों पर कार मिलती है।

मैंने पहले ही स्पष्ट कर दिया है कि ग्राहक की ज़रूरतों को पूरा करने वाली अलग-अलग कारों के बीच भाव का बहुत व्यापक दायरा होता है। हर सेल्समैन इस बारे में बहुत जानता है। लेकिन मेरा मानना है कि मैं इसे किसी भी दूसरे व्यक्ति से ज़्यादा अच्छी तरह समझता हूँ, क्योंकि मैं इस पहलू का

अध्ययन करने में बहुत समय लगाता हूँ। मैं सारे विकल्पों को जानता हूँ, जिनके साथ कार फ़ैक्ट्री से सुसज्जित होकर आती है। इसके अलावा, मैं लगभग हर उस चीज़ के बारे में जानता हूँ, जिसे हमारे स्टॉक में आने के बाद कार में लगाया जा सकता है। इससे मुझे कार बेचने के कारोबार में किसी दूसरे से अधिक भाव का लचीलापन मिल जाता है, क्योंकि मैं सिर्फ़ यही नहीं जानता कि कार कितने तरीक़ों से सुसज्जित हो सकती है, बल्कि मैं लागत तथा बेचने के भाव के विकल्पों के बारे में भी सब कुछ जानता हूँ। कई प्रकार की वैकल्पिक विशेषताएँ होती हैं, जो लागत ज़्यादा बढ़ाए बिना कार को अधिक आकर्षक बना देती हैं। मैंने भाव नहीं, लागत कहा है। इसलिए मैं बहुत-सी विशेषताएँ "मुफ़्त में" या बहुत कम पैसों में दे देता हूँ, ताकि मेरा भाव अजेय बन जाए।

क्या इसका मतलब यह है कि मुझे कभी नहीं हराया जा सकता? निश्चित रूप से यह बात नहीं है। इस और हर दूसरे व्यवसाय में बहुत सारे चतुर व आक्रामक सेल्समैन होते हैं। लेकिन अगर वे हर साल 1,500 या यहाँ तक कि 1,000 कारें भी नहीं बेच रहे हैं, तो मुझे यह यक़ीन करना पड़ता है कि वे मेरे जितने अच्छे नहीं हैं। इसके अलावा, अगर मैं किसी को कोई भाव बताता हूँ और वह मेरे उस भाव को लेकर किसी दूसरे डीलर के पास ले जाता है, तो मैं ईर्ष्या की वजह से बिक्री गँवा सकता हूँ। मैं जिन सेल्समैनों के साथ काम करता हूँ, उनमें से अधिकतर मेरे मित्र हैं। लेकिन दूसरी डीलरशिपों के सेल्समैन कई बार मुझसे ईर्ष्या करते हैं और किसी कार को इतने सस्ते में बेच देंगे कि उन्हें पैसे का नुक़सान हो जाए, सिर्फ़ इसलिए ताकि वे यह कह सकें कि उन्होंने जो जिरार्ड को हरा दिया।

इसका मतलब है, जैसा आप निश्चित रूप से समझते होंगे कि हम सभी इस खेल में पैसों के अलावा अन्य कारणों से भी हैं। लेकिन जब कोई सिर्फ़ मुझे हराने के लिए बहुत सस्ते में बेचता है, तो वह इस खेल में ग़लत कारणों से है। जब मैं कहता हूँ, "पैसों के अलावा," तो मेरा मतलब है पैसों के साथ-साथ दूसरे कारण। लेकिन खेल का नियम है पैसा और जब तक पैसा वहाँ नहीं है या उसके बाद में आने की संभावना नहीं दिख रही है, तो मैं सिर्फ़ किसी प्रतिस्पर्धी को हराने के लिए किसी कार को ज़रूरत से ज़्यादा सस्ता नहीं बेचूँगा। (मैंने पहले ही स्पष्ट कर दिया है कि किसी सौदे पर घाटा होने के बावजूद कई बार वह अच्छा क्यों होता है, ताकि कोई पर्याप्त महत्त्वपूर्ण ग्राहक मेरा प्रचार करे।)

जब मैं भावों और विकल्पों के दायरे का वर्णन करता हूँ, तो लोग कहते हैं कि यह दुविधापूर्ण होता होगा। अगर कोई ग्राहक बेचने की क़ीमत में शामिल सभी घटकों की निगरानी की कोशिश करे, तो वह ऐसा कभी नहीं कर पाएगा, क्योंकि वह कभी नहीं जानता कि उन सारे घटकों की डीलर या सेल्समैन को क्या लागत आई होगी। मिसाल के तौर पर, अगर कोई डीलर एक वर्ष में पर्याप्त कारें बेच लेता है, तो वह उस साल उसके द्वारा बेची गई सभी कारों पर फ़ैक्ट्री से कमिशन की पात्रता हासिल कर लेता है, जो इस बात पर निर्भर करता है कि वह फ़ैक्ट्री से कितनी कारें ख़रीदता है। ग्राहक कभी इसके बारे में नहीं जान सकता, इसलिए वह दरअसल कभी भी किसी कार की लागत को नहीं जानता है। इसलिए वह यह नहीं जान सकता कि बेचने का सही भाव क्या होना चाहिए।

बिक्री के बाद मुझ पर विश्वास ही मायने रखता है

निष्कर्ष में कुल मिलाकर एक ही शब्द मायने रखता है : विश्वास। अगर कोई ग्राहक मुझ पर विश्वास करता है, तो वह मुझसे कार ख़रीद लेगा। लेकिन मुझे यह सुनिश्चित करना होता है कि उसका विश्वास उस पल के बाद भी क़ायम रहे, जब उसे उसकी कार मिल जाए और वह उसके पैसे चुका दे। मुझे यह सुनिश्चित करना चाहिए कि वह तब भी मुझ पर विश्वास करे, जब वह कार घर ले जाए, ऑफ़िस ले जाए, उसे अपने हर परिचित को दिखाए तथा उसके बारे में बातें करे, जिसमें यह भी शामिल है कि उसने मुझे उसके लिए कितने पैसे दिए।

उसका विश्वास जीतने के लिए कई घटक मेरे पक्ष में काम करते हैं। एक बात तो यह है, जैसा मैं कहता रहा हूँ, अगर मैं किसी दूसरे से ज़्यादा बेचता हूँ, तो ऐसा इसलिए होगा, क्योंकि मैं जानता हूँ कि कारों को कम भाव पर कैसे बेचना है। दूसरी बात, लोग इस बारे में डींगें हाँकना पसंद करते हैं कि उन्होंने कार कितने सस्ते में ख़रीदी, इसलिए वे भाव बताते समय वास्तविक भाव से कुछ डॉलर कम करके बताते हैं। इसके अलावा, मैं हर संभावित ग्राहक को मित्र बनाने की कोशिश करता हूँ, चाहे मैं उसे बेच पाऊँ या न बेच पाऊँ। इसलिए ख़रीददार के मन में हमेशा यह भावना रहती है कि अगर कार के साथ कोई भी गड़बड़ हुई, तो उस बिक्री के पीछे जनरल मोटर्स और मेरोलिस शैवर्ले नहीं, बल्कि जो जिरार्ड खड़ा हुआ है।

जब हम कार के भाव की सौदेबाज़ी के बिंदु पर पहुँचते हैं, तो हम अंत के काफ़ी क़रीब होते हैं। लेकिन अभी रास्ता बाक़ी होता है। यदि बयाना पर्याप्त बड़ा है, तो इससे बिक्री की संभावना काफ़ी बढ़ जाती है। मैं कह चुका हूँ कि मैं ग्राहक से पर्याप्त कैश या प्रमाणीकृत चेक लेने की कोशिश करता हूँ, ताकि वह सौदे पर साइन करने के बाद चला न जाए। इससे मेरा मतलब है कि अगर मैं सिर्फ़ 10 या 25 डॉलर लेता हूँ, तो बिक्री ख़तरे में है, चाहे ग्राहक किसी भी चीज़ पर हस्ताक्षर कर दे। क्योंकि अगर वह जो जिरार्ड के भाव को किसी दूसरी जगह ले जाता है, तो उसे कोई आतुर सेल्समैन मिल सकता है, जो ख़ुद को मुझसे भी ज़्यादा तेज़ साबित करना चाहता हो। वह मेरे बताए भाव से इतना कम भाव बता सकता है कि ग्राहक उस छोटे बयाने को गँवाने के लिए तैयार हो जाए। आपको कभी पक्का पता नहीं होता कि ग्राहक बिक चुका है, जब तक कि वह उत्पाद ख़रीद न ले और आपके पास पूरा पैसा न आ जाए।

आप संभावनाओं के बारे में मेरा नज़रिया जानते हैं। हालाँकि मैं यक़ीन करता हूँ कि मैं इस व्यवसाय में सर्वश्रेष्ठ, सबसे आक्रामक सेल्समैन हूँ, लेकिन मैं इस बात को पसंद नहीं करता कि कोई ग्राहक सिर्फ़ आधा-अधूरा बिका हुआ ही चला जाए। इसका मतलब है कि अगर कोई ग्राहक अपनी कार का क़र्ज़ हमारे बजाय किसी दूसरी जगह से लेने वाला है, तो मैं यह नहीं चाहता कि वह दरवाज़े से तब तक बाहर निकले, जब तक कि वह एक बड़ा बयाना छोड़कर न जा रहा हो या कार अपने साथ न ले जा रहा हो।

सौदा पक्का करने के लिए उत्पाद उसे ही दे दो

यह सही है। अगर समय की कमी या काग़ज़ी काम की किसी वजह से वह सौदा पूरा किए बिना ही जाने वाला है या बयाने में बहुत ज़्यादा पैसे छोड़कर नहीं जाने वाला है, तो मैं कोशिश करूँगा कि वह उस कार को ले जाए, जिसे वह ख़रीदने वाला है।

इसे स्पॉट डिलिवरी कहा जाता है और इसका वही मतलब है, जो इसे कहा जाता है। मैं उसकी मनचाही या उससे लगभग मिलती-जुलती कार निकलवाता हूँ और उसे इस तरह घर ले जाने देता हूँ, मानो यह उसकी अपनी हो। यह आपको काफ़ी ख़तरनाक लग सकता है, लेकिन मेरे अनुभव में यह काफ़ी कारगर तरीक़ा है, क्योंकि इसके बाद ग्राहक किसी दूसरी जगह कार देखने-परखने नहीं जाएगा। मेरी बात का यक़ीन करें, यह मेरे और मेरे डीलर

के लिए वित्तीय दृष्टि से कारगर भी रहता है।

मुझे यक़ीन है कि आपको स्पॉट डिलिवरी का महत्त्व समझ आ गया होगा। ग्राहक के पास कार होती है, वह उसे घर ले जाता है। हालाँकि फ़ाइनैंसिंग और रजिस्ट्रेशन के अंतिम विवरण अभी पूरे नहीं हुए हैं, लेकिन अब यह उसकी हो चुकी है। यह उसकी कार है। वह इसे अपनी पत्नी, अपने बच्चों, अपने पड़ोसियों, अपने मित्रों, अपनी खेल टीम, अपने सहकर्मियों, अपने बॉस, अपने किराने वाले को दिखाता है – हर कोई उसे उसकी नई कार में देखता है। फिर इसके दूसरे पहलू पर ग़ौर करें। मैंने उसे चाबियाँ दे दी हैं और वह कार को ले गया है और उसे कुछ मील चलाया। हो सकता है कि सौदा पूरा होने से पहले कार उसके पास दो-तीन दिन रहे। क्या वह सोचता है कि मैंने उसे बिलकुल नई कार इस्तेमाल के लिए सिर्फ़ इसलिए दे दी है, क्योंकि मैं उससे प्रेम करता हूँ? क्या उसे सचमुच यक़ीन है कि जो कार अब तक क़ानूनी रूप से उसकी नहीं हुई है, जब वह उस पर 100 या 150 मील दर्ज कर रहा है, तो उस पर मेरा कोई उपकार नहीं है? इससे भी अधिक महत्त्वपूर्ण, क्या वह सोचता है कि वह किसी दूसरी जगह पर बेहतर सौदे की जाँच-परख करने के लिए स्वतंत्र है, जबकि वह उस कार को चला रहा है, जो दरअसल अब तक उसकी नहीं हुई है?

वह ऐसा नहीं करता है। मिल्कियत का प्रश्न उसके लिए थोड़ा दुविधापूर्ण होता है। अगर वह सोचता है कि वह पहले ही कार का मालिक है, तो मैंने बिक्री कर दी है। लेकिन अगर वह सिर्फ़ यह सोचता है कि उसने इसे उधार ली है और उसकी ज़िम्मेदारी बस इतनी है कि इसकी मूल अवस्था में इसे वापस लौटा दे, तो वह सही है और मैंने अब तक बिक्री पूरी नहीं की है। लेकिन एक बार जब मैंने उसे कार में बैठा दिया है, तो उसके दरअसल क्या करने की संभावना है? इस बात की तो नहीं कि वह 50 डॉलर बचाने की ख़ातिर पूरे शहर में कार से घूमता रहेगा। क्योंकि जब वह कार को बाहर लेकर जाता है, तो वह एक क़ागज़ पर हस्ताक्षर करता है कि यदि किसी कारण सौदा पूरा नहीं हो पाता है, तो वह कार को इसकी मूल अवस्था में लौटाएगा। इसे वकील अटल अनुबंध नहीं कहेंगे, लेकिन यह किसी भी सामान्य भले इंसान के लिए प्रबल नैतिक बंधन होता है। कम से कम यह मेरे ग्राहकों के साथ हमेशा कारगर रहा है।

मैं नहीं जानता कि आप जहाँ काम करते हैं, वहाँ पर क़ानून क्या है और

मैं निश्चित रूप से स्पॉट डिलिवरी देना शुरू करने से पहले इसकी जाँच कर लूँगा। लेकिन सच कहूँ, अगर आप ऐसा कर सकते हों, तो कर दें। मुझे इससे बेहतर कोई दूसरा तरीक़ा नहीं मालूम, जिससे आप उन लोगों को बेच दें, जो इसके बिना "बस देखते रहेंगे", जबकि उन्हें बहुत पहले ही अपना निर्णय ले लेना चाहिए था। अगर मैं कपड़ों के कारोबार में होता, तो मैं दर्जी को लेकर आता और आस्तीनों पर चॉक से निशान लगवा देता, जबकि ग्राहक अब भी आईने में देख रहा होता और दिन की रोशनी में रंग की जाँच कर रहा होता।

जब आप बीमा ख़रीदते हैं, तो एजेंट लगभग हमेशा एक *बाइंडर* के साथ कवरेज की स्पॉट डिलिवरी देता है। बाइंडर का मतलब है अल्पकालीन पॉलिसी, जो आपको तब मिलती है, जब आप पूरे प्रीमियम में से सिर्फ़ कुछ डॉलर ही देते हैं। एक तरह से आपका बीमा हो चुका है, हालाँकि उन्होंने अभी आपके आवेदन में लिखी बातों की जाँच नहीं की है और वे यह भी नहीं जानते कि आपका चेक भुन पाएगा या नहीं। लेकिन इससे उन्हें नुक़सान कम, फ़ायदा ज़्यादा होता होगा। और मुझे भी होता है – बहुत ज़्यादा – क्योंकि मैं उस आदमी को रोक देता हूँ। मैं बेहतर भाव की उसकी खोज को ख़त्म कर देता हूँ। इसके बाद वह ऑफ़िस के उस सर्वज्ञाता व्यक्ति की बात नहीं सुनता, जो उससे कहता है, "तुमने बहुत ज़्यादा पैसे चुका दिए। मैं तुम्हें थोक के भाव पर दिला देता।"

लेकिन मुझे इससे ज़्यादा मिलता है। मैं ग्राहक को एक ऐसा प्रस्ताव देता हूँ, जिससे वह इंकार नहीं कर सकता, और वह बाद में उससे मुकर नहीं सकता, क्योंकि मैं उस पर किसी दूसरे से ज़्यादा विश्वास कर रहा हूँ। जब मैं ऑफ़िस में किसी व्यक्ति की ओर हाथ बढ़ाकर कहता हूँ, "मुझे 100 डॉलर दे दें और मैं कार को आपके लिए तैयार करा दूँगा," तो कई बार वह आदमी कहेगा कि उसके पास कोई नक़दी नहीं है और तनख़्वाह के दिन तक बैंक अकाउंट भी ख़ाली रहेगा। अगर वह जाने लगता है और उसकी नौकरी अच्छी है और वह ज़िम्मेदार लगता है, तो मैं उससे नज़रें मिलाकर कहता हूँ, "मुझे किसी पैसे की ज़रूरत नहीं है। आपकी ज़बान ही मेरे लिए काफ़ी है।"

अब आपको क्या लगता है, मेरे यह कहने पर ग्राहक को कैसा महसूस होगा, उस ग्राहक को, जो अब भी थोड़ा असहज है और जो अभी तक पूरी तरह मन नहीं बना पाया है? सही समझे : इससे उसकी सारी झिझक मिट जाती है और वह मेरा हो जाता है।

या वह मुझसे कहता है कि वह नहीं सोचता कि उसकी क्रेडिट यूनियन शुक्रवार तक उसका लोन मंजूर करेगी, जबकि आज बुधवार है। इसका मतलब यह होगा कि वह दो दिन तक शार्क मछलियों के बीच रहेगा। देखिए, हो सकता है कि क्रेडिट यूनियन का लोन ऑफ़िसर मेरा बर्डडॉग हो। यदि ऐसा है, तो अमूमन हम कार्यवाही की गति को बढ़ा सकते हैं। अगर मैं लोन ऑफ़िसर को नहीं जानता हूँ, लेकिन ग्राहक अच्छा दिखता है, तो मैं उसे तुरंत ही "उसकी" कार में बैठाना चाहूँगा।

अब मान लें कि ग्राहक ऐसी विशेषताओं की सूची बताने लगता है, जिसे मैं अपने स्टॉक से पूरी नहीं कर सकता। बहुत-से सेल्समैन कहेंगे, "चिंता न करें। आप जो चाहते हैं, वह आपको मिल जाएगा। मैं इसे फ़ैक्ट्री से स्पेशल-ऑर्डर करा दूँगा।" मैं नहीं। अगर मेरे पास स्टॉक में कार है, जो उसकी मनचाही कार के पर्याप्त क़रीब है, तो मैं संसार का हर जतन करूँगा, जिसमें स्पॉट डिलिवरी भी शामिल है, ताकि वह उस कार को ख़रीद ले। स्पेशल ऑर्डर वाली कार आने में कई सप्ताह लग जाते हैं, जो आम तौर पर ग्राहक को बताए गए समय से काफ़ी अधिक होता है। वह बेचैन होने लगता है, वादे की तय तारीख़ गुज़र जाती है और वह किसी दूसरी जगह किसी दूसरे सेल्समैन से कार ख़रीदने चला जाता है। अगर मेरा वश चले, तो मैं यह जोख़िम कभी न लूँ। बहुत-सी दूसरी कारें हैं, जो उसकी उतनी ही अच्छी सेवा करेंगी।

वह चाहे जो भी कार माँगे, वह मेरे पास होती है। मैं उसे किसी ऐसी कार में बैठाकर ताला बंद नहीं करना चाहता, जिससे वह नफ़रत करता हो। लेकिन तुरंत बिकी कार, उसके लिए भी और मेरे लिए भी, स्पेशल ऑर्डर की 20 कारों के बराबर होती हैं।

अब मान लें कि मैं ग्राहक को वहाँ लाता हूँ, जहाँ उन्होंने स्पॉट-डिलिवरी वाली कार तैयार कर दी है। वह उसे देखकर कहता है, "मैं नीली नहीं, भूरी कार चाहता था।" मैं उसे बताता हूँ कि यह कितनी बेहतरीन दिखती है और यह नवीनतम शैली की है। मैं कहता हूँ कि उसकी मनपसंद कार को लाने में एक सप्ताह लग जाएगा, जबकि दोनों कारों में सिर्फ़ रंग का छोटा-सा अंतर है। इस दौरान कार की चाबी उसी के हाथ में रहती है। शायद मैं यह ग़लती करने के लिए ऑफ़िस स्टाफ़ को कोसने का नाटक भी करता हूँ। अब अगर वह आदमी पैर पटकते हुए कहता है कि यह नहीं चलेगा, मैं जो चाहता हूँ, वह चाहता हूँ, तो शायद आपके सामने एक समस्या है। लेकिन यह आपकी पत्नी

की ड्रेस जैसा मामला नहीं है। आप अधिकतर समय कार के भीतर रहते हैं और इसके अलावा, शैवर्ले अपनी कार के जितने भी रंग निकालती है, उनमें से एक भी बुरा नहीं है।

अगर आप कार बेचने के कारोबार में नहीं हैं, तो आप सोच सकते हैं, "यह एक गंदी चाल है।" मैं हमेशा बिक्री को नहीं समझता था – सच कहूँ, तो शुरुआत में मैं थोड़ा नादान था। आइए मान लेते हैं कि कोई ग्राहक सारे विकल्पों के साथ सिल्वर मॉन्टे कार्लो कार चाहता है। अब मेरे पास स्टॉक में एक कार है, जिसमें उसके चाहे गए सारे विकल्प हैं – बस यह हल्के नीले रंग की है। तो मैं फ़ैक्ट्री से एक कार का ऑर्डर दे देता हूँ। इसका मतलब है कि ग्राहक कई सप्ताह बाद डिलिवरी लेगा। इस दौरान एक मित्र उसे बताता है कि उसे फ़ोर्ड फ़ोकस ख़रीद लेनी चाहिए। वह जाकर उसे देखता है। फिर शायद वह मेरी मॉन्टे कार्लो के बजाय उस कार को ख़रीदने का निर्णय ले लेता है। या फिर वह हवाई में छुट्टियाँ मनाने जाने का निर्णय ले सकता है और कार की ख़रीददारी को टाल सकता है, ताकि उसके पास छुट्टियाँ मनाने के लिए पैसे आ जाएँ। शायद इस दौरान उसकी बेटी उसे बता देती है कि वह शादी कर रही है और वह यह निर्णय लेता है कि उसे शादी के लिए पैसों की ज़रूरत है। मेरे ग्राहकों ने मुझे यहाँ तक बताया है कि उनकी सास उनके साथ रहने आ रही हैं और उन्हें ऊपर एक कमरा बनवाने के लिए पैसों की ज़रूरत है। कार अगले साल तक इंतज़ार कर सकती है। यक़ीन मानें, मैंने ऑर्डर पर दी कार को रद्द करने का हर संभव कारण सुन रखा है। मुझे कार बेचने का एक और पहलू स्पष्ट करने दें। जब कोई ग्राहक किसी नई कार को ख़रीदने का निर्णय लेता है, तो पहला और सबसे महत्त्वपूर्ण घटक होता है कार (यानि कि बनावट–स्टाइल–विकल्प); दूसरा घटक है भाव (क्या भाव सही है? क्या मैं इसका ख़र्च उठा सकता हूँ?) और तीसरा तथा सबसे कम महत्त्वपूर्ण घटक होता है रंग। कुछ लोगों को सटीकता से पता होता है कि वे कौन–सा रंग चाहते हैं। दूसरों को सिर्फ़ लग सकता है कि वे एक ख़ास रंग चाहते हैं। अक्सर कोई आदमी यह सोचता हुआ आता है कि उसे सफ़ेद कार चाहिए, लेकिन जब वह भूरी कार देखता है, तो वह निर्णय लेता है कि उसे अब भूरी कार चाहिए। जो ग्राहक सिल्वर कलर की मॉन्टे कार्लो चाहता था, अगर मैंने उसके लिए हल्की नीली कार साफ़ और तैयार करा दी है, तो संभावना इस बात की है कि ग्राहक उससे भी उतना ही खुश होगा – क्योंकि यह वहाँ है, उसे इंतज़ार नहीं करना पड़ेगा और वह उसी दिन इसे अपने साथ घर ले जा सकता है।

ग्राहक एक अच्छे भाव पर एक कार ख़रीदता है। रंग का उस उपयोगिता पर कोई प्रभाव नहीं पड़ता है, जो उसे अपने पैसों के लिए मिल रही है। किसी भी सेल्समैन को मेरी यही सलाह है कि जब भी कोई ख़रीदने का निर्णय ले, तो आप यथासंभव शीघ्रता से उसके हाथ में सामान रख दें। इससे आप दोनों ही ज़्यादा खुश होंगे।

याद रहे : जब मैं पैसे लिए बिना किसी को कार में बैठाता हूँ, तो इससे पहले मैं उसके बारे में बहुत कुछ जान जाता हूँ। हमने बैठकर काफ़ी बातें की हैं और मैंने थोड़ी पूछताछ की है। मैं जानता हूँ कि वह कहाँ काम करता है और कितने लंबे समय से काम कर रहा है, वह कहाँ रहता है और शायद यह भी कि मकान का कितना हिस्सा उसका है। मैं कभी भी किसी ऐसे आदमी के हाथों में नई कार की चाबी नहीं दूँगा, जो कंगाल या आर्थिक चकमेबाज़ जैसा दिखता और लगता है। आप पूछते हैं, अगर वह ठगने आया हो, तो क्या होगा? लेकिन आप यह भूल रहे हैं कि ग्राहक मुझसे कार चुराने के लिए मेरे पास नहीं आया था। वह तो अनिच्छुक है और मैं उसकी अनिच्छा को तोड़ना चाहता हूँ, इसलिए मैं उसे उसकी मनचाही चीज़ ऐसे तरीक़े से दे रहा हूँ, ताकि वह अपना मन बना ले। कोई भी इस काम में मुझसे आगे नहीं निकलने वाला। और रिकॉर्ड उठाकर देख लें : स्पॉट डिलिवरी देने पर मुझे कभी चूना नहीं लगा है।

स्पॉट डिलिवरी के प्रभाव के बारे में एक बार फिर सोच लें। जब मैं ग्राहक को कार में बैठाता हूँ, तो उसकी बातों पर ग़ौर करें। "आपका मतलब है आप मुझे कार दे देंगे, जबकि बैंक ने अभी तक लोन का पैसा नहीं दिया है?" जब मैं उसे बताता हूँ, "आपकी ज़बान ही मेरे लिए काफ़ी है," तो मैं उसका दोस्त बन जाता हूँ। ज़ाहिर है, उसके जाने से पहले मैं उससे उस बीमा कंपनी का नाम पूछता हूँ, जो उसकी कार का बीमा करती है, क्योंकि हमारी कार पर भी उसका बीमा होगा। और यह न भूलें कि उसकी कार हमारी पार्किंग में खड़ी है और उसका भी कुछ मूल्य तो होगा ही। मैं तब तक स्पॉट डिलिवरी नहीं करूँगा, जब तक कि मुझे यह यक़ीन न हो कि यह एक अच्छा जोख़िम और अच्छा निवेश है। अगर कार को कुछ हो जाता है, तो वह जानता है कि यह उसकी नहीं है, लेकिन फिर भी वह इसके लिए ज़िम्मेदार है। लेकिन मैं कोई वकील नहीं हूँ, इसलिए जाँच कर लें कि आपके क्षेत्र में इसकी क्या संभावनाएँ हैं।

स्पॉट डिलिवरी बहुत-से सेल्समैनों को लाभ पहुँचाती है

अगर आप कारों के अलावा दूसरी चीज़ें बेचते हैं, तो स्पॉट डिलिवरी आपके लिए मुझसे भी ज़्यादा अच्छी तरह कारगर हो सकती है। मुझे एक बार एक बंदा मिला था, जो टीवी सेटों की सर्विसिंग और बिक्री करता था। वह स्पॉट डिलिवरी को बहुत कारगर तरीक़े से आज़माता था। मान लें, आप उसे फ़ोन करके कहते हैं कि वह आकर आपका टीवी सेट ठीक कर दे। वह पूछता है, इसमें क्या गड़बड़ है? आदमी कहता है कि तस्वीरें धुँधली हैं और मुश्किल से दिखाई देती हैं। वह पूछता है, टीवी कितना पुराना है, कौन-सा मॉडल है आदि। फिर वह कहता है कि वह पुराना टीवी सेट उठाने के लिए तुरंत आ रहा है और साथ में एक नया टीवी सेट ला रहा है, ताकि पुराने टीवी की दुकान में मरम्मत होते समय परिवार उस नए टीवी सेट का इस्तेमाल कर सके।

आप अंदाज़ा लगा सकते हैं कि इसके बाद क्या होता है। संभावना इस बात की है कि ग्राहक का टीवी पुराना है, जिसका मूल्य आज 20 डॉलर है और शायद उसे 80 डॉलर की पिक्चर ट्यूब की ज़रूरत है। इसकी जगह पर टीवी वाले आदमी ने शायद 1,000 डॉलर का फ़्लैट स्क्रीन टीवी लगा दिया है। वाह! पुराने सेट की मरम्मत में दो सप्ताह लग जाते हैं और इस दौरान परिवार इस "उधारी के टीवी" का दीवाना बन जाता है। आप बस यह शर्त लगा सकते हैं कि यह आगे चलकर उधारी का टीवी नहीं रहने वाला। जब किसी ने फ़्लैट स्क्रीन देख लिया हो, तो उसके बाद पुराने टीवी को कौन देखना चाहेगा? अब मेरा मित्र फ़्लैट स्क्रीन टीवी किसी ऐसे व्यक्ति के पास नहीं छोड़ने वाला, जो टेंट में रहता हो या उसे घर जाने के बाद सूटकेस पैक दिखते हों। पहली फ़ोन कॉल के बाद घर पहुँचने से पहले और उसके बाद भी वह उस व्यक्ति की ऋण पात्रता की जाँच कर लेता है।

जब पुराना सेट दुरुस्त हो जाता है, तो क़िस्त ख़रीददारी अनुबंध भी तैयार हो जाता है, जो ग्राहक को पुराने टीवी के बदले में फ़्लैट स्क्रीन शायद सिर्फ़ 40 डॉलर प्रति महीने में मिल सकता है। डैडी को यह प्रस्ताव परिवार में कौन ठुकराने देगा और पुराने सेट को वापस लाने देगा?

मैं यह करता हूँ और टीवी वाला भी यही करता है। मामूली डिनर को छोड़कर आप इसे बाक़ी लगभग हर चीज़ के साथ कर सकते हैं। मैंने जो पहला औपचारिक कोट ख़रीदा, वह मुझे उस सेल्समैन ने बेचा था, जिससे मैं इसे किराए पर लेने गया था। उसने स्टॉक से एक बिलकुल नया औपचारिक

कोट निकाला और मेरी फ़िटिंग के लिए उस पर चॉक से निशान लगाने लगा। मैं कहता रहा कि मुझे तो एक शादी के लिए यह किराए पर चाहिए, लेकिन उसने कहा कि मैं इसकी चिंता न करूँ, क्योंकि उसे मेरे आकार का एक और नया सूट अपने किराए के स्टॉक में रखना है। उसने मेरा काफ़ी अच्छा अंदाज़ा लगा लिया होगा, क्योंकि यह महसूस करना मुझे बहुत अच्छा लगा कि मैं एक बिलकुल नया सूट पहने हुए हूँ, जो किराए के भाव पर ही आदर्श फ़िटिंग का है। जब सूट तैयार हो गया, तो मैंने एक बार पहनकर देखा कि यह सही तो था। उसने मुझे शर्ट, टाई, कमरबंद सब कुछ पहना दिया और यह बेहतरीन दिख रहा था। इसके बाद अंदाज़ा लगाएँ, क्या हुआ? उसने इस तरह शुरुआत की कि मेरे कितने बच्चे हैं और परिवार में कितने बच्चे हैं। इससे पहले कि मुझे पता चल पाए, उसने मेरे सामने यह "साबित" कर दिया कि अगले कुछ सालों में कितनी सारी शादियाँ होने वाली हैं और किराए पर वह औपचारिक कोट लेना मेरे लिए घाटे का सौदा रहेगा, जबकि उसे ख़रीदने पर मैं फ़ायदे में रहूँगा, "और फ़िटिंग तो देखें!"

लोग कहते हैं कि सेल्समैनों को बाक़ी लोगों से ज़्यादा आसानी से बेचा जा सकता है, और शायद यह सच भी है, लेकिन औपचारिक कोट किराए पर देने वाले ने मुझे जो बताया था, वह सच भी था। और भले ही राशियों के मान से उतना अच्छा न भी पड़ता, तब भी सूट की जो क़ीमत मैंने दी, उससे किसी शादी या दावत में जाते समय कम से कम मेरे बाहर जाकर किराए पर लाने की जहमत तो बच ही गई।

जब मैं बेचने के लिए स्पॉट डिलिवरी का सुझाव देता हूँ, तो आप सोच सकते हैं कि मैं भाव से कतरा रहा हूँ। इसमें काफ़ी सच्चाई है। मुझे इस बात पर गर्व है कि मैं आस-पास के इलाक़ों में सबसे अच्छे सौदे देता हूँ और मेरी ऐसी ही प्रतिष्ठा है। लेकिन जैसा मैंने बार-बार कहा है, कारों के भाव की तुलना करने का पूरा काम किसी ग्राहक के लिए लगभग असंभव है, क्योंकि मॉडलों और विकल्पों में बहुत सारे फ़र्क़ होते हैं। यहाँ तक कि कार के कुछ रंगों का भाव भी दूसरों से अधिक होता है।

मुद्दे की बात यह है कि किसी फ़ैक्ट्री से निकलने वाली किन्हीं दो कारों की बिलकुल एक जैसी क़ीमत नहीं होती है। दो एक जैसी कारें होना तो संभव है, लेकिन यह लगभग कभी भी उसी समय उसी इलाक़े में नहीं होता है। इसका मतलब यह है कि अगर कोई ग्राहक कार खोज रहा है और किसी

दूसरे सेल्समैन के बताए भाव को लेकर मेरे पास आता है, तो जो भाव मैं उसे बताऊँगा, वह ठीक वैसी ही कार के लिए नहीं होगा। इसलिए थोड़ी दुविधा और गुंजाइश हमेशा रहती है। मैं उसे दुविधा में न डालने की कोशिश करता हूँ। मुझे इसकी ज़रूरत नहीं है। अगर मैं ज़्यादा कम भाव बता रहा हूँ, तो इसके पीछे कुछ कारण होंगे। या तो उस जैसी कार की लागत मुझे कम पड़ती है या मैं जो कार उसे बेच रहा हूँ, उस पर मैं कम कमिशन कमाने का इच्छुक हूँ या दोनों ही बातें हैं। सच्चाई यह है कि मैं इतनी सारी कारें बेचता हूँ कि मैं प्रत्येक पर कुछ कम कमाना झेल सकता हूँ। बहुत सारे सेल्समैन प्रति कार ऊँचे मुनाफ़े पर तीर चलाते हैं, क्योंकि वे उस बात को नहीं जानते हैं जो मैं जानता हूँ कि संभावित ग्राहकों का सैलाब कैसे लाया जाए। वे यह बात नहीं समझते हैं कि हर दिन दो-तीन संभावित ग्राहकों से मिलने से बेहतर यह होता है कि हर दिन 10-12 लोग आपका नाम पूछते हुए आएँ, जिन्हें ज़्यादा अच्छे सौदे देकर आप काफ़ी ज़्यादा पैसे बना सकते हैं।

कई मौक़े ऐसे भी होते हैं, जब मैं किसी ग्राहक को क्लोज़ नहीं कर पाता। ऐसे में मैं उसे बता दूँगा कि वह बाहर जाकर दो अन्य डीलरों से भाव-ताव करके आए। मैं उसे बता दूँगा कि मेरे ख़याल से मैं उनसे 1,000 डॉलर कम में कार दे दूँगा। देखिए, यह थोड़ा ज़्यादा ही खींचने वाला काम हो सकता है। लेकिन मैं उस आदमी को दीवार से नहीं बाँधता हूँ। मैं उसे बाहर जाने देता हूँ, क्योंकि मैं जानता हूँ कि वह लौटकर आएगा। जब वह आता है, तो उसे मुझे बताना पड़ेगा कि उसे दूसरे डीलरों के यहाँ क्या भाव बताया गया। वरना मैं उससे कह देता हूँ कि मैं तुलना कैसे करूँगा। एक बार जब मैं जान जाता हूँ कि उसे दूसरों ने क्या भाव बताए, तो मैं या तो उनसे कम पर बेच सकता हूँ या फिर नहीं बेच सकता। यह बहुत ही असंभव सा है कि मैं उसके सबसे कम भाव से भी 1,000 डॉलर कम पर बेच सकूँ। कभी-कभार किसी ग्राहक को दो बहुत ऊँचे भाव मिल सकते हैं, शायद बहुत ऊँचे इसलिए क्योंकि सेल्समैन लालची थे और उन्होंने सोचा था कि यह अच्छा मुर्गा फँसा है। लेकिन आम तौर पर मैं उसकी सबसे कम बोली से 50 या 100 डॉलर नीचे आ सकता हूँ।

वह आदमी मेरे बताए भाव को सुनकर कहता है, "लेकिन आपने तो कहा था कि आप मुझे 1,000 डॉलर कम में देंगे और अब आप मुझे सिर्फ़ 100 डॉलर कम में दे रहे हैं।" देखिए, मैं अतिरिक्त उपकरणों के साथ कार का भाव बता रहा हूँ और मैं यह बात उसे भी बता देता हूँ। या मैं कह सकता हूँ,

"देखिए, मैं नहीं जानता था कि आप इतने अच्छे ख़रीददार हैं। आपने शहर में पहले ही दो सबसे कम भाव हासिल कर लिए हैं। मैंने जितना कम किया है, उससे ज़्यादा कटौती मैं कर ही नहीं सकता।" और यह संभवतः सच है। ठीक है, मैंने उससे 1,000 डॉलर कम करने को कहा था और उसी वजह से वह लौटकर आया था। अब मैं उसे सिर्फ़ 100 डॉलर की कटौती बता रहा हूँ। क्या मैं उसे गँवा दूँगा? शायद नहीं। मैंने उसे यह बताकर खुश कर दिया कि वह कितना अच्छा ख़रीददार है। और इसके अलावा, एक पुरानी चीनी कहावत है, *100 डॉलर 100 डॉलर होते हैं।* वह इतने में ही तैयार हो जाएगा।

जादुई शब्द

ग्राहक मेरे मुँह से जो सुनना चाहते हैं, वे हैं मेरे जादुई शब्द : "मैं आपके बताए भाव से कम पर आपको कार दे सकता हूँ।" और जिस भी व्यक्ति ने इधर-उधर भाव पता किए हों, लगभग हर व्यक्ति के मामले में मैं अपने इन शब्दों को सच साबित कर सकता हूँ। मैं निश्चित रूप से हर बार यही करना *चाहता हूँ।* क्योंकि मैं कार बेचना चाहता हूँ, भले ही इसकी ख़ातिर मुझे अपना कमिशन थोड़ा कम करना पड़े। आख़िर किसी चीज़ का छोटा टुकड़ा शून्य के बड़े टुकड़े से बेहतर होता है और मेरे कारोबार में मुनाफ़ा इतना अच्छा होता है कि मैं इससे लाभ उठा सकता हूँ और किसी दूसरे की क़ीमत को वैधानिक तरीक़े से ज़्यादा से ज़्यादा हरा सकता हूँ। पैसा कमाने से मुझे बहुत खुशी मिलती है। पैसा बचाने से ग्राहक को बहुत खुशी मिलती है। अगर मैं ग्राहक के बताए सबसे कम भाव से कम में उसे कार दे देता हूँ, तो हर कोई खुश हो जाता है।

भाव को कम करना हमेशा मार्जिन और मेरे कमिशन में से कुछ डॉलर कम करने का ही मामला नहीं होता। कई बार, भाव कम करने के लिए मुझे ग्राहक से किसी वैकल्पिक चीज़ को हटाने के बारे में भी बात करनी पड़ सकती है, जैसे ज़्यादा बड़ा इंजन ("इस तरह का गैस जलाने वाला इंजन आप क्यों चाहते हैं?") या एक निश्चित रियर-ऐक्सल अनुपात ("यह हर साल गैस पर 1 डॉलर से अधिक नहीं बचाएगा") या एयर कंडीशनिंग ("जब भी आपको इसकी ज़रूरत पड़ेगी, तो इसकी लागत आपको हर बार 50 डॉलर पड़ेगी, क्योंकि यहाँ आस-पास कितने दिन गर्म होते हैं?"

लेकिन मैं ग्राहक को बेचने के लिए जो भी करूँ, जब वह उस कार में

बैठकर जाता है, तो वह जानता है कि उसे वह कार वाजिब दाम पर मिली है। मैं जो बेचता हूँ, उसमें आज तक किसी ने भी मुझ पर ग़लतबयानी या धोखे का आरोप नहीं लगाया है। कोई भी मेरे सौदे के बाद मेरोलिस शैवर्ले से यह सोचता हुआ नहीं गया है कि उसने जो ख़रीदा था, वह उसे नहीं मिला। मैं ऐसा इसलिए नहीं करूँगा, क्योंकि मेरी प्रतिष्ठा मेरे लिए इससे बहुत ज़्यादा मूल्यवान है। और चाहे लोग कुछ भी कहते रहें, यह इस कारोबार में मेरी जान–पहचान के अधिकतर सेल्समैनों के बारे में सही है।

कई बार सेल्समैन फ़ाइनैन्स और भुगतान को लेकर किसी ग्राहक के साथ खेल खेलने के लिए ललचा जाते हैं। यह सबसे बुरी चीज़ है जो आप कर सकते हैं, लेकिन यह इन दिनों मुश्किल नहीं है। बहुत–से ग्राहकों के लिए भाव की समस्या दूसरे नंबर पर आती है। पहले नंबर पर जो समस्या आती है, वह यह सवाल है : हर महीने कितना? ठीक है, अब ज़रा सोचें कि यह कैसे काम कर सकता है। कोई ग्राहक एक ख़ास मॉडल चाहता है। सेल्समैन को एहसास हो जाता है कि इस आदमी को मासिक क़िस्त के अलावा किसी चीज़ की परवाह नहीं है। वह आदमी जिस कार का ख़र्च सचमुच उठा सकता है, उसे वही देने के बजाय वह उसे अतिरिक्त उपकरणों से लाद देता है। जब कार लोन लेने की बात आती है, तो ग्राहक कहता है कि वह उतनी ही क़िस्त चुकाना चाहेगा, जितनी वह अब तक चुकाता रहा है, शायद 300 डॉलर प्रति माह। सेल्समैन कहता है, “हम इसे क़रीब ले आएँगे।” जब बाद में बैंक से भुगतान पुस्तिका ग्राहक के पास पहुँचती है, तो मासिक क़िस्त 450 डॉलर की होती है। अगर ग्राहक ने उस चीज़ पर इसलिए हस्ताक्षर किए थे, क्योंकि वह सेल्समैन पर भरोसा करता था, तो ग्राहक मुश्किल में है। लेकिन सेल्समैन भी मुश्किल में है, क्योंकि उसने एक आदमी की जेब को शायद तीन–चार साल के लिए बहुत बुरी तरह चोट पहुँचाई है। याद रखें, कोई भी ज़िंदगी में सिर्फ़ एक ही कार नहीं ख़रीदता। लेकिन वह सेल्समैन उस ग्राहक को सिर्फ़ एक ही बार कार बेच पाएगा और 250 दूसरे लोगों के सामने उसकी बुराई होगी, सो अलग।

मैं नहीं चाहता कि यह मेरे साथ हो। इसलिए जब ग्राहक मेरे साथ सौदा करते हैं, तो उन्हें हमेशा पता होता है कि उन्होंने कितने में क्या ख़रीदा है, कितने की मासिक क़िस्त है और यह उन्हें कितने महीनों तक चुकानी होगी। कई बार सेल्समैन ग्राहक को उसकी माँगी हुई क़िस्त की राशि तो दे देता है,

लेकिन वह दो साल के बजाय चार साल का लोन करा देता है। अगर हस्ताक्षर करते समय ग्राहक जानता है कि उसे क्या मिल रहा है, तो यह जायज़ है। लेकिन अगर उसे यह बात पहली बार तब पता चलती है, जब उसे बैंक से मोटी भुगतान पुस्तिका मिलती है, तो सेल्समैन ने उसे चोट पहुँचाई है।

मैं यह नहीं कह रहा हूँ कि किसी ग्राहक को साथ में महँगे सहायक उपकरण बेचना कोई ग़लत चीज़ है। यदि संभव हो, तो मैं भी यही करूँगा। कई बार जब ग्राहक सौदा करके जा चुका होता है, तो मैं घर पर उसे फ़ोन करके कुछ अतिरिक्त सामान बेचने की कोशिश करता हूँ, जो वह अपनी कार में चाह सकता है, जैसे बेहतर रेडियो या जंगप्रतिरोधक या बेहतर टायर। लेकिन उसे क्या मिल रहा है, यह उसे पता होगा और अगर वह नहीं कह देता है, तो यह नहीं ही होता है। जहाँ तक क़िस्तों का सवाल है, मैं किसी ग्राहक को बता देता हूँ कि वह जो चाहता है, उसका ख़र्च ज़्यादा आने वाला है। अगर ग्राहक इसे भी पिछली कार जितनी अवधि में ही चुकाना चाहता है, तो उसे अपने बजट पर नज़र डालनी होगी और कुछ ख़र्च कम करने होंगे, क्योंकि क़िस्त ज़्यादा आएगी। या अगर वह क़िस्त वही रखता है, तो लोन की अवधि छह महीने या एक साल ज़्यादा हो जाएगी। यह बेचने का हिस्सा है। अगर वह आदमी क़िस्त नहीं चुका सकता, तो मैं नहीं चाहता कि वह इसे ले। इसकी वजह यह है कि मैं नहीं चाहता कि उस आदमी की कार बैंक छीनकर ले जाए, क्योंकि तब मैं उसे, उसके मित्रों और रिश्तेदारों को हमेशा के लिए खो दूँगा और मैं यह बर्दाश्त नहीं कर सकता।

किसी ग्राहक को अधिक ख़रीदने के लिए राज़ी करने में आप कितने ही माहिर हों, यह सुनिश्चित करें कि बहुत देर होने से पहले ही उसे पता चल जाए कि वह किन बातों के लिए सहमत हुआ है। वरना आपने एक ख़राब बिक्री कर दी है। और न सिर्फ़ आपने अपने ग्राहक को चोट पहुँचाकर ख़ुद को चोट पहुँचाई है, बल्कि आपने मुझे भी चोट पहुँचाई है, क्योंकि एक सेल्समैन की बुरी प्रतिष्ठा से सभी सेल्समैनों की प्रतिष्ठा को चोट पहुँचती है। इसलिए अपनी घटिया चालों से हमारे घोंसले को गंदा न करें।

याद रखें कि कोई भी – मैं भी – हर एक को नहीं बेच सकता। इस बेचने के व्यवसाय में अच्छी जीविका कमाने के लिए आपको किसी की बाँह मरोड़ने या झूठ बोलने की ज़रूरत नहीं है। आपको तो बस अपने दिमाग़ का इस्तेमाल करना है, पर्याप्त बीज बोने हैं और पर्याप्त सीटें भरनी हैं। अगर आप इसे सही

तरीक़े से करते हैं, तो आप अच्छी आमदनी कमाने में सक्षम होंगे और अपनी अंतरात्मा के साथ जिएँगे। मैंने साबित कर दिया है कि यह किया जा सकता है।

क्लोज़िंग : अगर वह इतनी दूर तक आता है, तो वह ख़रीदना चाहता है। यदि आप इस बात को कभी नहीं भूलते हैं, तो आप बहुत बार बाज़ी जीतेंगे।

18

बिक्री करने के बाद जीतना

कोई बिक्री करने के बाद मैं जो पहली चीज़ करता हूँ, वह है ख़रीददार की फ़ाइल तैयार करना। मैं उसमें हर वह चीज़ लिख देता हूँ, जो मैं उसके बारे में जानता हूँ और उसकी ख़रीदी कार के बारे में भी। इसी समय मैं ग्राहक को एक ख़ास धन्यवाद पत्र भी भेजता हूँ। मुझे लगता है कि मुझसे ख़रीदने के लिए ग्राहक को धन्यवाद देने की बात काफ़ी स्पष्ट-सी है। लेकिन आप हैरान होंगे कि कितने सारे सेल्समैन ऐसा नहीं करते हैं। इसका मतलब है कि मेरे धन्यवाद पर उस घर में ग़ौर किया जाता है, क्योंकि यह बहुत दुर्लभ है।

मेरा धन्यवाद पत्र ग्राहक को बताता है कि मैं कितना खुश हूँ कि मैंने उसे उसकी मनचाही कार बेची। यह उसे यह भी याद दिलाता है कि मुझसे नई कार ख़रीदने वाला व्यक्ति भेजने पर मैं उसे 50 डॉलर दूँगा। यह बर्डडॉग बनने की याद दिलाने का बहुत अच्छा समय रहता है। आपने उसे तब बताया था, जब उसने कार ली थी और अब आप उसे यह दोबारा याद दिला रहे हैं, जब वह कार की शान झाड़ रहा है और इसके बारे में पड़ोसियों व सहकर्मियों से बात कर रहा है। मेरा एक नियम है कि मैं बिक्री वाले दिन ही धन्यवाद पत्र भेज देता हूँ, इसलिए मैं कभी भूलता नहीं हूँ।

ग्राहक जब सामान लेकर जा चुका होता है, उसके बाद बहुत-से सेल्समैन उसकी ओर पीठ फेर लेते हैं। अगर कार के साथ कोई गड़बड़ हो जाती है और वह आदमी उसे लेकर आता है, तो कुछ सेल्समैन तो ग्राहक से छिप भी जाते हैं। वे ग्राहक की शिकायतों और समस्याओं को झंझट मानते हैं, जो आख़िरकार अपने आप चली जाएँगी। लेकिन यह सबसे बुरा नज़रिया है, जो आप रख सकते हैं।

मैं इसे इस तरह देखता हूँ : मरम्मत की समस्याएँ और ग्राहक संबंधी दूसरी शिकायतें सभी व्यवसायों का आम हिस्सा हैं, चाहे आप कुछ भी बेचते हों। अगर आप उन्हें सही तरीक़े से सँभालते हैं, तो उनसे भविष्य में काफ़ी ज़्यादा बेचने में मदद मिल सकती है। जब कोई नई कार किसी बुरी समस्या के साथ ठीक होने के लिए आती है, तो सर्विस डिपार्टमेंट के लोग जानते हैं कि अगर मैंने वह कार बेची थी, तो उन्हें मुझे बता देना चाहिए। मैं वहाँ जाऊँगा और ग्राहक को शांत करने की कोशिश करूँगा। मैं उसे बताऊँगा कि मैं काम सही तरीक़े से करवाऊँगा और इसके बाद वह कार की हर चीज़ के बारे में खुश होगा। यह मेरे काम का हिस्सा है। अगर ग्राहक को और भी ज़्यादा बुरी समस्याएँ हैं, तो मेरा काम उसका पक्ष लेना और यह सुनिश्चित करना है कि उसकी कार उसी तरह चले, जिस तरह से उसे चलना चाहिए। मैं उसकी ख़ातिर मकैनिकों, डीलर और फ़ैक्ट्री से भी जूझूँगा।

अगर मेरी बेची हुई कार गड़बड़ होती है – और यह हो *सकती* है – तो मैं उस ख़राब कार को अच्छी कार में बदलने जा रहा हूँ। मैं वह सब करूँगा, जो भी उस कार को सही करने के लिए ज़रूरी होगा। इसके लिए कई बार तो मैं अपनी ख़ुद की जेब से भी पैसे लगा दूँगा। मिसाल के तौर पर, अधिकतर डीलरशिप में व्हील अलाइनमेंट की गारंटी नहीं दी जाती है, नई कार पर भी नहीं। देखिए, कोई आदमी कार ख़रीदने वाले दिन ही किसी गड्ढे या स्पीड ब्रेकर पर तेज़ी से गाड़ी चढ़ा सकता है, जिससे व्हील अलाइनमेंट बिगड़ सकता है। लेकिन अगर ग्राहक लौटकर आता है और अलाइनमेंट की बात कहता है, तो मैं यह सुनिश्चित करूँगा कि यह उसे मिल जाए और मैं अपनी जेब से इसका भुगतान करूँगा। टैक्स कटौती के बाद मुझे इसकी लागत लगभग 50 डॉलर पड़ती है, और इससे ग्राहक को महसूस होता है कि मैं सचमुच उसे खुश करना चाहता हूँ। (लेकिन मैं विनम्रतापूर्वक ग्राहक को यह भी बता देता हूँ कि अगली बार वह इसे मुफ़्त पाने की उम्मीद नहीं कर सकता।)

ग्राहक का पक्ष लेने का महत्त्व स्पष्ट है। मैं एक मित्र बन जाता हूँ, आप अपनी अगली कार ख़रीदने के लिए मेरे पास लौटकर आते हैं और अगर मैं आपका साथ देता हूँ, तो आप बहुत-से लोगों को मेरे बारे में बताते भी हैं। यह ग्राहकों का विश्वास जीतने के सर्वश्रेष्ठ तरीक़ों में से एक है। इससे उन्हें आप पर भरोसा हो जाता है और यह विश्वास भी हो जाता है कि आप उनकी संतुष्टि में रुचि लेते हैं।

मैं ग्राहक को दीर्घकालीन निवेश मानता हूँ। मैं उसे सिर्फ़ एक कार नहीं बेचना चाहता हूँ, इसलिए अगर वह उस कार से असंतुष्ट है, तो मैं उसे उसके हाल पर नहीं छोड़ने वाला। वह भविष्य में जो भी कार ख़रीदेगा, मैं उसे हर वह कार बेचना चाहता हूँ। और मैं उसके मित्रों तथा रिश्तेदारों को भी कार बेचना चाहता हूँ। और समय आने पर मैं उसके बच्चों को भी कारें बेचना चाहता हूँ। इसलिए जब कोई मुझसे कार ख़रीदता है, तो उसे वह अनुभव पसंद आना चाहिए। वह इसे और मुझे दोनों को याद रखेगा, इसलिए उसके जिस भी परिचित को नई कार की ज़रूरत होगी, उसे वह मेरे बारे में बताएगा। मैं हर ग्राहक को इस तरह देखता हूँ, जैसे वह जीवन भर के लिए मेरी वार्षिक वृत्ति हो। इसलिए उसे खुश रहना चाहिए। उसे मुझ पर विश्वास होना चाहिए।

मैं सोचता हूँ लोग मुझसे इसलिए ख़रीदते हैं, क्योंकि वे धोखा खाते-खाते उकता चुके हैं। वे चोट झेलते-झेलते थक चुके हैं। वे जानते हैं कि उनके साथ क्या हुआ था, जब किसी सेल्समैन ने ऊँची क़ीमत वसूल करके उन्हें ठगा था और इसके बाद जब उन्हें कार ठीक कराने में उसकी मदद की ज़रूरत थी, तो वह भागकर छुप गया था। जब ऐसा होता है, तो उन्हें पता चल जाता है। हो सकता है कि वे एक बार मूर्ख बन गए हों। लेकिन आपको तो बस एक बार ही किसी ग्राहक की ओर पीठ करने की ज़रूरत है, और उसे पता चल जाता है कि उसे धोखा दिया गया है, मूर्ख बनाया गया है और उससे झूठ बोला गया है।

लेकिन मेरे ग्राहक नहीं। जब कोई ऐसा ग्राहक जल्दबाज़ी में मेरे पास आता है, क्योंकि उसे कार की तुरंत ज़रूरत है, तो बहुत-से सेल्समैन उसे अच्छी तरह निचोड़ने के प्रलोभन में आ जाएँगे। वे उसकी ज़रूरत से फ़ायदा उठाएँगे और महँगे दाम पर बेचकर उसे चोट पहुँचाएँगे। अगर वह थोड़ी जाँच-परख और मोल-भाव के बाद कार लेता, उसके मुक़ाबले शायद सेल्समैन 600 डॉलर ज़्यादा ले लेंगे। लेकिन उसके पास जाँच-परख करने का समय नहीं है। जब मैं किसी ऐसे ग्राहक के सामने होता हूँ, तो हो सकता है कि मैं कार उसे इस तरह न बेचूँ। मुझे क्यों नहीं बेचना चाहिए? अगर वह कई जगहों पर भाव पता किए बिना फटाफट सौदा करना चाहता है, तो मैं डीलर और ख़ुद के लिए अच्छा मुनाफ़ा कमाना चाहूँगा। यह हर एक के लिए न्यायसंगत है। लेकिन मैं किसी ग्राहक को सिर्फ़ इसलिए नहीं निचोड़ूँगा, क्योंकि वह जल्दबाज़ी में है और उसे तुरंत ज़रूरत है। इसे इस तरह देखें : जो व्यक्ति जल्दबाज़ी में है और ज़रूरत से ज़्यादा पैसे चुकाने का इच्छुक है, उसे जल्दी ही पता लग

जाएगा कि आपने उसके साथ क्या किया था। और फिर वह गुस्सा होने वाला है तथा सबके सामने कार, डीलर और सेल्समैन को बुरी तरह कोसने वाला है। इसकी ज़रूरत किसे है? मुझे नहीं, हालाँकि मैं इतनी ज़्यादा कारें बेचता हूँ कि मैं इस तरह का कुछ नुक़सान झेल सकता हूँ। लेकिन आप कभी नहीं जानते कि कौन आपके लिए एक बड़ी वार्षिक वृत्ति चुका सकता है। और इसके अलावा, जब मेरे ग्राहक खुश होते हैं, तो मुझे अच्छा लगता है। इससे मैं भी खुश हो जाता हूँ।

ख़राब को अच्छे में बदलें

जब कोई ग्राहक किसी ख़राब कार को लेकर सर्विस डिपार्टमेंट में आता है, तो उस कार को सही करने में मेरा और मेरे साथियों का बहुत-सा समय तथा ऊर्जा लग सकती है। हमें सही जगह पर दबाव भी डालना पड़ सकता है। मुझसे कार ख़रीदना किसी दूसरे सेल्समैन से ख़रीदने के मुक़ाबले 500 डॉलर ज़्यादा फ़ायदे का सौदा होता है, सिर्फ़ इसलिए क्योंकि मैं अपने उन ग्राहकों की परवाह करता हूँ, जिन्हें समस्याएँ होती हैं। इस तरह की गुणवत्तापूर्ण सेवा के लिए मैं ग्राहक को ज़्यादा पैसे नहीं देने देता। उसे यह हमेशा मिलती है, चाहे उसने कार कितनी ही कम क़ीमत पर मुझसे ख़रीदी हो। मैं उसके कार्ड पर यह नहीं लिखता कि उसने यह मुझसे सस्ते में ख़रीदी थी, इसलिए अब मैं उसकी ख़ातिर और कुछ नहीं करूँगा। हर एक को मुझसे उतनी ही अच्छी सेवा मिलती है।

मैं सोचता हूँ कि यह हर क्षेत्र में होना चाहिए। अगर मैं किसी सेल में कोई सूट ख़रीदता हूँ, तो मैं उम्मीद करता हूँ कि यह मुझे उतनी ही अच्छी तरह फ़िट आए, जैसे कि महँगा सूट आता। और अगर, मेरे मन में यह भावना आती है कि दुकान वाले सूट की फ़िटिंग के लिए पर्याप्त बदलाव करने से कतरा रहे हैं, तो मैं इसे सही करने के लिए उन पर दबाव डालूँगा। और जब मुझे एक और सूट की ज़रूरत होगी, तो मैं उनके उस व्यवहार को याद रखूँगा।

कार की सर्विसिंग बहुत-से लोगों के लिए एक बड़ा रहस्य है। पुराने ज़माने में कारों को समझना आसान होता था। हर लड़के को थोड़ा-बहुत पता होता था कि वे कैसे काम करती हैं और उन्हें कैसे ठीक किया जाए। लेकिन इन दिनों कारें उस ज़माने की तुलना में काफ़ी ज़्यादा जटिल होती हैं। हालाँकि कारें बेहतर होती हैं, लेकिन जब चीज़ें गड़बड़ होती हैं, तो बहुत-से लोग

काफ़ी असहाय महसूस करते हैं। मेरी जान–पहचान के कुछ लोगों ने तो ऑटो रिपेयर्स में नाइट–स्कूल के कोर्स किए हैं, ताकि उन्हें यह समझ में आ जाए कि मकैनिक किस बारे में बात कर रहा है।

यह हमें दोबारा ख़राब कारों पर ले आता है। वे ख़राब हो सकती हैं। बहुत बार वे नहीं होती हैं। लेकिन वे ख़राब इसलिए हो सकती हैं, क्योंकि शायद फ़ैक्ट्री के किसी जाँचकर्ता को पिछली रात के नशे का असर रहा होगा, क्योंकि शायद किसी सप्लायर ने एक महत्त्वपूर्ण पार्ट को बनाने में गड़बड़ कर दी थी। मेरा इरादा इस उद्योग में काम करने वाले किसी व्यक्ति को नीचा दिखाने का नहीं है। लेकिन कई बार कोई कार जब बनकर निकलती है, तो उसमें बहुत–सी चीज़ें गड़बड़ होती हैं। यह इतनी अच्छी तो चलेगी कि असेंबली लाइन से डीलर के यहाँ पहुँच जाए और अंतिम जाँच से सही–सलामत गुज़र जाए। लेकिन इसके बाद हर चीज़ ख़राब होने लगेगी। मुझे लगता है कि यह संभावनाओं की बात है। एक कार के ट्रांसमिशन में परिवर्तन की ज़रूरत होती है, दूसरी का पिस्टन इसके सिलेंडर में फ़िट नहीं होता, तीसरी के रियर ऐक्सल में दोषपूर्ण गियर होता है। हम इस तरह की चीज़ को काफ़ी आसानी से पकड़ और सुधार सकते हैं। लेकिन लाखों में से एक कार में ये सारी समस्याएँ एक साथ होती हैं, तब क्या होता है? तब आपके पास एक ख़राब कार होती है।

आप एक गड़बड़ लेकर आते हैं और उसे ठीक कर दिया जाता है। फिर कुछ दिनों बाद दूसरी चीज़ गड़बड़ हो जाती है और आप फिर से लौटकर आते हैं। बहुत–सी डीलरशिपों में नज़रिया यह होता है : लो वह अप्रिय व्यक्ति फिर आ गया। देखिए, मैं आपको बता दूँ कि जब किसी आदमी को ख़राब कार मिलती है, तो इकलौते अप्रिय व्यक्ति वही लोग होते हैं, जो उसके साथ सही सलूक नहीं करते हैं।

ख़राब कारों की परवाह करना इतना आसान नहीं है। मैं सर्विस डिपार्टमेंट के लोगों के साथ बहुत अच्छे संबंध रखता हूँ। मैं उनके लिए सुबह कॉफ़ी ख़रीदता हूँ, उनके बच्चे के जन्म पर उपहार देता हूँ और ऐसी ही चीज़ें। लेकिन ये कारोबारी ख़र्च होते हैं, क्योंकि जब मेरा कोई ग्राहक सर्विसिंग की समस्याएँ लेकर आता है, तो यह कारोबार का मामला है। मैं शैवर्ले ऑफ़िस में फ़ोन करने के लिए सही लोगों को भी जानता हूँ। और जब सारे प्रयास नाकाम रहते हैं, तो मैं शहर के व्यापारिक क्षेत्र में फ़ोन करके यह सुनिश्चित करता हूँ कि मेरे ग्राहक को वह मिले, जिसका वह अधिकारी है।

इस सब में मेरा पैसा लगता है और अच्छा-खासा समय भी चला जाता है। लेकिन मैं नहीं सोचता कि मेरे पास कोई विकल्प है। ज़रा सोचें, कोई आदमी अंत्येष्टि गृह में पड़ा हुआ है और सभी अंदर आने वाले लोगों को आख़िरी दर्शन करने के लिए आते देख रहा है। एक आदमी घर आता है, शेविंग करता है, कपड़े बदलता है और अपने मित्र को आख़िरी बार देखने के लिए शायद अपना मैच छोड़ देता है। अंत्येष्टि बॉक्स में लेटे उस एक आदमी की आकर्षण शक्ति के बारे में सोचें। उसे देखने के लिए लगभग 250 लोग यही सब करने वाले हैं। हर एक में ऐसी ही आकर्षण शक्ति होती है और बेचने के पेशे में हममें से कोई भी एक अकेले ग्राहक को जोख़िम में डालना बर्दाश्त नहीं कर सकता, क्योंकि वह अपने जीवन में 250 लोगों को प्रभावित करता है।

जैसा कि आप जानते हैं, लोग कारों के बारे में बहुत बातचीत करते हैं। अमेरिका के कई हिस्सों में यह बातचीत का सबसे लोकप्रिय विषय है, यहाँ तक कि मौसम से भी ज़्यादा लोकप्रिय। और मैं सोचता हूँ कि कहीं पर लोग एक कहानी बता रहे हैं कि कैसे उन्होंने एक नई कार ख़रीदी और उसकी हर चीज़ गड़बड़ होने लगी। वे कार ठीक कराने के लिए बार-बार गए, लेकिन वह कभी सही नहीं हो पाई, इसलिए वे उस तरह की कार दोबारा नहीं ख़रीदने वाले। तभी एक आदमी वही कहानी सुनाना शुरू करता है। बस वह इसका अंत इस तरह करता है, “मैंने अपने सेल्समैन जो जिरार्ड को अपनी समस्याओं के बारे में बताया और इससे पहले कि मुझे पता चल पाए, कार नई से भी बेहतर चल रही थी।” मैं जानता हूँ कि मैं लोगों के साथ जैसा बर्ताव करता हूँ, उसके बारे में लोग इसी तरह की बातें कहते हैं, क्योंकि मुझे यह बाद में पता चल जाता है। जब भी लोग नाम लेकर मेरे बारे में पूछते हैं, तो मैं उनसे हमेशा सवाल करता हूँ कि उन्होंने मेरे बारे में कैसे सुना। यह एक अच्छी शुरुआत होती है। और आप हैरान रह जाएँगे कि उनमें से कितने यह ज़िक्र करते हैं कि किसी दूसरे ने उन्हें बताया था कि उन्हें मुझसे कितना अच्छा भाव और कितना अच्छा व्यवहार मिला था।

मैं ख़ुद को किसी तरह का देवता साबित नहीं करना चाहता, लेकिन मैं सोचता हूँ कि यह पूरे पेशे के लिए बहुत फ़ायदेमंद होता है। आप विश्वास कर सकते हैं कि यह मेरे व्यवसाय के लिए तो बहुत फ़ायदेमंद होता ही है।

मुझे उम्मीद है कि अब तक आप समझ गए होंगे कि मैं बहुत-सी ऐसी चीज़ें करता हूँ, जो दूसरे सेल्समैन नहीं करते हैं। और मुझे उम्मीद है, आप यह

भी समझ गए होंगे कि जो मेरे लिए कारगर है, वह हर एक के लिए कारगर है। मैं अपने ग्राहकों के साथ अच्छा बर्ताव करता हूँ। वे जानते हैं कि मैं सचमुच उनकी परवाह करता हूँ और वे मुझ पर भरोसा करते हैं। लेकिन मैं कोई चीज़ प्रेम की ख़ातिर नहीं करता हूँ। मैं इसे पैसे की ख़ातिर करता हूँ। मैंने अक्सर कहा है कि जो चीज़ करना मुझे संसार में सबसे ज़्यादा पसंद है, वह है सोना। यह मेरा शौक़ है और यह मेरा प्रिय काम है, इसलिए जब मैं सुबह बिस्तर छोड़ता हूँ, तो किसी न किसी को इसके लिए भुगतान करना होता है।

मगर याद रहे, जब मैं अपने ग्राहकों के साथ अच्छा बर्ताव करता हूँ, तो कोई बाहर जाकर यह नहीं कहता, "जिरार्ड का सचमुच ऐसा इरादा नहीं रहता है। वह तो यह काम सिर्फ़ पैसे की ख़ातिर करता है।" मैं कहता हूँ कि मेरा सचमुच ऐसा इरादा रहता है *और* मैं इसे पैसे की ख़ातिर *भी* करता हूँ। लेकिन ग्राहकों के प्रति अच्छे बने रहना उससे कहीं ज़्यादा सुखद होता है, बजाय इसके कि उनके साथ बेवकूफ़ जैसा बर्ताव करें और जब वे मुश्किल में मदद माँगने के लिए आपके पास आएँ, तो भागकर छिप जाएँ। अपने ग्राहकों का विश्वास जीतकर आप काफ़ी ज़्यादा पैसे बनाते हैं।

मैं एक आदमी को जानता हूँ, जो अपने सारे कपड़े एक ख़ास स्टोर के एक ही सेल्समैन से ख़रीदता था। बाहर से देखने पर एक सूट पसंद आने की वजह से वह पहली बार स्टोर में अंदर गया था। उस समय जिस सेल्समैन की बारी थी, उसने उसे सूट बेच दिया और उसके साथ संबंध बना लिया। वह आदमी हर साल उस सेल्समैन से दो-तीन सूट ख़रीदता था, हालाँकि उसे उनकी उतनी ज़रूरत नहीं थी, क्योंकि वह ज़्यादातर मौक़ों पर सूट पहनकर काम पर नहीं जाता था। लेकिन सेल्समैन ने यह पता लगाने की जहमत उठाई थी कि उसे क्या पसंद था और जब भी वह आदमी कोई चीज़ ख़रीदता था, तो वह हमेशा दर्जी से फ़िटिंग कराता था। और कई बार उस ग्राहक के आने पर सेल्समैन उसे बताता था कि उसके ख़्याल से कोई ऐसी नई चीज़ नहीं आई है, जो ग्राहक को पसंद आएगी। सेल्समैन को ग़लत साबित करने की कोशिश करना उस आदमी के लिए लगभग एक चुनौती होती थी।

एक दिन वह आदमी स्टोर में आया और उसने सेल्समैन के बारे में पूछा। एक दूसरे सेल्समैन ने उसे बताया कि अब वह रिटायर हो चुका है। इसके बाद वह सेल्समैन दूर चला गया। ग्राहक कुछ देर तक रैक पर रखे सूट देखता रहा और उसने एक जैकेट को पहनकर भी देखा। लेकिन कोई भी उसके पास

नहीं गया। वह आख़िरकार वहाँ से चला गया और दोबारा कभी लौटकर नहीं आया। इसलिए मुझे यह न बताएँ कि सेल्समैन और ग्राहक के बीच का संबंध महत्त्वपूर्ण नहीं है।

मैं एक ऐसी चीज़ बेचता हूँ, जो लाखों दूसरे सेल्समैन बेचते हैं। आप शायद सोचते हैं, शैवर्ले तो शैवर्ले है। आप उन्हें अमेरिका के किसी भी शहर में ख़रीद सकते हैं। वे सभी एक जैसी होती हैं। सही? ग़लत! जो जिरार्ड से ख़रीदी गई शैवर्ले सिर्फ़ एक कार नहीं है। यह तो मेरे और उस ग्राहक तथा उसके परिवार, उसके मित्रों और उसके सहकर्मियों के साथ पूरा संबंध होता है। लगभग 250 लोग।

आप सोच रहे होंगे कि आपने यह सब पहले सुन रखा है। लेकिन मैं इसे बार-बार कहता हूँ, क्योंकि मैं इस पर यक़ीन करता हूँ और मैं जानता हूँ कि यह कारगर है। यह संसार में मेरे लिए सबसे स्पष्ट चीज़ है और इससे मेरा कारोबारी जीवन बहुत दिलचस्प तथा बहुत लाभदायक बन जाता है। लेकिन मैं इसे कहता रहूँगा, क्योंकि हालाँकि यह मेरे लिए स्पष्ट है, लेकिन यह किसी दूसरे के लिए बहुत स्पष्ट नहीं होगी। वरना ऐसा कैसे है कि इतने सारे सेल्समैन हैं, जो बमुश्किल रोज़ी-रोटी कमा पाते हैं और इतने सारे ग्राहक हैं, जो यह सोचते हैं कि सभी सेल्समैन अमीर चालबाज़ होते हैं?

मैं आपको बता रहा हूँ कि बिक्री के बाद का चरण कितना महत्त्वपूर्ण होता है। मैंने आपको बता दिया है कि मैं हमेशा हर ग्राहक को धन्यवाद पत्र भेजता हूँ। मैंने आपको बता दिया है कि जब ग्राहक मेरी बेची हुई कारों में मरम्मत की समस्याएँ लेकर आते हैं, तो मैं उनकी किस तरह परवाह करता हूँ। यानि आपको पता चल चुका होगा कि जहाँ तक संभव होता है, मैं उनके साथ बना रहता हूँ। न सिर्फ़ मैं वे चीज़ें करता हूँ, जो मैंने अब तक बताई हैं, बल्कि मैं एक और चीज़ भी करता हूँ।

संपर्क में रहना

भले ही बिक्री के बाद ग्राहक मुझसे कभी संपर्क न करे, लेकिन मैं उसके संपर्क में रहता हूँ। बहुत-से सेल्समैन अपना कमिशन लेने के बाद ग्राहक के बारे में भूल जाते हैं, ख़ास तौर पर अगर कार के साथ कोई समस्या न हो। लेकिन, जैसी आप उम्मीद कर सकते हैं, मैं चीज़ों को काफ़ी अलग तरीक़े से देखता हूँ। अगर मैं किसी को कोई कार बेचता हूँ, तो उसे मेरा धन्यवाद पत्र मिलेगा और

अगर उसे ज़रूरत होगी, तो रिपेयरिंग में भी मेरी मदद मिलेगी। वैसे, अगर उसे मेरी मदद की ज़रूरत न पड़े, तब भी मैं उससे संपर्क करने वाला हूँ।

बिक्री करने के कुछ सप्ताह या महीने बाद मैं हालिया ग्राहकों की फ़ाइल पर नज़र डालता हूँ और उन्हें फ़ोन करने लगता हूँ। आप सोचेंगे कि यह मुश्किल को न्योता देना है, लेकिन मेरे लिए यह भावी व्यवसाय माँगना तथा यह सुनिश्चित करना है कि यह मुझे ही मिले। ज़रा आम आदमी के उस आम अनुभव के बारे में सोचें, जब वह किसी औसत सेल्समैन से कार ख़रीदता है। जब सौदा पूरा हो जाता है, तो ग्राहक बस वहाँ से सही-सलामत लौटने पर राहत महसूस करता है।

लेकिन मेरे ग्राहकों के साथ मामला अलग रहता है। मैं कड़ी मेहनत करता हूँ और वे यह बात जानते हैं। जब सौदा ख़त्म होता है, तो उन्हें भी राहत महसूस होती है, लेकिन ऐसा इसलिए नहीं होता, क्योंकि वे अभी-अभी एक उच्च दबाव वाले सेल्समैन के शिकंजे से बचकर निकले हैं, बल्कि इसलिए क्योंकि वे एक ऐसे अनुभव से गुज़रे, जिसमें शुरुआत में वे डर रहे थे, लेकिन अंत में बहुत संतुष्टि महसूस कर रहे थे कि उन्हें उम्मीद से बेहतर मिल गया।

फिर मैं फ़ोन उठाता हूँ, डायल करता हूँ और पूछता हूँ कि कार कैसी है। मैं आम तौर पर दिन के समय फ़ोन करता हूँ, इसलिए मेरी बातचीत पत्नी से होती है। अगर मैंने उन्हें डिलिवरी लेने के बाद से नहीं देखा है, तो मैं अनुमान लगा लेता हूँ कि उन्हें कोई समस्या नहीं आई होगी। पत्नी आम तौर पर कहेगी कि कार ठीक चल रही है। मैं पूछूँगा कि क्या कोई दिक़्क़त है। मैं उसे याद दिलाता हूँ कि वॉरंटी जारी रखने के लिए आवश्यक परीक्षण कराने आना होगा। मैं उससे कहूँगा कि वह यह सुनिश्चित कर ले तथा अपने पति को बता दे कि अगर उसे कार में कोई खड़खड़, माइलेज संबंधी समस्या या जो भी दिक़्क़त हो, तो वह उसे मेरे पास ले आए और मुझसे संपर्क करे। फिर मैं पूछता हूँ कि क्या वह किसी को जानती है, जो कार ख़रीदने वाला है। मैं मित्रों और रिश्तेदारों का सुझाव दूँगा तथा उसे याद दिलाऊँगा कि अगर उसके बताए किसी व्यक्ति ने मुझसे कार ख़रीद ली, तो मैं इसके लिए उसे 50 डॉलर दूँगा। अगर वह कहती है कि उसका देवर कुछ समय पहले कह रहा था कि उसकी कार कितनी खटारा हो चुकी है, तो मैं उससे उसका नाम और फ़ोन नंबर माँग लूँगा। इसके अलावा, मैं उससे यह भी कहूँगा कि वह कृपया अपने उस देवर को फ़ोन करके बता दे कि मैं बाद में फ़ोन करूँगा। फिर मैं

उसे 50 डॉलर की याद दिलाता हूँ और विदा लेता हूँ।

अब संभावना इस बात की है कि यह महिला अपने पति को बताएगी कि मेरा फ़ोन आया था और उसने उनके बारे में पूछा था तथा यह भी पूछा था कि वह कार कैसी थी। अगर उस आदमी ने पहले कभी मुझसे कार न ख़रीदी हो, तो वह अपनी कुर्सी से गिर सकता है, क्योंकि हर कोई सोचता है कि सेल्समैन, ख़ास तौर पर कार सेल्समैन, बेचने के बाद ग्राहक को भाड़ में भेज देता है और रत्ती भर भी परवाह नहीं करता। हो सकता है कि मैं उस महिला के देवर को भी कार बेच दूँ। इससे सद्‌भावना और अच्छे कारोबार की कड़ी लंबी होती है, क्योंकि उसे 50 डॉलर की बर्डडॉग फ़ीस मिल जाती है और उसका देवर परिवार में मेरा दूसरा संतुष्ट ग्राहक बन जाता है। और अब मेरे पास हर तीन-चार या पाँच साल में दो बँधे हुए ग्राहक हो जाते हैं।

मेरा तरीक़ा बेहतर है

मैं जो वर्णन कर रहा हूँ, अगर वह इतना ही स्पष्ट है, तो फिर ऐसा कैसे है कि अधिकतर सेल्समैन इसे कभी नहीं करते? मैं जानता हूँ कि मैं आम आदमी से अधिक चतुर नहीं हूँ। और मैं जानता हूँ कि मैं ज़्यादा अच्छा इंसान नहीं हूँ। लेकिन शायद मैंने इसका बेहतर आकलन किया है, अनुमान लगाया है और पूरी बिक्री प्रक्रिया को एक साथ अच्छी तरह सँजोया है। शायद ऐसा इसलिए है, क्योंकि मैं इस क्षेत्र में देर से आया था, मुझे आम बुरी सलाह नहीं मिली थी और मुझे अपने ख़ुद के तरीक़ों का आविष्कार करना था। मैं वे सारी बातें नहीं जानता था, जो झुंड में रहने वाले अधिकतर सेल्समैन किसी बेवक़ूफ़, अप्रिय या अन्यमनस्क ग्राहक का इंतज़ार करने के बारे में जानते हैं। और शायद इसके अलावा, सफल होने की मेरी आवश्यकता भी ज़्यादा बड़ी थी। लेकिन एक बात मैं पक्के तौर पर जानता हूँ और वह यह है कि जब सेल्समैन को आख़िरकार ऑर्डर मिलता है, तो वह अनूठा अनुभव होता है। इससे उनके दिमाग़ पर बदली छा जाती है। उन्हें *उनकी* मनचाही चीज़ मिल गई, इसलिए वे उन चतुराई भरी चीज़ों के बारे में भूल जाते हैं, जो उन्हें आगे की कार्यवाही करने और अगली सेल या रेफ़रल के लिए ग्राहक को खुश रखने के बारे में मालूम होनी चाहिए।

मैं यह आपको इसलिए बता रहा हूँ, क्योंकि मैं इसे समझता हूँ। मैं बिक्री करने और अपने हाथ में पैसे थामने की इस इच्छा को समझता हूँ। मैं इसे

किसी दूसरे इंसान की तरह या उससे ज़्यादा अच्छी तरह समझता हूँ, क्योंकि मैं इसे इतनी अच्छी तरह महसूस करता हूँ कि इससे पराजित नहीं होता हूँ। अगर मैं एक घंटे के काम के बदले 150 डॉलर कमाता हूँ, तो यह सोचने का प्रलोभन मन में आता है कि ऐसा ही होता है। लेकिन जब मैं उस प्रलोभन को महसूस करता हूँ, तो मैं इसके इलाज को भी महसूस कर लेता हूँ।

इलाज क्या है? यह अपने दिमाग़ का इस्तेमाल करना है। जो भी कार बेचता है, वह एक-दो घंटे में 150 डॉलर नहीं कमाता है। या तो आपने कारोबार को बनाने, बीज बोने, फ़ेरिस झूले की सीटों को भरने में बहुत सा समय और पैसा ख़र्च किया है – या फिर आपने कुछ न करने में घंटों समय बर्बाद किया है। अगर आप एक दिन में एक कार बेचते हैं और 150 डॉलर बनाते हैं, जो काफ़ी बड़ा कमिशन है, तो आपने एक घंटे के काम के बदले में 150 डॉलर नहीं कमाए हैं। आपने तो पूरे दिन के काम के बदले में 150 डॉलर कमाए हैं। देखिए, यह भी बुरा नहीं है। वास्तव में, अगर आप एक दिन में एक कार भी बेच लेते हैं, तो कार सेल्समैन के रूप में आप औसत से काफ़ी ऊपर होंगे। लेकिन यह बात हमेशा याद रखें, आप एक घंटे में 150 डॉलर नहीं कमा रहे हैं।

मैं हर दिन छह से ज़्यादा कारें बेचता हूँ और जहाँ तक *गिनीस बुक ऑफ़ वर्ल्ड रिकॉर्ड्स* का संबंध है, मैं संसार का सबसे महान सेल्समैन हूँ। और मैं जानता हूँ कि यह करने के लिए मुझे बहुत सा समय और धन ख़र्च करना पड़ता है। जिस तरह का कारोबार मैं करता हूँ, उसे करने में मेरा बहुत सा कमिशन लग जाता है। लेकिन यह इस लायक़ है, क्योंकि मैं ज़्यादा बेचता हूँ, अपने काम के बारे में बेहतर महसूस करता हूँ और – मैं कारोबार पर जो ख़र्च करता हूँ, उसके बाद भी – आयकर चुकाने के बाद इस देश में किसी दूसरे रीटेल कार सेल्समैन से ज़्यादा पैसे रखने में कामयाब होता हूँ। गिनीस बुक में इस बारे में कुछ नहीं कहा गया है, लेकिन मैं शर्त लगाता हूँ कि यह सच है। तो अगर आप मेरी बात सुन रहे हैं, तो सुनते रहें, क्योंकि यह सब संतुष्टि और पैसे के बारे में है। और कोई भी मुझे नहीं बता सकता कि एक साल में लगभग 1,400 कारें बेचने तथा लगभग 5,00,000 डॉलर बनाने में जो प्रयास लगता है, वह इस लायक़ नहीं है, बशर्ते आप हमारे व्यवसाय में सच्चे पेशेवर हैं।

बिक्री के बाद भी बेचते रहें – पैसा और बढ़ता जा।

19

जो मदद आपको मिल सकती हो, उसे ग्रहण करें

मैं आपको वे सारी चीज़ें बता रहा हूँ, जो मैं अपना व्यवसाय बढ़ाने के लिए करता हूँ, ताकि ग्राहक मेरा नाम लेकर मुझे पूछते हुए आएँ और मुझसे कार ख़रीदें। आप शायद वहाँ बैठकर यह सब पढ़ रहे होंगे, लेकिन सोच रहे होंगे कि कोई अकेला इंसान इतना सब करने के बाद दिन में दो बार भोजन नहीं कर सकता और उसे घर जाकर सप्ताह में एक बार कपड़े बदलने का समय भी नहीं मिलता होगा।

आइए, मेरे इतिहास पर दोबारा नज़र डालते हैं। कार बेचने के मेरे पहले पूरे वर्ष में यानि 1963 में मैंने 267 कारें बेची थीं। इस कारोबार में कोई भी आपको बता देगा कि जो सेल्समैन साल में 267 कारें बेचता है, वह अच्छे पैसे कमाता है। कोई पुरस्कार विजेता नहीं। गिनीस बुक में नाम नहीं। लेकिन तब या अब काफ़ी अच्छा पैसा। मेरा प्रदर्शन अगले साल ऊपर चढ़कर 307 हो गया और 1965 में 343 तक पहुँच गया। 1966 तक मैं ग़ौर करने लगा था कि मेरे लिए क्या काम कर रहा था। इसके बाद मैं उन चीज़ों पर ध्यान केंद्रित करने लगा, जो मुझे सबसे ज़्यादा परिणाम दे रही थीं। दूसरे शब्दों में, मैंने सीख लिया था कि मेरी शक्तियाँ कहाँ हैं और मैं उनका सर्वश्रेष्ठ संभव तरीक़े से इस्तेमाल करने लगा। मैं अपनी ख़ुद की डायरेक्ट मेल भेज रहा था। मैं बर्डडॉग का प्रचार शुरू कर रहा था। और तब तक मैंने यह भी सीख लिया था कि मेरे ग्राहक बेवकूफ़ नहीं थे।

तो जब मैंने अपने अनुभव और सटीक आत्म-विश्लेषण से सचमुच काम

किया, उसके बाद के पहले साल में मैंने कैसा प्रदर्शन किया? मैंने उस पहले साल में कितनी बिक्री की, जब मैंने सहज बोध और एहसास पर काम करने के बजाय विश्लेषण के हिसाब से काम किया? 1965 में मैंने 343 कार और ट्रक बेचे, जबकि 1966 में मेरा कुल योग 614 तक पहुँच गया। मैं बहुत सारी कारें और ट्रक बेच रहा था तथा बहुत पैसे बना रहा था। लेकिन मेरा दिमाग़ चकरघिन्नी हुआ जा रहा था, क्योंकि क़ागज़ी काम और टेलीफ़ोन कॉलों को पूरा करने के लिए मैं बहुत देर तक ऑफ़िस में रुक रहा था। उस साल के अंत में मेरे इन्कम टैक्स अकाउंटेंट ने मेरे आँकड़ों को देखा और बोला, "जो, आप इतने परेशान रहते हैं और आप इसका आधा सरकार को दे रहे हैं। आप थोड़ा पैसा ख़र्च करके थोड़ी मदद क्यों नहीं लेते? कुछ हाथ-पैर नियुक्त कर लें, जो आपकी मदद करें। इसमें आप एक डॉलर का ख़र्च करेंगे, तो दरअसल आपको सिर्फ़ 50 सेंट की लागत ही आएगी। इसके अलावा, आप उन चीज़ों पर अधिक ध्यान केंद्रित कर पाएँगे, जो आप सबसे अच्छी तरह करते हैं, और जिन्हें करना आपको सबसे अच्छा लगता है *(बिक्री पूरी करना)*, और आप किसी दूसरे को पैसे देकर दीगर सामान्य काम करा पाएँगे।"

अब उस बात को दोबारा पढ़ें, जो उसने मुझसे कही थी। मैं अपने अकाउंटेंट का ऋणी हूँ, जो उसने शायद मेरी जान बचा ली और अंततः मेरी बिक्री तथा आमदनी को बढ़ा दिया। आपमें से जो लोग काफ़ी ऊँची टैक्स श्रेणी में पहुँच गए हैं, उन्हें मैं इससे बेहतर सलाह नहीं दे सकता। दरअसल, मैंने कुछ समय पहले ही अपने अकाउंटेंट से इस बारे में बात की और वह कहता है कि जो सेल्सपर्सन अकेले काम करके साल में 40,000 डॉलर से ज़्यादा बनाते हैं, वे कम से कम थोड़ी पार्ट-टाइम बाहरी मदद का भुगतान कर सकते हैं। मुख्य मुद्दा यह है कि मैं बाहरी मदद पर जितना पैसा ख़र्च करता हूँ, उसकी बदौलत अंततः मेरी आमदनी बहुत बढ़ जाती है। यह पूँजी निवेश की तरह है। मशीन ख़रीदने के बजाय मैं एक इंसान का समय ख़रीद रहा हूँ, ताकि मैं वह करने के लिए स्वतंत्र हो जाऊँ, जो मैं सबसे अच्छी तरह करता हूँ – यानि "बिक्री"।

याद रखें, कोई भी बिलकुल अकेला नहीं बेचता है। अपने ग्राहकों को सामान बेचने के लिए आप हमेशा मदद का इस्तेमाल करते हैं, चाहे आप इस बारे में इस तरह सोचें या न सोचें। आप टेलीफ़ोन का इस्तेमाल करते हैं, आप

डाक सेवा का इस्तेमाल करते हैं और आप अपने संगठन के दूसरे लोगों जैसे सेक्रेटरी, फ़ाइलिंग क्लर्क, मकैनिकों, दर्जियों और दूसरों का इस्तेमाल करते हैं। आपके पास वे काम करने के लिए दूसरे लोग होते हैं, जिन्हें वे आपसे बेहतर कर सकते हैं।

मैंने बाहरी मदद का इस्तेमाल तब शुरू किया, जब मेरी मेलिंग लिस्ट मेरा बहुत ज़्यादा समय खाने लगी। मैंने पार्ट-टाइम मदद के लिए हाई-स्कूल के विद्यार्थियों को रखा, ताकि वे मेरी डाक लिफ़ाफ़ों में भरें और उन पर पते लिखें। हो सकता है कि आपकी मेलिंग लिस्ट में सिर्फ़ मुट्ठी भर नाम हों। लेकिन अगर यह सूची सैकड़ों से अधिक हो जाती है तथा डाक की संख्या भी उतनी ही हो जाती है, तो आप इस सामान्य कार्य को करने का समय संभवतः नहीं निकाल सकते, जब तक कि आप यह न सोचें कि आप असल काम करते समय 5-7 डॉलर प्रति घंटे से अधिक नहीं कमा रहे हैं। मैं गंभीर हूँ। मैं संख्याओं को इसी तरीक़े से देखता हूँ। अगर आप हर घंटे सिर्फ़ 15 डॉलर कमा रहे हैं (और मुझे यक़ीन है कि आप इससे काफ़ी बेहतर कर सकते हैं), तो आप अब भी इतने आगे हैं कि ग़ैर-बिक्री के कुछ सामान्य काम करने के लिए किसी को 5 डॉलर प्रति घंटे का भुगतान कर दें। क्योंकि भले ही आपको सिर्फ़ 15 डॉलर मिलते हों, लेकिन अपना समय ख़ाली करने के लिए किसी को नियुक्त करके आप फिर भी 10 डॉलर आगे रहते हैं। यह आसान गणित है, और इसे नकारने का कोई तरीक़ा नहीं है, जब तक कि आपको ग़ैर-बिक्री वाले काम करना ही *पसंद* न हो। और अगर यह मामला है, तो आपको इस व्यवसाय से बाहर निकल जाना चाहिए। आप न बेचकर ज़्यादा खुश रहेंगे।

टैक्स अकाउंटेंट की बात सुनने के बाद मैंने एक युवक को नियुक्त कर लिया, जिससे मैं कुछ सप्ताह पहले मिला था। मेरे एक मित्र ने उसे मेरे पास भेजा था, ताकि वह बेचने के कारोबार के बारे में सीख ले। मैंने उससे कहा कि वह मेरी ओर से ग्राहकों का अभिवादन करे। उस समय तक बहुत-से लोग जो जिरार्ड को पूछते हुए आने लगे थे। अक्सर जब मैं किसी दूसरे ग्राहक के साथ क्लोज़ कर रहा होता था, तो लोग इंतज़ार करते थे। मैंने उनमें से कुछ को सिर्फ़ इसलिए खो दिया, क्योंकि वे इंतज़ार करते-करते उकता गए थे और किसी दूसरी जगह चले गए थे या शोरूम के ही किसी दूसरे सेल्समैन से कार ख़रीदने लगे थे। इसके अलावा, जिन ग्राहकों को मैं बिक्री करने वाला था, उन्हें भी मैं गँवाने लगा था, क्योंकि अंदर आने वाले या फ़ोन करने वाले दूसरे

लोग इस काम में बाधा डालने लगे थे। जब मैं किसी ग्राहक को क्लोज़ करता हूँ, तो मैं फ़ोन नहीं उठाता। मैंने अपने कारोबारी फ़ोन उठाने के लिए किसी को नियुक्त कर लिया है। और मुझे व्यक्तिगत फ़ोन नहीं आते हैं, क्योंकि मैंने हर रिश्तेदार या मित्र को बता दिया है कि वे मेरे ऑफ़िस में तब तक फ़ोन न करें, जब तक कि कोई सचमुच आपातकालीन स्थिति ही न आ जाए।

तो मैंने इस बंदे को अपनी मदद के लिए नियुक्त कर लिया। मैंने उसे लोगों का अभिवादन करने का प्रशिक्षण दिया और बताया कि वह लोगों को बताए कि उस वक़्त मैं उलझा हुआ हूँ, लेकिन वह उनकी मदद करने को तैयार है। वह उनसे बातचीत करके उन्हें पात्र बनाएगा, उन्हें कार दिखाएगा और उनके सवालों के जवाब देगा। इसके अलावा, वह उनकी पुरानी कार को ग़ौर से देखेगा और उन्हें डेमो राइड पर ले जाएगा। इसके बाद वह मेरे क्लोज़िंग ऑफ़िस में फ़ोन करके मुझे बताएगा कि उसे क्या पता चला है। मैंने उसे शौक़ों, यात्राओं, पारिवारिक ज़रूरतों और दूसरे डीलरों के यहाँ जाँच-परख के प्रमाणों की तलाश करने का प्रशिक्षण दे दिया है। वह मुझे यह भी बताता है कि ग्राहक जिस कार में आया है, उसकी क्या स्थिति है।

इस सहयोगी को नियुक्त करने में मुझे जितना ख़र्च आया, मेरी आमदनी उससे ज़्यादा बढ़ गई। उसने भी पैसे बनाए और मैंने भी पैसे बनाए। एक बार जब मैंने इस कर्मचारी के महत्त्व को देख लिया, तो मैं जान गया कि यही कारोबार करने का सही तरीक़ा है। 1966 में मैंने किसी की मदद लिए बिना पिछले वर्ष की तुलना में लगभग दोगुनी कारें बेची थीं, लेकिन इससे मेरी जान निकलते-निकलते बची। मैं किसी की मदद के बिना वैसा एक और साल नहीं गुज़ार सकता था। मैं स्थिर खड़ा नहीं रह सकता था। मुझे रिकॉर्ड तोड़ते रहना था। और जब मैंने बाक़ी सभी के रिकॉर्ड तोड़ दिए, तो मुझे अपने ख़ुद के रिकॉर्ड तोड़ने थे।

मेरा सबसे बड़ा प्रतिस्पर्धी

आप जानना चाहते हैं, मैं किसके साथ प्रतिस्पर्धा करता हूँ? मैं जो जिरार्ड के साथ प्रतिस्पर्धा करता हूँ। मैंने आज जो किया है, कल मैं उससे बेहतर करना चाहता हूँ। प्रतिस्पर्धा करने के लिए कोई दूसरा है ही नहीं, क्योंकि मैं बाक़ी सबसे आगे निकल चुका हूँ। मैंने कहीं पर इलिनॉय के एक व्यक्ति के बारे में लेख पढ़ा था, जिसे सबसे बड़ा कैडिलैक सेल्समैन माना जाता है। और मुझे

लगता है कि वह होगा, लेकिन जब मैंने उसके आँकड़े देखे, तो मुझे एहसास हुआ कि हालाँकि कैडिलैक का भाव शैवर्ले की तुलना में दोगुना है, लेकिन मैं न सिर्फ़ उससे तीन गुना कारें बेचता हूँ, बल्कि मैं शायद उससे दोगुनी राशि की कारें भी बेचता हूँ। और मैं जानता हूँ कि मेरा कमिशन उससे दोगुने से भी ज़्यादा है। तो जो जिरार्ड के सिवाय प्रतिस्पर्धा करने के लिए और है ही कौन? कोई नहीं!

मैं अपने ख़ुद के रिकॉर्ड को पार कर सकूँ, इसका एकमात्र तरीक़ा यह है कि मैं इस काम में मदद करने वाले लोगों को नियुक्त करने में अपना कुछ पैसा ख़र्च करूँ। वरना मैं उस सीमा पर पहुँच जाऊँगा कि आगे विकास करने में सफल नहीं हो पाऊँगा। और इससे मैं मर जाऊँगा। इससे मेरी संख्या और आमदनी नीचे आ जाएगी। और बेचना मेरी खुशी है तथा पैसा मेरा पुरस्कार है।

लेकिन कारोबारी दृष्टिकोण से सबसे ज़्यादा महत्त्वपूर्ण यह है कि लोगों को नियुक्त करने से आपको सर्वश्रेष्ठ संभव लीवरेज मिलता है, जिससे आप अपना सबसे उत्पादक काम करने के लिए स्वतंत्र हो जाते हैं। और अगर आप पेशेवर सेल्समैन हैं, तो बिक्री आपकी सबसे बड़ी योग्यता तथा सबसे बड़ी खुशी है। यह उल्लास है, यह विजय है, बेचने की शक्ति और कीर्ति है।

मैं अपने सहायकों का उपयोग अब इसलिए करता हूँ, ताकि मुझे अपने कामकाजी समय में बिक्री पर ध्यान केंद्रित करने के लिए ज़्यादा से ज़्यादा समय मिले। 1970 में मैंने निक रेंज नामक युवक को अपना पहला पूर्णकालिक कर्मचारी नियुक्त किया था। वह अब भी मेरे साथ है और आज मेरा दायाँ हाथ बन चुका है। वह कारोबार का प्रशासकीय हिस्सा सँभालता है और दूसरे कारोबारी अभियानों में मेरी मदद करता है, ख़ास तौर पर बिक्री समूहों के सामने भाषण देने तथा मेरी सेल्स फ़िल्म योजनाओं के काम में। मेरा बेटा जॉय भी मेरे लिए पूरे समय काम करता है। हर एक को इतनी तनख़्वाह मिलती है, जिसे बहुत-से सेल्समैन अच्छा मानेंगे। उन्हें अच्छा पैसा देकर मैं उससे अधिक पैसे बनाता हूँ, जितना मैं अकेले काम करके बनाता।

जैसा मैंने संकेत किया है, सच्चाई यह है कि हममें से कोई भी अकेले काम नहीं करता। हम जो बेचते हैं, उसे बनाते नहीं हैं। बहुत-से सेल्समैन सामान ग्राहक के घर नहीं पहुँचाते हैं। हम सभी एक विशाल आर्थिक तंत्र के हिस्से के रूप में काम करते हैं, जहाँ हर व्यक्ति किसी न किसी दूसरे व्यक्ति

पर निर्भर होता है। तरकीब यह है कि उस तंत्र के कम से कम एक हिस्से पर क़ाबू करना, ताकि आप दूसरे लोगों की मेहनत से लाभ कमाएँ और उनके काम के बदले में उन्हें जायज़ भुगतान करें।

मेरा बेटा जॉय अब हमारे व्यवसाय के सामने वाले पूरे हिस्से का प्रभारी है। इसका मतलब है कि वह हमारे ग्राहकों का अभिवादन करता है, उनकी बारी का इंतज़ार करने के लिए उन्हें क्रम में रखता है और उनसे यथासंभव अधिकतम जानकारी प्राप्त करता है। वह अभिवादन करने वाले से बहुत अधिक है। वह हमारा गुप्तचर है। वह उन्हें कार दिखाता है, इसकी विशेषताएँ बताता है, उन्हें डेमो राइड पर ले जाता है और कार की अदला-बदली को सँभालता है। वह उन सभी सुराग़ों की ताक में रहता है, जिनका मैं पहले ज़िक्र कर चुका हूँ। वह यह पता लगाने का अधिकतर काम करता है कि हम किस तरह के व्यक्ति से पेश आ रहे हैं, उसकी रुचियाँ क्या हैं, वह क्या ख़रीदना चाहता है, उसे किस वजह से डर लग रहा है और हम उसे क्या बेच सकते हैं।

जब जॉय मेरे बिक्री ऑफ़िस में ग्राहक को भेजता है, तो इसके बाद वह शोरूम से मुझे फ़ोन करता है। मैं फ़ोन पर सभी तरह की बातें कहता हूँ और नाटक करता हूँ कि मैं किसी दूसरे से बात कर रहा हूँ। लेकिन दरअसल हो यह रहा है कि वह मुझे ग्राहक के बारे में रिपोर्ट दे रहा है। वह मुझे पुरानी कार का माइलेज और टायरों की स्थिति बताएगा। इसके अलावा, वह मुझे सभी तरह की चीज़ें बताएगा, जैसे डिज़्नीलैंड का बम्पर स्टिकर, शॉटगन शेल्स का ख़ाली बॉक्स या कोई और चीज़ जो मुझे ग्राहक को निरस्त्र करने का गोला-बारूद दे सकती है तथा वह जो ख़रीदने आया था, उसे ख़रीदने के डर से उसे छुटकारा दिला सकती है।

मैंने डर के बारे में बहुत कुछ कहा है। लेकिन ज़रा सोचने की कोशिश करें कि सामने वाला व्यक्ति किस परिस्थिति से गुज़र रहा है। वह शायद आम कामकाजी श्रेणी का आदमी है और उसे शायद एक कार पर 5,000 डॉलर ख़र्च करने हैं। इतना कमाने में उसे चार महीने का समय लग सकता है और उसे यह बुनियादी तथ्य भूलने में काफ़ी मुश्किल होती है। हम उसकी सोच उस बिंदु तक लाने की कोशिश कर रहे हैं, जहाँ वह कार को ख़रीद ले। अब आपको इस बात को दिमाग़ में रखना है कि किसी ने भी उसे हमारे यहाँ आने के लिए मजबूर नहीं किया है। कितनी ही डाक भेजी गई हो, बर्डडॉग

ने कितना भी प्रेरित किया हो, वह अंदर नहीं आने वाला, जब तक कि वह कार चाहता न हो और उसे कार की ज़रूरत न हो। हम तो बस यह करने की कोशिश कर रहे हैं कि वह अपने निर्णय को सबसे आरामदायक संभव तरीक़े से हक़ीक़त में बदल दे। और जॉय उस फ़ोन कॉल में मुझे ग्राहक के बारे में जितनी ज़्यादा जानकारी देता है, मैं उसे उतनी ही जल्दी और प्रभावी तरीक़े से क्लोज़ कर सकता हूँ तथा अगले ग्राहक पर पहुँच सकता हूँ। जब मैं कहता हूँ अधिक प्रभावी तरीक़े से, तो मेरा मतलब है उसे सर्वश्रेष्ठ संभव कार में बैठाना, जिसकी ज़रूरत उसे ऑफ़िस जाने के लिए है, अपने परिवार के साथ दूसरी जगहों पर जाने के लिए है और उसकी मनोरंजन गतिविधियों को करने के लिए है – ऐसे भाव पर, जिसका वह ख़र्च उठा सके। याद रखें, मैं कभी किसी आदमी को इस बारे में धोखा नहीं देता कि मासिक क़िस्त की राशि क्या है या उसे कितनी क़िस्तें चुकानी होंगी। मैं चाहता हूँ कि वह उस कार के हर पहलू को सँभाल सके, जिसमें उसका भुगतान करना भी शामिल है। क्योंकि अगर क़िस्त चुकाने में उसे कष्ट होता है, तो मैं कमिशन तो कमा सकता हूँ, लेकिन उसे मुझसे ख़रीदने की याद पसंद नहीं आएगी। मुझे लगता है, आप यह कह सकते हैं कि मदद का इस्तेमाल करके मैं सही व्यक्ति के लिए सही भाव पर सही कार खोजने का बेहतर काम करता हूँ, क्योंकि उस स्थिति में मेरा गुप्तचर तंत्र बेहतर काम करता है।

जॉय हमारे ग्राहकों को आख़िरी तक क़ायम रखने में भी मेरी मदद करता है, क्योंकि यह उसका काम है कि वह उनके दिए चेक को बैंक ले जाकर प्रमाणित कराए। एक बार ग्राहक मुझे बयाना दे देता है, ऑर्डर फ़ॉर्म पर हस्ताक्षर कर देता है और संभवतः नई कार में बैठ जाता है, तो निक का काम शुरू हो जाता है और वह बिक्री के बाद के प्रशासकीय काम सँभालता है। वह क़र्ज़ के विवरण, बीमा और रजिस्ट्रेशन का हिसाब लगाता है, धन्यवाद पत्र भेजता है, ऑफ़िस का सारा क़ागज़ी काम करता है और यह सुनिश्चित करता है कि ग्राहक संबंधी सारी उचित जानकारी हमारी फ़ाइलों में पहुँच जाए।

मैं क्या करता हूँ? मैं बिक्री करता हूँ। मैं ग्राहकों को उस बिंदु पर लाता हूँ, जहाँ वे "शायद" या "मैं आपको बताता हूँ" नहीं, बल्कि हाँ कहते हैं और सचमुच हाँ कहते हैं।

बेहतरीन अभिनय सच है

मैंने कहा है कि बेचना अभिनय है। मैं अपने ग्राहकों के लिए एक भूमिका निभाता हूँ। मैं मंच पर अभिनय करने वाले अभिनेता या कॉमेडियन से ज़्यादा झूठ नहीं बोलता हूँ। मैं एक मित्र, एक सलाहकार, एक राज़ी करने वाले की भूमिका निभाता हूँ। जब आप कैरल ओ'कॉनर को आर्ची बंकर की भूमिका निभाते देखते हैं, तो आप जानते हैं कि वह आर्ची बंकर नहीं है, और कोई भी आर्ची बंकर नहीं है। लेकिन आप यह भी यक़ीन करते हैं कि कैरोल ओ'कॉनर ही आर्ची बंकर है। जब वह बेहतरीन अभिनय करता है, तो वह आपसे झूठ नहीं बोल रहा है। और मैं भी नहीं बोल रहा हूँ। मैं वे सारी चीज़ें हूँ, जो होने का मैं अभिनय करता हूँ और मैं जो जिरार्ड भी हूँ, जो एक और कार बेचकर रोमांच पाना चाहता है तथा थोड़ा अधिक पैसा बनाने की ताक में है।

मुझे पटकथा तैयार करने में मदद की ज़रूरत होती है। मुझे प्रदर्शन के बाद दर्शकों को थिएटर से बाहर निकालने में भी मदद की ज़रूरत होती है। पहले यह सारा काम मैं ख़ुद करता था और काफ़ी अच्छी तरह करता था। दूसरे लोगों को अपनी मदद करने के लिए नियुक्त करने से पहले भी मैं कई पुरस्कार जीत चुका था। लेकिन अब, उनकी मदद से, मैं इसे ज़्यादा अच्छी तरह कर रहा हूँ। और आप जितना अधिक कमाते हैं, आप मदद का इस्तेमाल करने का उतना ही अधिक ख़र्च उठा सकते हैं, ताकि आप और अधिक कमाएँ। एक बार जब आप दिन के हर मिनट काम कर रहे हैं, तो उससे आगे विकास करने का कोई तरीक़ा नहीं है, जब तक कि आप दूसरे लोगों का बुद्धिमत्तापूर्वक और कार्यकुशलता से इस्तेमाल न करें। कोई दूसरा तरीक़ा है ही नहीं।

यह पूरी तरह सच नहीं है। बहुत–से लोग मुझसे पूछते हैं कि मैं कभी ख़ुद कार डीलर क्यों नहीं बना। सरल जवाब यह है कि मैं एक सेल्समैन हूँ। यह सच है कि जीवन के शुरुआती 35 वर्षों में मैंने बहुत–से दूसरे काम किए और इसके बाद ही मैं सेल्समैन बना। लेकिन अधिकतर मामलों में, मैंने उन कामों को बहुत अच्छी तरह से नहीं किया। जब तक कि मैंने बिक्री को नहीं खोजा – या इसे खोजने की ज़रूरत नहीं पड़ी – तब तक मुझे सचमुच ऐसी चीज़ नहीं मिली, जिससे मैं प्रेम करता था और जिसे करना मैं कभी नहीं छोड़ना चाहता था। लेकिन अब बिक्री मुझे जीवन में भारी ख़ुशी, भारी संतुष्टि और भारी आमदनी देने वाली चीज़ बन चुकी है।

शायद मैं डीलर बनने लायक़ पैसे जुटा सकता हूँ। और मैं इसे काफ़ी अच्छी तरह चला भी सकता हूँ। लेकिन मैं ऐसा करना नहीं चाहता। बेचने में मुझे बहुत मज़ा आता है। मेरे पास दो शीर्षस्थ लोग हैं, जो मेरे व्यवसाय को सँभालने में अच्छे पैसे बनाते हैं। मुझे उनकी देख-रेख करने की कोई ज़रूरत नहीं है। मुझे कर्मचारी, पूँजी, सुरक्षा या प्रबंधन संबंधी निर्णय नहीं लेने होते। मेरा डीलर मुझसे ज़्यादा पैसे बनाता है, लेकिन वह इसका हक़दार है, क्योंकि उसने इस व्यवसाय में बहुत सारे पैसों का निवेश किया है और वह मुझसे बहुत ज़्यादा कारोबारी ज़िम्मेदारियाँ उठाता है। लेकिन कई दूसरे डीलर हैं, जिनकी तुलना में मैं बहुत ज़्यादा पैसे बनाता हूँ।

मेरे जीवन का सबसे बड़ा रोमांच

डीलर बनने के बारे में सबसे बुरी बात यह है कि मेरे पास बेचने का समय नहीं रहेगा। मैं शायद ज़्यादा पैसे बनाऊँगा, लेकिन उतने ज़्यादा भी नहीं। और मुझे अपने जीवन के सबसे बड़े रोमांच को छोड़ना पड़ेगा, लगभग हर दिन पाँच या अधिक बिक्रियों को क्लोज़ करने का रोमांच। कोई डीलर इस रोमांच की कभी उम्मीद नहीं कर सकता। और मैं इसे किसी चीज़ की ख़ातिर नहीं छोड़ना चाहता। ऐसी बात नहीं है कि डीलरशिप जीविका कमाने का सम्मानित तरीक़ा नहीं है। यह निश्चित रूप से है। लेकिन यह बस उतना आनंददायक तरीक़ा नहीं है। मुझे दोनों चीज़ें मिल जाती हैं – आनंद भी और पैसा भी। मैं नहीं सोचता कि बेचने की खुशी का कोई सानी है।

कुछ अन्य चीज़ें भी मुझे उतना ही रोमांचित करती हैं, जिन्हें मैं कुछ सालों से करने लगा हूँ, लेकिन उनका संबंध भी बेचने से ही है। जैसा मैंने बताया है, मैं सेल्समैनों के सामने बोलता हूँ और मैं सेल्स ट्रेनिंग फ़िल्मों में अभिनय करता हूँ तथा उन्हें बनाता हूँ। दरअसल, यह भी आमने-सामने बेचने जैसा ही है। कई मायनों में इससे भी बेहतर, क्योंकि यह भी बेचने के बारे में ही है।

मैंने लीवरेज और कार बेचने के रोमांच के बारे में बात की है। लेकिन मैंने पाया है कि इन दो गतिविधियों ने मुझे बेचने के रोमांच और लीवरेज को एक ख़ास तरीक़े से पाने की अनुमति दी है। दरअसल यह पुस्तक सटीकता से इस बारे में नहीं है, लेकिन मैं आपको बताना चाहता हूँ और मैं सोचता हूँ कि आप समझ जाएँगे कि इसका उससे क़रीबी संबंध है, जिसके बारे में हम

बात कर रहे हैं। जब मैं मंच पर खड़े होकर दूसरे सेल्समैनों से बात करता हूँ, तो दो फ़ायदे होते हैं। एक तो मुझे वैसी ही भावना महसूस होती है, जैसी तब होती है, जब मैं अपने ऑफ़िस में ग्राहक को अंततः बिक्री करता हूँ। मंच पर भी मुझे यही भावना मिलती है, बस थोड़ी ज़्यादा, क्योंकि मैं जानता हूँ कि मैं पूरे हॉल में मौजूद लोगों से बात कर रहा हूँ। बाद में वे आकर मुझे बताते हैं कि मेरी बातों का उन पर कितना असर हुआ था। वे मुझे आमने-सामने बताते हैं या पत्र में लिखते हैं कि कोई दूसरा उन्हें इस बारे में कभी नहीं बता पाता कि बेचना दरअसल क्या है, क्योंकि जो भी बिक्री पर भाषण देता है, उसे इस काम का उतना अनुभव नहीं है जितना कि मुझे है। फ़िल्में बनाने में रोमांचक बात यह जानना है कि इन्हें देखने वाले लोगों ने उनके कारोबार के बारे में इतनी वास्तविक कोई चीज़ नहीं देखी। मैं जो काम करता हूँ और उसे जितनी अच्छी तरह करता हूँ, उस पर मुझे गर्व है। मुझे यह जानकर रोमांच का एहसास होता है कि मैं दूसरे सेल्समैनों के पेशेवर जीवन में लाभ पहुँचा रहा हूँ।

मैं डीलरशिप चलाने के विचार को जितना पसंद करता हूँ, उसके बनिस्पत मुझे बेचना और दूसरे सेल्समैनों की मदद करना बहुत ज़्यादा पसंद है। इसीलिए मैंने जो जिरार्ड सेल्स कोर्स शुरू किया है। इतने बरसों में मैंने देखा है कि कई लोग बिक्री के क्षेत्र में अपनी क़िस्मत आज़माते हैं और अंततः इसे छोड़ देते हैं तथा औसत आमदनी के जीवन से संतुष्ट हो जाते हैं। मेरा हमेशा मानना रहा है कि अगर इन लोगों को उचित मार्गदर्शन और प्रशिक्षण मिला होता, तो वे आज उस तरह का जीवन जी रहे होते, जो उन्हें कभी संभव नहीं लगा होगा।

लेकिन बस याद रखें कि जब आप किसी ग्राहक के साथ अकेले हों, उस अत्यावश्यक मुठभेड़ में आमने-सामने हों, तो बहुत-से दूसरे लोग और सेवाएँ आपके लिए काम कर रहे होते हैं। और आपको उस सारी मदद की तलाश करनी चाहिए और प्राप्त करनी चाहिए, जिसका आप ख़र्च उठा सकते हैं। इसका मतलब बर्डडॉग हो सकते हैं, साथ ही पार्ट-टाइम और फुल-टाइम मदद भी। क्योंकि लीवरेज – सबसे कार्यकुशल तरीक़े से अपना विस्तार करना – ही आपके समय और योग्यताओं का अधिकतम लाभ उठाने का तरीक़ा है।

जो भी मेरी तरह का व्यवसाय बनाना चाहता है, सचमुच चाहता है, वह ऐसा कर सकता है। मैंने अपने कारोबार को धीरे-धीरे बनाया था। विस्तार की

बदौलत जो अतिरिक्त पैसा आता था, उसका एक हिस्सा मैंने भुगतान करने में लगाया। अधिक सहायता, अधिक ग्राहक, अधिक धन, अधिक सहायता, अधिक ग्राहक, अधिक धन और इसी तरह यह चक्र चलता रहा। इसी तरीक़े से मैंने यह किया और इसी तरीक़े से आप भी यह कर सकते हैं।

जब मैं कहता हूँ कि पहले मैंने एक पार्ट-टाइम कर्मचारी रखा और बाद में एक, फिर दो फुल-टाइम कर्मचारी नियुक्त किए, तो यह न सोचें कि मैं अपनी आरामकुर्सी पर बैठकर सोता रहता हूँ। मैं अब भी पहले जितने ही लंबे समय तक काम करता हूँ। फ़र्क़ सिर्फ़ इतना है कि अब मैं बेहतर काम कर रहा हूँ, क्योंकि मैं अब सारे समय जो कर रहा हूँ, वह वही है जो मैं सबसे अच्छी तरह करता हूँ – बिक्री। सर्जन अपने औज़ार ख़ुद साफ़ नहीं करता। इसके लिए वह कम तनख़्वाह वाले लोगों को नौकरी पर रख लेता है, ताकि वह उस एक चीज़ पर ध्यान केंद्रित कर सके, जहाँ भारी पैसा है – सर्जरी। और हम भी सर्जनों की तरह ही हैं, इसलिए हमें अपना सारा समय सर्जरी पर केंद्रित करना चाहिए। किसी दूसरे को मरीज़ को तैयार करने दें, परीक्षा लेने दें, इतिहास मालूम करने दें, ताकि हम ग्राहक के डरों को काटकर भीतर पहुँच सकें। भीतर जाने पर हमें बिक्री प्रतिरोध मिल सकता है और हमें उसे ही बाहर निकालना है।

वह सारी मदद हासिल करें, जो आपको मिल सकती है – इससे आपकी कुल आमदनी भी बढ़ती है और शुद्ध मुनाफ़ा भी।

20

ख़र्च करना और आमदनी बढ़ाना

मैं अपने पेशे के और अपने बारे में जो कह रहा हूँ, उसे कई तरीक़ों से देखा जा सकता है। एक तरीक़ा तो यह समझना है कि ग्राहकों को लाने और उन्हें बेचने के सभी प्रभावी तरीक़ों में पैसे लगते हैं। अगर आप जोख़िम ख़त्म करना चाहते हैं और स्थायी तथा बढ़ती हुई आमदनी सुनिश्चित करना चाहते हैं, तो आपको अपने व्यवसाय पर ख़र्च करना होता है। हर व्यवसायी इसी स्थिति में होता है। वास्तव में, हर कारोबार इसी बारे में होता है : यह निर्णय लेना कि अधिकतम आमदनी पाने के लिए पैसे ख़र्च करने के सबसे अच्छे तरीक़े क्या हैं। हमारे लिए यह पैसा और धन दोनों ही ख़र्च करने का मामला है। लेकिन चूँकि हम जानते हैं कि हम सबसे महत्त्वपूर्ण ओर सबसे मूल्यवान कौन–सी चीज़ करते हैं, इसलिए हमें तो बस इस बारे में चतुर होने की चिंता करनी है कि हम व्यवसाय *कैसे* ख़रीदें।

बर्डडॉग्स का महत्त्व समझने में ज़्यादा देर नहीं लगती है, क्योंकि आप तभी भुगतान करते हैं, जब आपको वह मिल जाता है, जिसके लिए आप भुगतान कर रहे हैं : बिका हुआ ग्राहक। इसलिए अधिक बर्डडॉग्स पाने में समय और धन ख़र्च करने में समझदारी होती है। यह समझने में कोई समस्या नहीं है कि जो डायरेक्ट मेल पढ़ी जाती है, वह ख़र्च करने लायक़ होती है और जो डायरेक्ट मेल नहीं पढ़ी जाती है, वह भेजने लायक़ नहीं है, भले ही आप ऐसा मुफ़्त में कर सकते हों।

मुझे यक़ीन है, मैंने आपको विश्वास दिला दिया है कि मेरी बर्डडॉग नियुक्तियाँ और मेरी डायरेक्ट मेल निवेश करने लायक़ हैं। लेकिन आप सोच सकते हैं कि ये केवल मेरे ही लिए मूल्यवान हैं और इससे मिलती–जुलती किसी कोशिश से आपको फ़ायदा नहीं होगा। लेकिन मैं जो कहने की कोशिश कर रहा हूँ, वह यह है कि पैसे ख़र्च करने और बिक्री बढ़ने से पहले ही मैं यह

बात जानता था कि ये चीज़ें कारगर होंगी। इसीलिए मैंने उन्हें किया भी था। मैं उन्हें छोटे स्तर पर करने और बनाने में समर्थ हुआ था। और आप भी ऐसा ही कर सकते हैं।

लेकिन आपको अपने कारोबार की स्थिति को देखकर पता लगाना चाहिए कि आपके सर्वश्रेष्ठ अवसर क्या हैं। मिसाल के तौर पर, एक सर्विस राइटर की पत्नी किसी ऑपरेशन के लिए अस्पताल में भर्ती होती है। वह अपने काम में अच्छा है और मेरे ग्राहकों की रिपेयरिंग संबंधी समस्याओं को सुलझाने में मेरी बहुत मदद करता है। मैं एक तोहफ़ा भेजना चाहता हूँ। बीमार लोगों को सभी फूल और मिठाई भेजते हैं। लेकिन उन सबको दूर हटा दिया जाता है। और तोहफ़ा जितने लंबे समय तक नज़रों के सामने रहेगा, उतनी ही ज़्यादा बार वे जो जिरार्ड के बारे में सोचेंगे। तो मैं सोचता हूँ कि इस मामले में अच्छा स्थायी तोहफ़ा कौन–सा होगा। सोच–विचार के बाद मैं फूलों के बजाय एक पौधा भेज देता हूँ। पौधा घर में रखा रहता है और लोग हमेशा याद रखते हैं कि उसे किसने दिया था। देखिए, एक फूल वाले से मेरा तोहफ़े भेजने का क़रार है। मैं एक विशेष बॉक्स भेज देता हूँ, जो होता तो पौधों के लिए है, लेकिन वह फ़र्नीचर जैसा भी होता है। लोग ऐसे तोहफ़े फेंकते नहीं हैं। यह ख़ास है, इसलिए इसका मूल्य इसके भाव से ज़्यादा है। और यही असल खेल है – आप जो भी करते हैं, उसका मूल्य उसकी लागत से ज़्यादा होना चाहिए। इसका यह मतलब नहीं है कि इसे सस्ता होना चाहिए। इसके बजाय, यह सोचें कि आपके कारोबार को बढ़ाने में यह कितना कारगर हो सकता है। सोचें कि इसकी बदौलत लोगों के बीच आपकी अच्छे आदमी की छवि बन जाएगी। इसके अलावा, वे अपने मित्रों तथा रिश्तेदारों से भी आपके बारे में बताएँगे। इसी तरह के कारोबारी विवेक की ज़रूरत आपको यह सुनिश्चित करने के लिए होती है कि आप अपने समय और पैसे को सर्वाधिक कार्यकुशल तरीक़े से लगाएँ। इसे ही पेंटागन के लोग "लागत–प्रभावी" कहते हैं। इसका मतलब सस्ता नहीं है। इसका मतलब तो आपके पैसे की क़ीमत वसूल करना है, चाहे आप कितना ही कम या अधिक ख़र्च करने का निर्णय लें।

वह ख़र्च जो बहुत ज़्यादा फ़ायदा कराता है

आप सोच रहे होंगे, उपहार या विशेष बॉक्स ज़्यादा पैसे वालों के लिए हैं। यह सच नहीं है। वे हर एक के लिए हैं। ज़रा रुकें और सोचें कि क्या होता है, जब आप यह सुनते हैं कि कोई ग्राहक बीमार है? आप उसे 'शीघ्र स्वस्थ हों'

कार्ड भेजते हैं। कौन–सा सेल्समैन यह करता है? तो यह कार्ड अस्पताल में उस आदमी के पास पहुँचता है। उसके पास करने को और कुछ नहीं है। वह लेटा–लेटा टीवी देखता रहता है और मिलने आने वालों का इंतज़ार करता रहता है। आप बस एक कार्ड भेजते हैं – पौधों को भूल जाएँ – और आप जानते हैं कि यह ग्राहक आपको याद रखने वाला है और हर मिलने वाले से आपके बारे में बात करने वाला है : "मुझे जो जिरार्ड ने एक शुभकामना कार्ड भेजा था, वही सेल्समैन जो शैवर्ले बेचता है।" या आप कपड़े बेचने वाले सेल्समैन हैं और आप किसी टेलर शॉप चलाने वाले आदमी के बीमार होने पर कोई तोहफ़ा भेजते हैं। अब मान लें, एक ग्राहक आता है, जिसे तीन सूट चाहिए, लेकिन वह एक यात्रा पर जा रहा है और उसे वे सूट कल ही चाहिए। अगर कल तक उनकी फ़िटिंग करानी है, तो आप जानते हैं कि आपका टेलर शॉप वाला मित्र आपके लिए यह काम करा देगा।

आप समझदारी से जितना ज़्यादा पैसा ख़र्च करते हैं, उतने ही अधिक लोगों को आप काम पर लगा सकते हैं, अपनी तारीफ़ करा सकते हैं, बेचने में मदद ले सकते हैं, ख़रीदने में भी।

मैंने पैसे ख़र्च करने और निर्णय लेने के बारे में बहुत कुछ कहा है। लेकिन समय का निवेश करने के भी महत्त्वपूर्ण तरीक़े हैं। और एक सबसे महत्त्वपूर्ण तरीक़ा है चतुराई भरे तरीक़े से सोचना। आपका कारोबार चाहे जो हो, यह चाहे जैसे काम करता हो, इसे बेहतर किया जा सकता है। कारोबार करने का कोई आदर्श तरीक़ा नहीं है। आप हमेशा चीज़ों को बेहतर करने का कोई न कोई तरीक़ा खोज सकते हैं, बशर्ते आप इस बारे में सोचने के लिए पर्याप्त समय ख़र्च करें। लेकिन आपको ऐसे तरीक़ों से सोचना होता है, जो नए विचार लाने में आपकी मदद करें। आपको उन सबसे आज़माई हुई विधियों को देखना होता है, जिन्हें आप अपने हिसाब से ढाल सकते हों और उनसे अपनी ख़ातिर बेहतर काम करा सकते हों।

यहाँ पर एक आदर्श उदाहरण है : एक युवक जीवन बीमा कंपनी के प्रशिक्षण कार्यक्रम से निकलता है और ग्राहकों की तलाश करता है। प्रशिक्षण के दौरान हर एक को बताया गया है कि बिज़नेस एग्ज़ीक्यूटिव्ज़ की डायरेक्टरी का इस्तेमाल करना एक अच्छा तरीक़ा है। तो यह युवक वही करता है, जो उसे बताया गया है। वह डायरेक्टरी की एक प्रति हासिल कर लेता है। वह बैठ जाता है, पहला पन्ना खोलता है, लेकिन फिर ठहर जाता है। वह सोचता

है कि उस प्रशिक्षण कार्यक्रम में 20 और लोग थे तथा वे भी ऐसा ही कर रहे हैं। वे सभी डायरेक्टरी लेकर बैठे हैं और इसका पहला पन्ना खोल चुके हैं। इसका मतलब है कि हर व्यक्ति वही चीज़ बेचने के लिए उन्हीं संभावित ग्राहकों से संपर्क करेगा। वह आदमी ख़ुद से पूछता है, *मुझे यह जहमत क्यों उठानी चाहिए? लेकिन मैं उनके आगे पहुँचने के लिए क्या कर सकता हूँ?* फिर उसके दिमाग़ में एक बहुत सरल, स्पष्ट विचार आता है, जिसका सुझाव किसी ने भी नहीं दिया था। "ए" अक्षर पर डायरेक्टरी खोलने के बजाय वह इसे बीच से "एन" अक्षर पर खोलता है। परिणाम यह होता है कि वह उन प्रॉस्पेक्टों को फ़ोन करता है, जिन्हें शायद ही कभी फ़ोन किया जाता है, उसे बहुत-से अपॉइंटमेंट्स मिल जाते हैं और वह शुरुआत से ही बहुत सारी जीवन बीमा पॉलिसियाँ बेचने लगता है।

आज वह आदमी एक बहुत समृद्ध बीमा एजेंट है और वह यक़ीन करता है कि काम करने का बेहतर तरीक़ा सोचने के लिए रुकना ही वह चीज़ थी, जिसने उसकी सफलता में सर्वाधिक योगदान दिया। वह कहता है, इसके अलावा और कुछ नहीं था। मैं उसकी बात पर पूरी तरह यक़ीन नहीं करता हूँ और वह भी नहीं करता है, क्योंकि हम दोनों ही जानते हैं कि वह सारे समय बहुत चतुराई से काम करता है। वह हमेशा पुरानी समस्याओं से जूझने के नए और अलग तरीक़ों की तलाश करता है। शायद इसीलिए वह उन्हें दूसरे सेल्समैनों से अधिक खोज भी लेता है।

इसे अलग तरीक़े से करने में न घबराएँ - यह आम तौर पर बेहतर होता है

मेरे डायरेक्ट मेल प्रोग्राम, मेरे उपहारों और मेरे कारोबार करने के पूरे तरीक़े के बारे में भी आप यही बात कह सकते हैं। यह उससे बहुत अलग है, जिस तरह दूसरे लोग कार बेचते थे और जिस तरह अधिकतर दूसरे लोग आज भी बेचते हैं। जब मैंने काम शुरू किया था, तो मैं कारोबार की सारी "समझदारी" से अनजान था, इसलिए मैंने अपने ख़ुद के तरीक़े ईजाद किए। सभी एक साथ नहीं, बल्कि धीरे-धीरे। मैं अपने कारोबार को बढ़ाने और अधिक बेचने के बेहतर तरीक़े तलाशता रहा। मैं यह कहने की कोशिश नहीं कर रहा हूँ कि मैं जो करता हूँ, वे सारी चीज़ें मेरे दिमाग़ की ही उपज हैं। मैंने दूसरे लोगों और दूसरे कारोबारों से बहुत-से विचार उधार लिए हैं। क्या आपके कारोबार

में हर कोई किसी सूची पर 'ए' से ही काम शुरू करता है? तो फिर क्यों न बीमा एजेंट से एक सबक़ चुराएँ और बीच से शुरू करें या शायद आपको अंत को आज़माना चाहिए। लेकिन आप चाहे जो भी सोचें, महत्त्वपूर्ण बात यह है कि उन लोगों की बात सुनकर निराश न हों, जो आपको बताते हैं कि आप इसे इसलिए नहीं कर सकते, क्योंकि यह पहले कभी नहीं किया गया है।

यह संसार का सबसे मूर्खतापूर्ण नज़रिया हो सकता है : कि कोई चीज़ इसलिए नहीं की जा सकती, क्योंकि इसे पहले कभी नहीं किया गया है। अगर यह सच होता, तो संसार में कभी, कुछ भी नया नहीं होता। कोई आविष्कार नहीं होते, महान नए विचारों का अस्तित्व नहीं होता। और यही आपके कारोबार के बारे में सच है। कौन कहता है कि कोई चीज़ इसलिए काम नहीं करेगी, क्योंकि यह पहले नहीं की गई है? बस वही लोग, जो प्रतिस्पर्धा नहीं चाहते। लेकिन यही तो हमारे पेशे की हक़ीक़त है – प्रतिस्पर्धा। जो भी बेचता है, वह हर व्यक्ति सारे समय वही चीज़ें या दूसरी चीज़ें बेचने वाले दूसरे लोगों के साथ प्रतिस्पर्धा कर रहा है। कोई ग्राहक आज मुझसे कार ख़रीदने के बजाय छह महीने का इंतज़ार करने का निर्णय लेता है, क्योंकि वह नाव या छुट्टियों पर पैसे ख़र्च करना चाहता है। इस तरह से नाव विक्रेता और ट्रैवल एजेंट मुझसे टक्कर ले रहे हैं। साथ ही, संसार में शैवर्ले और हर दूसरी कार बेचने वाले हज़ारों अन्य सेल्समैन तो हैं ही।

आप जो सबसे बड़ा लाभ हासिल कर सकते हैं, वह है अपने ग्राहकों तक पहुँचने और उन्हें बेचने का कोई बेहतर तरीक़ा सोचना। अच्छे विचार हमेशा इतने मूल्यवान होते हैं कि उन्हें सोचने में पर्याप्त समय लगाया जाए। और वे हमेशा उस पैसे को ख़र्च करने लायक़ होते हैं, जो उनकी बदौलत आप काम में लगाते हैं। लोग इसे आर ऐंड डी यानि शोध और विकास कहते हैं। यह आपको भी करना चाहिए। आपको हमेशा आज़माने के लिए नई चीज़ों को देखते रहना चाहिए और आप इस वक़्त जो कर रहे हैं, उसके मूल्य की जाँच करने के लिए नए तरीक़े भी खोजते रहना चाहिए। इस तरह आप लगातार उस सबसे महत्त्वपूर्ण उत्पाद को बेहतर बनाने की तलाश करेंगे, जिसे आप बेचते हैं – आप खुद।

चाल यह है कि हमेशा पुरानी चीज़ें करने के नए तरीक़ों की ताक में रहें। अप्रत्याशित सबसे असरदार हो सकता है। मैं पहले ही ज़िक्र कर चुका हूँ कि मैं जातीय अपमानों के प्रति बहुत संवेदनशील हूँ। जैसे ही कोई आदमी "डेगोज़"

(घटिया) और "वॉप्स" (ग़ैर-क़ानूनी अप्रवासी) कहना शुरू करता है, मेरा ख़ून खौलने लगता है। चाहे मैं उसे मारूँ या न मारूँ, मैं पगला जाता था और बिक्री गँवा देता था। आख़िरकार, एक दिन मैंने निर्णय लिया कि मेरा कारोबार कामकाजी घंटों के दौरान हर उस व्यक्ति को कार बेचना है, जो कार ख़रीदना चाहता है। मैं अपने सिसिलीवासी होने की वजह से लड़ाई-झगड़े में पड़कर कारोबार या दाँत नहीं गँवाना चाहता। इसलिए मैंने एक छोटा-सा काम किया। मैंने प्रिंटर को बुलाया और उसे बिज़नेस काड्र्स का एक नया ढेर छापने को दिया। मैंने कहा कि वह मेरे क़ानूनी नाम जिरार्डी में से आख़िरी अक्षर *आई* को हटा दे और इसे बस जिरार्ड छापे। मैंने क़ानूनी रूप से अपना नाम नहीं बदला। मैंने तो बस रंगमंच या फ़िल्म अभिनेताओं की तरह नया नाम लिया, जैसा जॉन वेन, डीन मार्टिन और हज़ारों दूसरे लोगों ने किया है। जिस कैडिलैक सेल्समैन का मैंने पहले ज़िक्र किया है, उसने भी कारोबार में अपने नाम का आख़िरी हिस्सा हटा दिया है, क्योंकि इसे लिखना और बोलना बहुत लंबा था।

यह एक सरल विचार है, लेकिन इसे सोचने में मुझे बहुत समय लग गया। लेकिन एक बार जब मैंने इसे करने का निर्णय ले लिया, तो इससे मेरा जीवन ही बदल गया, क्योंकि इसने मेरे कारोबारी जीवन से एक बहुत महत्त्वपूर्ण समस्या को ख़त्म कर दिया, जबकि मेरे व्यक्तिगत जीवन में कोई बदलाव नहीं हुआ। इटली के कई लोग मुझे नफ़रत और ग़ुस्से भरे पत्र भेजते हैं। उन्हें लगता है कि मैंने अपना नाम क़ानूनी रूप से इसलिए बदला है, क्योंकि मुझे अपने इतालवी होने पर शर्म आती है। लेकिन यह सच नहीं है। मैंने इसे उसी कारण से किया, जिस कारण मैं आकर्षक सूट पहनकर ऑफ़िस नहीं आता और जिस कारण मैं अपने कारोबार में कई दूसरी चीज़ें करता हूँ। मैंने ऐसा इसलिए किया, क्योंकि मैं चाहता था कि मेरे ग्राहक मुझे ऐसे इंसान के रूप में देखें, जिसमें वे विश्वास करते हों और जिससे वे कार ख़रीदना चाहते हों। मुझे परवाह नहीं है कि वे संसार के बारे में क्या सोचते हैं। मैं चाहता हूँ कि वे मेरे शो में आएँ, मुझ पर विश्वास करें और मुझसे ख़रीदें। इसलिए मैं यह सुनिश्चित करता हूँ कि मैं सही कपड़े पहनकर, आरामदेह माहौल बनाकर अच्छा अभिनय करूँ और ऐसा नाम रखूँ, जिसे वे सिर्फ़ इसलिए याद रखें, क्योंकि उन्हें मुझसे ख़रीदना पसंद है। अगर उनके पूर्वाग्रह हैं, तो यह उनकी समस्या है। मैं उस बारे में नहीं जानना चाहता। जिस संसार में मैं उन्हें बेच रहा हूँ, उसमें मैं नहीं चाहता कि कोई चीज़ जो जिरार्ड में उनके विश्वास के साथ हस्तक्षेप करे।

मैं यह सलाह नहीं दे रहा हूँ कि कोई अपना नाम बदले। लेकिन मैं यह कहने की कोशिश कर रहा हूँ कि आपको हर चीज़ को देखना चाहिए – अपने नाम को भी – कि क्या आप उसे बदलकर अपनी बिक्री की कार्यकुशलता को बेहतर बना सकते हैं। अपना कारोबारी नाम बदलना मेरे लिए कारगर रहा। कोई दूसरी चीज़ आपके लिए कारगर हो सकती है, चाहे आप इसे ख़ुद सोचें या किसी दूसरे व्यवसाय से चुराएँ। विचारों के लिए आस-पास देखना, शोध और विकास करना हमेशा इतना मूल्यवान होता है कि आप उसमें अपने समय और धन का निवेश करें। लेकिन जब मैं समय और धन कहता हूँ, तो मुझे एक तीसरे घटक का भी ज़िक्र करना चाहिए – धैर्य।

धैर्य रखना कोई आसान चीज़ नहीं है, जब आपके पास असीमित समय या धन न हो। लेकिन हो सकता है कि इसके बिना आपको वह मोटा लाभ कभी न मिल पाए, जिसके लिए आपने प्रक्रिया शुरू की है। जब मैंने बर्डडॉग नियुक्त करना शुरू किया था, तो मैं जानता था कि इसकी बदौलत नया कारोबार आने में वक़्त लगेगा। इसलिए मैं बस देखता रहा और नियुक्त करता रहा। और उनसे हस्ताक्षर कराने के बाद भी मैं उनके पीछे पड़ा रहा। मैं उन्हें 50 डॉलर के बारे में डाक भेजकर याद दिलाता रहा। इसके अलावा मैंने सैकड़ों लोगों को फ़ोन भी किए। आप बीज बोते हैं, इसके बाद आपको उन्हें पानी देना पड़ता है और फिर उनके अंकुरित होने का इंतज़ार करते समय आपको दूसरी चीज़ें करनी होती हैं। लेकिन वे अंकुरित होंगे, बशर्ते आपने पहले क़दम सही तरीक़े से उठाए हों। आप इस पर शर्त लगा सकते हैं, क्योंकि अगर आपने प्रयास किया था और आपमें धैर्य है, तो आपने मेज़ को अपने पक्ष में सजा लिया है और आप लंबे समय में घाटे में नहीं रह सकते।

लेकिन सिर्फ़ धैर्य, बस दरवाज़े के पास खड़े रहने से ही संभावनाएँ आपके पक्ष में नहीं होंगी। आपको ग्राहकों और पैसे को लाने के लिए अपनी ख़ुद की विधियाँ विकसित करनी होंगी। आपको समय व धन ख़र्च करके अपनी ख़ुद की संभावनाएँ बनानी होंगी।

अच्छी तरह निवेशित समय और धन आपके कारोबार को बुलंदी पर पहुँचा देगा। ऐसा करने के नए और बेहतर तरीक़ों की हमेशा तलाश करते रहें।

21

कोई अंतिम अध्याय नहीं होता है

अगर आप मेरे साथ इतनी दूर तक आ चुके हैं, तो मुझे उम्मीद है कि अब आप उन जादुई शब्दों, फ़ॉर्मूलों या वाक्यों की तलाश नहीं कर रहे होंगे, जिन्हें आप आईने के सामने ख़ुद से कह सकें। जीवन में यह कारगर नहीं होता है और कारोबार में भी नहीं होता। कोई रहस्य नहीं है। कोई जादू नहीं है। सफल बिक्री प्रक्रिया का अर्थ है अपने मानसिक संसाधनों का अंतहीन इस्तेमाल। कोई अंतिम अध्याय नहीं होता है। प्रक्रिया बस बार-बार शुरू होती रहती है।

इस प्रक्रिया की शुरुआत तक पहुँचने में मुझे 35 साल का भटकाव लग गया। लेकिन वहाँ से शिखर पर पहुँचने में सिर्फ़ चंद साल ही लगे। और तब से अब तक मैं शिखर पर बना हुआ हूँ।

बहुत-से लोगों ने, शायद लाखों-करोड़ों ने, मेरे बारे में सुन रखा है। और हज़ारों ने मुझसे ख़रीदा है। वे सोचते हैं कि वे मेरे बारे में बहुत कुछ जानते हैं, क्योंकि मैं उनके बारे में बहुत कुछ जानता हूँ। वे सोचते हैं कि मैं येलोस्टोन नैशनल पार्क गया हूँ। वे सोचते हैं कि मैंने ट्रैवर्स सिटी, मिशिगन के पास सामन मछली पकड़ी है। वे सोचते हैं कि मेरी एक चाची सेल्फ़्रिज एयर फ़ोर्स बेस के करीब रहती हैं। वे ये चीज़ें इसलिए सोचते हैं, क्योंकि वे येलोस्टोन नैशनल पार्क गए हैं, उन्होंने सामन मछली पकड़ी है और वे सेल्फ़्रिज एयर फ़ोर्स बेस के पास रहते हैं तथा मैं उनके जीवन के बारे में जानता हूँ।

वे सोचते हैं कि वे मेरा नाम जानते हैं और यह भी कि मैं कैसा हूँ। उन्होंने मेरे बारे में बहुत सुना है। लेकिन उन्हें जिस एक चीज़ की सच्ची परवाह है, वह यह है कि जब वे मुझसे ख़रीदते हैं, तो उन्हें अपने पैसों के बदले में क्या

मिलता है। वे मुझ पर और मेरे दिए सौदों पर भरोसा करते हैं, क्योंकि वे यह बात पक्के तौर पर जानते हैं कि मैं सबसे अच्छे सौदे देता हूँ। और वे इस बारे में सही हैं। और यही दरअसल वह एकमात्र चीज़ है, जो उनके और मेरे लिए मायने रखती है।

जो मैंने किया है, वह कोई भी कर सकता है

मैंने जो कुछ कहा है, अगर उसमें रहस्य जैसी कोई चीज़ है, तो वह यह तथ्य है कि जो मैंने किया है, वह कोई भी कर सकता है। इसके लिए आपको बहुत अक्लमंद होने की ज़रूरत नहीं है। मैं कभी हाई-स्कूल की पढ़ाई पूरी नहीं कर पाया था। लेकिन मैं अब भी अपने आँख-कान और अपनी भावनाओं पर विश्वास करता हूँ कि मुझे अपने साथ कैसा बर्ताव पसंद है तथा मैं जानता हूँ कि मैं किस वजह से एक सेल्समैन से ख़रीदता हूँ और दूसरे से नहीं ख़रीदता।

मैंने ख़ुद को हर समय यह याद रखने के लिए प्रशिक्षित किया है कि मैं जिस भी व्यक्ति से मिलता हूँ, वह हर व्यक्ति मेरे कारोबारी जीवन के लिए महत्त्वपूर्ण बन सकता है। मैं कभी किसी व्यक्ति को सिर्फ़ एक बिक्री नहीं मानता हूँ। कभी नहीं। मैं हमेशा जिरार्ड के 250 के नियम के बारे में सोचता हूँ : सभी मित्र, रिश्तेदार, साथी खिलाड़ी और सहकर्मी, जो उस 250 का हिस्सा हो सकते हैं। यह नियम कैसे काम करता है, यह समझने के लिए आपको कंप्यूटर विशेषज्ञ होने की ज़रूरत नहीं है। मैं जानता हूँ कि जो 250 लोग बेरुख़ी के लिए मेरी आलोचना कर सकते हैं, वे मेरे ग्राहक भी हो सकते हैं। मैं यह बात कभी नहीं भूलता और मुझे यक़ीन है कि जो भी कुछ बेचता है, वह इसे भूलना गँवारा नहीं कर सकता।

आप इस बात पर भरोसा कर सकते हैं कि अगर मैं इतने सारे लोगों के बारे में हर समय सोचता हूँ, तो मैं हर एक से बहुत अच्छा बर्ताव करता हूँ, यहाँ तक कि सबसे बुरी संभव क्रेडिट रेटिंगों या ऋण पात्रता वाले लोगों के साथ भी। आख़िर, जीवन में काफ़ी बार मैंने भी पैसों की कमी का सामना किया है। लेकिन मैं वहाँ से लौट आया और आज मेरी क्रेडिट रेटिंग बहुत अच्छी है। इसलिए मैं सोचता हूँ कि अगर इस वक़्त किसी को अपने बिल चुकाने में मुश्किल हो रही है, तो इसके बाद भी वह वापसी कर सकता है। और जब उसकी क्रेडिट रेटिंग कम है, तब अगर आप उसे क़र्ज़ दिलाने का तरीक़ा खोज सकें, तो आपकी बदौलत वह जीवन भर ख़ुद पर विश्वास करने लगेगा।

इसीलिए मैं बहुत सावधान रहता हूँ, भले ही किसी व्यक्ति को अपना कार लोन लेने के लिए सह–हस्ताक्षरकर्ता की ज़रूरत हो। जब मेरे सामने ऐसा कोई मामला आता है, तो मैं उससे कहता हूँ कि वह अपने सबसे अच्छे मित्र को ले आए, ताकि उसके क़र्ज़ आवेदन को सत्यापित करने में मदद मिले और यह काम मुझे सँभालने दे। जब कोई व्यक्ति सुनता है कि आप किसी मित्र के क़र्ज़ के लिए उसके हस्ताक्षर चाहते हैं, तो वह आम तौर पर इस बारे में कतराते हुए कहने लगता है कि उसका उसूल है कि वह कभी सह–हस्ताक्षर नहीं करता। लेकिन मैं यह सब सामने रखने से बचता हूँ। मैं उस आदमी से आवेदन पर लिखे तथ्य देखने को कहता हूँ और "बस इसे मेरे लिए ओके कर दें।" और मैं पैन उस तरफ़ बढ़ा देता हूँ, जहाँ उसे इसे थामना ही पड़ता है। अगर वह आदमी प्रतिरोध करता है, तो मैं अपने ग्राहक के साथ उसकी दोस्ती का वास्ता देता हूँ, उसे याद दिलाता हूँ कि उन्होंने कैसे साथ–साथ मछली पकड़ी थी, हाई–स्कूल साथ–साथ गए थे और एक साथ लड़कियों का पीछा किया था। मैं उसे याद दिलाता हूँ कि वे कैसे सबसे अच्छे दोस्त हैं और यह कि उसके मित्र को उसकी मदद की ज़रूरत है। और मेरा ग्राहक अपने मित्र को विश्वास दिलाता है कि उसे क़िस्त चुकाने में कोई समस्या नहीं आएगी, क्योंकि उसका मुश्किल दौर गुज़र चुका है और अब उसके पास एक अच्छी नौकरी है। मैंने इसे एक एहसान में बदल दिया है, जिससे वह आदमी इंकार नहीं कर सकता, वरना उसकी मित्रता टूट जाएगी और मेरे सामने उसकी छवि ख़राब हो जाएगी। इसलिए वह हस्ताक्षर कर देता है।

मैं यह इसलिए कर सकता हूँ, क्योंकि मैं सचमुच मानता हूँ कि लोग अपना जीवन बदल सकते हैं, क्योंकि मैंने अपना जीवन बदला था। इसी तरह, आप भी अपना जीवन बदल सकते हैं। जब मैं फ़ॉर्म पर सह–हस्ताक्षर का नाम लेता हूँ, तो मैं अपना यह विश्वास व्यक्त कर रहा हूँ कि दूसरे लोग भी उसी तरह तलहटी को छूकर ऊपर लौट सकते हैं, जिस तरह मैं लौटा था।

मैं वह रात कभी नहीं भूल पाऊँगा, जो मैंने किशोर कारावासगृह में गुज़ारी थी और वे रातें, जो मैंने रेलवे यार्ड में खड़ी मालगाड़ियों में सोकर गुज़ारी थीं। अब मैं ग्रॉस पॉइंट शोर्स में एक सुंदर घर में सोता हूँ, जो उस जगह से थोड़ी ही दूर है, जहाँ हेनरी फ़ोर्ड द्वितीय के परिवार के सदस्य रहते हैं। अपनी पत्नी को मैंने एक भव्य बाथरूम का तोहफ़ा दिया है, जिसमें संगमरमर का टब है, सॉना बाथ है और चारों तरफ स्तंभ हैं। सिर्फ़ इसी में

मुझे 32,000 डॉलर का ख़र्च आया था। बेचने के पेशे में आने से पहले मैंने दो सालों में मिलाकर भी कभी इतने पैसे नहीं कमाए थे।

अगर आपको ऐसा लगता है कि मैं डींगें हाँक रहा हूँ, तो शायद मैं हाँक रहा हूँ, बस थोड़ी-सी। लेकिन आपने यह पुस्तक यह पता लगाने के लिए नहीं पढ़ी थी कि मैं कितना अच्छा हूँ। आप तो यह जानना चाहते थे कि मैं कैसे सफल बना और आप भी सफल कैसे बन सकते हैं।

संदेश यह है कि जहाँ और जब मैंने यह काम शुरू किया था, उसे देखते हुए अगर मैंने यह कर लिया है, तो यह काम कोई भी कर सकता है – आप भी। लेकिन आपके मन में इसे करने की *इच्छा* होनी चाहिए। मैं बहुत-से सेल्समैनों को जानता हूँ, जो मेरे जितने ही, शायद मुझसे भी ज़्यादा, चतुर हैं। और उनमें से कई तो बिक्री करने में उतने ही, शायद ज़्यादा भी, माहिर हैं। मगर वे सारे कामों को एक साथ उतनी ख़ूबी से नहीं कर पाते, जिस तरह मैं करता हूँ और जिस तरह आप कर सकते हैं। वे आलसी हो सकते हैं, वे केक के बस छोटे टुकड़े से संतुष्ट हो सकते हैं। लेकिन अगर आप अधिक पाना चाहते हैं, तो आपको अधिक इच्छा करनी होती है। आपको यह जानना होता है कि आप क्या चाहते हैं और उसे इतनी बुरी तरह चाहना होता है कि आपको उसका स्वाद आने लगे। आपको ख़ुद को उस तरह प्रेरित करना होता है, जिस तरह मैंने किया था, जब मेरी पत्नी ने मुझसे कहा था कि बच्चों को खिलाने के लिए पैसे नहीं हैं। शायद आप यह इतनी बुरी तरह चाहते हों कि आपकी सास के रहने के लिए एक अलग कमरे का ख़र्च उठाने लायक स्थिति आ जाए। या शायद आप रह सकने वाली मोटर बोट चाहते हैं। शायद आप पैरिस की यात्रा करना चाहते हैं। चाहे वह जो भी चीज़ हो, उसे इतनी बुरी तरह चाहें कि वह आपके पेशेवर जीवन को प्रभावित कर दे। हर मिलने वाले व्यक्ति की ओर ऐसे देखें, जैसे वह आपको आपकी मनचाही चीज़ दे सकता है, बशर्ते आप उसे अपना सामान ख़रीदने के लिए राज़ी कर लें। और यह देखने के लिए अपने अंदर झाँकें कि आप कुछ लोगों को क्यों पसंद करते हैं और बाक़ी लोगों को क्यों नहीं करते, यानि आप कुछ से क्यों ख़रीदते हैं और बाक़ी से क्यों नहीं ख़रीदते।

जब आप कोई चीज़ ख़रीदने गए थे, तब आपको कई बार जो डर महसूस हुआ था, उस बारे में सोचें। फिर आप यह समझना शुरू कर सकते हैं कि जब आप अपने ग्राहक से मिलते हैं, तो उसके दिमाग़ में क्या चलता रहता है। याद रखें कि लोग जब डरे होते हैं, तो वे मित्र की तलाश करते हैं।

उनके लिए वह मित्र बनें। ख़ुद को ऐसा मित्र बनाएँ, जिस पर आपका ग्राहक भरोसा कर सके।

जैसा मैंने बताया था, यह एक खेल है। यह एक अभिनय है। लेकिन यह वास्तविक भी है। अगर आप अपना काम अच्छी तरह कर रहे हैं, तो आप सचमुच उस ग्राहक के मित्र बन जाते हैं। मेरा यह मतलब नहीं है कि आप उसके साथ कोई खेल खेलें या उसे अपने घर आने का आमंत्रण दें। उस तरह का मित्र नहीं। लेकिन उस तरह का, जिस पर व्यक्ति न्यायोचित और अच्छे व्यवहार के लिए भरोसा कर सके। वह डरा-सहमा सा अंदर आता है। वह जानता है कि उसकी सेहत और भलाई में आपकी कोई रुचि नहीं है; आपकी रुचि तो अपनी ख़ुद की सेहत और भलाई में है। वह जानता है कि आपको उसकी पत्नी, बच्चों और आज नौकरी में उसके साथ जो हुआ, उसकी कोई परवाह नहीं है। लेकिन अचानक वह पाता है कि आपको परवाह है, क्योंकि आप उससे इन्हीं चीज़ों के बारे में पूछ रहे हैं। जल्दी ही वह समय आ जाता है, जब उसे आपसे ज़रा भी डर नहीं लगता। उसे यक़ीन हो जाता है कि संभवतः आप उसकी परवाह करते हैं। आप उसे बोलने देते हैं और आप सुनते हैं। जल्दी ही वह आप पर इतना भरोसा करने लगता है कि वह वही करता है, जो आप कहते हैं, यानि ऑर्डर पर साइन करना और आपसे ख़रीदना।

बेचने में सबसे मूल्यवान संपत्ति

अब इम्तहान की बारी है। वह व्यक्ति आपसे सामान ख़रीद लेता है, लेकिन क्या उसे इस बात पर अफ़सोस होगा? नहीं, अगर वह आप पर और आपकी बात पर भरोसा करता है। वह इस पर अफ़सोस नहीं करेगा, अगर वह पाता है कि आपने उसके साथ उचित व्यवहार किया है और आपने सचमुच उसे सटीकता से समझा दिया था कि वह क्या ख़रीद रहा है और कितने में ख़रीद रहा है। जब वह अपनी ख़रीदी हुई कार के साथ आपके पास से जाता है, वही असल इम्तिहान का समय है। वह वहाँ से सुरक्षित चला गया। अब वह अपनी ख़रीदी कार के साथ जी रहा है, जिसके बारे में उसने आप पर भरोसा किया था, हालाँकि उसे तार्किक संदेह के परे पूरा विश्वास नहीं था कि वह यही करना चाहता था। आपने उसके साथ और उसकी ख़ातिर जो किया था, अब वह उसके साथ रह रहा है। और अगर आपने निष्पक्ष खेल खेला था तथा दोनों ही के लिए युद्ध जीता था, तो आपने बेचने के कारोबार में सबसे मूल्यवान संपत्ति

बना ली है – एक ऐसा ग्राहक जो आप पर भरोसा करता है, क्योंकि आपने वह पाने में उसकी मदद की है, जिसकी उसे ज़रूरत थी और जिसे वह चाहता था।

यह सब बहुत आसान लगता है। इसमें कुछ नहीं है। इसमें कुछ नहीं है, बस आपको अपनी मानसिकता को थोड़ा सही करना होगा। मैंने यह बार–बार कहा है कि आपको किसी चीज़ को चाहना होता है और जानना होता है कि आप क्या चाहते हैं। लेकिन इससे आप अच्छे सेल्समैन के बजाय लालची भी बन सकते हैं। इससे आप पर यह दबाव भी आ सकता है कि आप ग्राहक पर ज़रूरत से ज़्यादा दबाव डाल दें। और चाहे आप उसे अपना सामान बेच पाएँ या न बेच पाएँ, अगर आप बहुत ज़्यादा दबाव डालते हैं, तो आप ग्राहक को गँवा देते हैं। भले ही वह अपने मित्रों के सामने आपकी आलोचना न करे, लेकिन वह अगली बार लौटकर आपके पास नहीं आएगा। आपको उस इच्छा को नियंत्रित करना सीखना होता है, ताकि इसकी बदौलत आप घोर लालची नहीं, बल्कि चतुर बनें।

हो सकता है कि आप हर सुबह किसी – आपके बॉस, आपकी सास, आपके कुत्ते या आपके मृत पिता – से नफ़रत करते हुए घर से निकलते हों। लेकिन बेहतर है कि काम पर जाने से पहले ही आप उस भावना का पता लगा लें। क्योंकि इन भावनाओं का इस्तेमाल आप बुरी आदतों के बजाय अच्छी आदतें डालने के लिए भी कर सकते हैं। अपने ग्राहक को चूना लगाने और धोखा देने की कोशिश के बजाय आप इन भावनाओं को बदलकर यह कर सकते हैं कि आप ग्राहक को जीतकर अपने पक्ष में ले आएँ।

मैंने अपने पिता के सामने यह साबित करने की कोशिश कभी नहीं छोड़ी कि मैं किसी लायक़ हूँ। बहुत बरसों तक मैंने उनके शब्दों को अपनी प्रेरणा नष्ट करने दी, क्योंकि मैं उन्हें सही साबित करके उन्हें खुश करने की कोशिश कर रहा था। मैं सचमुच महसूस करता था कि अगर मैंने घटिया प्रदर्शन किया और मैं लफ़ंगा रहा, तो वे मुझे पसंद करेंगे, क्योंकि इससे उनकी बात सही साबित हो जाएगी। लेकिन इसके बाद मुझे बड़ा होना था। अगर मैं यही यक़ीन करता रहता कि मैं अच्छा नहीं हूँ, तो जीवन में कामयाब होने या बचने का कोई उपाय नहीं था। अब मैं इसे दूसरे तरीक़े से खेलता हूँ। मुझे उनकी कही बात याद है कि मैं किसी लायक़ नहीं हूँ। अब मैं उनकी इस याद का इस्तेमाल यह साबित करने में करता हूँ कि वे ग़लत थे। जब भी मैं किसी ग्राहक को मित्र बनाता हूँ, तो मैं हर बार साबित करता हूँ कि वे ग़लत थे। जब भी मैं कोई

कार बेचता हूँ और जब भी कोई मुझ पर विश्वास करता है, तो हर बार मैं उनसे अपनी लड़ाई जीतता हूँ।

मुझे मूर्ख और नाकारा बनाने के बजाय उनके शब्दों, मुक्कों और चाबुकों की यादें मुझे चतुर बनाती हैं, प्रभावी बनाती हैं और पहले से भी बेहतर पेशेवर सेल्समैन बनाती हैं। जो भी ख़ुद को बेहतर बनाता है, उसे अपने भीतर की शक्तियों से लड़ना पड़ता है, जो उसे ज़्यादा बुरा बनाना चाहती हैं। हर एक के भीतर ऐसी भावनाएँ होती हैं। दोनों प्रकार की भावनाएँ होती हैं – विनाशकारी भी और सृजनात्मक भी। जीतना सृजनात्मक है। और अगर मैं किसी पराजित व्यक्ति को विजेता में बदल सकूँ, और आप जानते हैं कि मैंने यही किया था, तो यह काम कोई भी कर सकता है।

ऐसा नहीं हुआ कि किसी सुबह अचानक मुझमें एक चमत्कारी परिवर्तन हो गया हो। मुझे अचानक यह जानकारी नहीं मिल गई कि ग्राहकों के साथ कैसा व्यवहार करना है, किसकी बात सुननी है, किससे दूर रहना है, लोगों से अपनी डाक कैसे पढ़वानी है, लोगों को मुझसे ख़रीदने और मुझे पसंद करने के लिए राज़ी कैसे करना है।

यह आपके साथ भी हो सकता है

मैंने आपके सामने यह स्पष्ट करने की कोशिश की है कि यह मेरे साथ कैसे हुआ था। मैंने इसे इस तरह बताने की कोशिश की है, ताकि आपको यह विश्वास हो जाए कि अगर आप इस सब पर अमल करें, तो यह आपके साथ भी हो सकता है। मैं मानसिक स्वास्थ्य या मानसिक शांति के बारे में नहीं बोल रहा हूँ। मैं तो बेचने के बारे में बात कर रहा हूँ। मैं उस सारे समय के बारे में बात कर रहा हूँ, जब आप काम कर रहे होते हैं और काम के बारे में सोच रहे होते हैं। किसी पेशेवर सेल्समैन के जीवन में यह बहुत सारा समय होता है। और इसके लिए उसे ख़ुद की ओर देखने की ज़रूरत होती है। यह देखने की भी कि वह क्या चाहता है और फिर इस बात पर ध्यान केंद्रित करने की भी कि उसे कैसे पाया जाए। आपको यह हर दिन करना होता है। आप क्या चाहते हैं, यह बात आपको ख़ुद को हर दिन याद दिलानी होती है। और आपको इस बारे में सोचना होता है कि आप जो चाहते हैं, उसे कैसे पाया जाए और उससे अधिक कैसे पाया जाए।

इसका मतलब है कि आपको अपने काम को सही दाँव और ग़लत दाँव वाले पेशे के रूप में देखना चाहिए, जिसमें कुछ विचार तथा विधियाँ कारगर होते हैं और बाक़ी कारगर नहीं होते। आपको ख़ुद का और अपने काम का विश्लेषण करना होता है, ताकि आप जान जाएँ कि कौन-सी चीज़ आपको प्रभावी बनाती है। मैंने आपको इस बारे में बहुत बता दिया है कि मैं कैसे सोचता हूँ, महसूस करता हूँ और काम करता हूँ। मैंने आपको अपनी विधियों के बारे में बहुत सारे विवरण बताए हैं। मैं जानता हूँ कि आप इनमें से बहुत-सी चीज़ों का इस्तेमाल कर सकते हैं, क्योंकि कई सेल्समैनों ने मुझे बताया है कि उन्होंने मेरी कही बातों से बहुत कुछ सीखा है। उन्होंने मुझे बताया है कि मेरा तरीक़ा उनके लिए भी कारगर रहा है। लेकिन उनमें से सर्वश्रेष्ठ इससे भी आगे जाते हैं और अपनी ख़ुद की विधियाँ तथा तकनीकें विकसित करते हैं। वे मेरी तकनीकें लेते हैं और उनके बेहतर रूपांतरण विकसित कर लेते हैं। या वे अपने ख़ुद के तंत्र भी बना सकते हैं, जो मुझसे बेहतर काम करते हों – उनके लिए। और मैं बिलकुल भिन्न क्षेत्रों में काम करने वाले कई सेल्समैनों को जानता हूँ, जिन्होंने मेरी तकनीकों और इसके रूपांतरणों का सफलतापूर्वक इस्तेमाल किया है, भले ही उस व्यवसाय में उनका पहले कभी इस्तेमाल नहीं हुआ था। हम सभी ने फुटकर व्यवसाय में एक नए समूह को विकसित होते देखा है – बूटीक। ये छोटे स्टोर होते हैं, जहाँ आम तौर पर कपड़े बेचे जाते हैं। इनकी ख़ासियत यह है कि ये बहुत व्यक्तिगत सेवा प्रदान करते हैं। इसका मतलब है कि भले ही आप अपनी हर मनचाही चीज़ किसी स्व-सेवा सुपरमार्केट में ट्रॉली धकाते हुए ख़रीद सकते हैं, लेकिन लोग व्यक्तिगत सेवा चाहते हैं। वे उन लोगों से ख़रीदना पसंद करते हैं, जो इस तरह जताते हैं, जैसे उन्हें उनकी परवाह हो : जो लोग उन्हें फ़ोन करते हैं, जब उनकी मनचाही चीज़ स्टोर में आती है, जिन्हें उनके जन्मदिन और उनकी रुचियाँ याद रहती हैं, जो उन्हें व्यक्तिगत रूप से पत्र लिखते हैं।

कोई भी बूटीक जैसा बेचने का कारोबार कर सकता है, चाहे आप कुछ भी बेचें। क्योंकि महत्त्वपूर्ण यह नहीं है कि आप किस प्रकार के स्टोर में काम करते हैं या किस प्रकार का सामान बेचते हैं। महत्त्वपूर्ण तो यह है कि आप अपने ग्राहकों के साथ कैसा व्यवहार करते हैं। यह संसार में सबसे पुरानी, सबसे घिसी-पिटी सलाह है, लेकिन यह सबसे सच्ची सलाह भी है। कंप्यूटरों तथा सेल्फ़-सर्विस के युग में जो सेल्समैन *"आपको धन्यवाद"* कहता है, वह एक नायक और एक मित्र नज़र आ सकता है। आपको यह इसलिए कहना

होता है, क्योंकि आप दिल से कह रहे हैं। लेकिन यह दिल से क्यों न कहें? कोई अंदर आया, उसने आपसे सामान ख़रीदा और आपको पैसे दिए, ताकि आप अपने बच्चों को खाना खिला सकें या यूरोप जा सकें या स्पीडबोट ख़रीद सकें। बेहतर हो कि आप यह काम दिल से करें। बेहतर हो कि आप इस बात पर यक़ीन कर लें कि जो भी आपको पैसे देता है, वह बेवकूफ़ नहीं बल्कि इंसान है।

इस पुस्तक में कोई अंतिम शब्द नहीं है। कहानी ख़त्म नहीं होती है। यह तो दोबारा शुरू होती रहती है। लेकिन हर बार जब यह शुरू होती है, हर बार जब आप बीज बोते हैं या सीटें भरते हैं, तो यह थोड़ी अधिक पेशेवर, थोड़ी अधिक प्रभावी होनी चाहिए। ग्राहक और पैसा धीरे-धीरे बढ़ते हैं, लेकिन वे बढ़ते हैं। और आप जितना अधिक बेचते हैं, आपको उतना ही अधिक मज़ा आता है तथा उतना ही अधिक मुनाफ़ा होता है।

शुरुआत में मैंने कहा था कि अगर आप उसी तरह पढ़ते, सुनते और सीखते हैं, जिस तरह मैंने सीखा था, तो आप चाहे जो बेचते हों, उसके बेहतर विक्रेता बन जाएँगे और अपने काम को तथा ख़ुद को ज़्यादा पसंद करने लगेंगे।

गारंटी अब भी लागू है। अगर मैंने यह किया था, तो आप भी कर सकते हैं। मैं इसकी गारंटी देता हूँ।

लेखक के बारे में

जो जिरार्ड संभवतः रीटेल सेलिंग के संसार में आने वाले सबसे उल्लेखनीय व्यक्ति हैं। सर्वकालिक महानतम रीटेल सेल्सपर्सन होने के अलावा वे बहुत प्रभावी वक्ता भी हैं। क्यों? क्योंकि *जो जिरार्ड के पास कहने के लिए बहुत कुछ है।*

उनका यक़ीन रहा है कि चतुराई से काम करने और लगनशील बने रहने से चमत्कार हो सकते हैं। उनका ख़ुद का जीवन इस बात का प्रत्यक्ष प्रमाण है। जब वे जूतों पर पॉलिश करते थे और डेट्रॉइट के लोअर ईस्ट साइड में न्यूज़बॉय थे, तभी से उन्होंने सड़कों पर काम आने वाली समझदारी सीख ली। जब उन्होंने अपनी कारोबारी समझदारी को ऑटोमोबाइल रीटेल सेलिंग के क्षेत्र में आज़माया, तो पूरा संसार हैरान रह गया। असंख्य कामों – जिनमें बर्तन धोने, डिलिवरी बॉय, स्टोव की असेम्बलिंग और गृह–निर्माण कॉन्ट्रैक्टर के काम शामिल थे – के बाद उनकी क़िस्मत रंग लाई और *कुछ ही समय में संसार उनके बारे में जानने लगा।*

जो जिरार्ड ने ईस्टपॉइंट, मिशिगन में शैवर्ले की ऑटो डीलरशिप में काम शुरू किया, जहाँ उन्होंने नए वाहन के सेल्स रिप्रज़ेंटेटिव के रूप में अगले पंद्रह साल बिताए। बाद में उन्होंने एक आश्चर्यजनक करियर बनाया। जो जिरार्ड से पहले या बाद में उनके जैसा कोई कभी नहीं रहा। **उन्होंने किसी भी अन्य सेल्समैन से अधिक बड़े और महँगे रीटेल सामान एक–एक करके बेचे हैं। उनके आँकड़े किसी भी रीटेल उद्योग के आँकड़ों से बेहतर हैं, जिनमें मकान, नाव, मोटर होम, बीमा, ऑटोमोबाइल आदि उद्योग शामिल हैं।**

उनकी उपलब्धियाँ देखकर मुँह खुला रह जाता है। उनकी बिक्री में कोई थोक, सेकेंड हैंड या पुराने कार–ट्रक की बिक्री शामिल नहीं है। इसके अलावा, जो ने कभी प्रबंधक का कोई पद नहीं सँभाला। *उनके अविश्वसनीय सेल्स आँकड़े आज तक अजेय हैं!*

यह जो जिरार्ड का रिकॉर्ड है (डिलॉइट एंड टूश की अकाउंटिंग फ़र्म द्वारा परीक्षित) :

- एक दिन में बेचे गए रीटेल वाहनों की अधिकतम औसत संख्या – 6
- एक दिन में अधिकतम नई रीटेल बिक्रियाँ – 18
- एक महीने में सर्वाधिक नई रीटेल बिक्रियाँ – 174
- एक साल में अधिकतम नई रीटेल बिक्रियाँ – 1425
- पंद्रह साल के करियर में सर्वाधिक नए रीटेल वाहन, जो कभी बेचे गए – 13,001
- नंबर वन रीटेल वाहन सेल्सपर्सन – 12 सालों से लगातार

जो के पुरस्कार और प्रशस्तियाँ उनके सेल्स रिकॉर्ड जितनी ही प्रभावी हैं। उन्हें अमेरिकन अकैडमी ऑफ़ अचीवमेंट से सम्मानजनक गोल्डन प्लेट अवॉर्ड हासिल हुआ था। उन्हें *द पॉवर ऑफ़ पॉज़िटिव थिंकिंग* के लेखक डॉ. नॉर्मन विन्सेंट पील और विख्यात विश्व यात्री व रेडियो प्रसारणकर्ता लॉवल थॉमस द्वारा प्रतिष्ठित होरेशियो ऐल्जर पुरस्कार के लिए नामांकित किया गया। जो जिरार्ड को डियरबॉर्न, मिशिगन में ऑटोमोटिव हॉल ऑफ़ फ़ेम में शामिल किया गया है। यह सम्मान पाने वाले वे पहले और *इकलौते* सेल्सपर्सन हैं। उनका नाम *गिनीस बुक ऑफ़ वर्ल्ड रिकॉर्ड्स* में "विश्व के सबसे महान सेल्समैन" के रूप में सूचीबद्ध है।

वे बेहद प्रभावी वक्ताओं में से एक बने हुए हैं और उनके ग्राहकों की उल्लेखनीय सूची है, जिनमें हार्वर्ड बिज़नेस स्कूल, 3एम, ब्रन्सविक, सीबीएस रिकॉर्ड्स, ऑलस्टेट, फ़ोर्ड मोटर कंपनी, जनरल इलेक्ट्रिक, जनरल मोटर्स, ह्यूलेट–पैकार्ड, आईबीएम, जॉन डियर, मैरी के और बेल कैनेडा शामिल हैं।

वे बिक्री–नेतृत्व और आत्म–सुधार पर पाँच पुस्तकों के लेखक हैं जिनकी लाखों प्रतियाँ बिक चुकी हैं।

www.joegirard.com